COMITÉ ÉDITORIAL

TEXTES CLÉS

LE NOMINALISME

Ontologie, langage et connaissance

Textes réunis et présentés par
Claude PANACCIO

Traductions par
J. BIARD, A.-M. BOISVERT, J. CARRIER, F. CAYLA,
S. GANDON, P. GIRARD, J. JOLIVET, C. LAFLEUR,
M. MALHERBE, C. PANACCIO, J.-M. VIENNE

PARIS
LIBRAIRIE PHILOSOPHIQUE J. VRIN
6, place de la Sorbonne, Vᵉ
2012

Pierre Abélard, Extrait des *Gloses sur Porphyre* de la *Logique « Pour les débutants »*, *in*
Jean Jolivet, *Abélard ou la philosophie dans le langage*
© Fribourg Academic Press, 1994

Guillaume d'Ockham, *Somme de logique*, I, chap. 14-17
© Editions Trans Europ Repress, 1993

H. H. Price, *Thinking and Experience*, [1953], Hutchinson, 2e éd. 1969 , p. 7-32.
© H. H. Price estate, Oxford.

Keith Campbell, *Abstract Particulars*
© Keith Campbell, 1990.

Nelson Goodman, « A World of Individuals »
© Catherine Z. Elgin.

Hartry Field, *Science Without Numbers. A Defence of Nominalism*,
© Hartry Field 1980.

Paul Gochet, *Esquisse d'une théorie nominaliste de la proposition*,
© Armand Colin, 1972.

Ruth Barcan Marcus, « Nominalism and the Substitutional Quantifier »,
© Oxford University Press, 1993

Wilfrid Sellars, *Empirisme et philosophie de l'esprit*
© Éditions de l'Éclat, 1992

© *Librairie Philosophique J. VRIN,* 2012
Imprimé en France
ISSN 1639-4216
ISBN 978-2-7116-2378-5
www.vrin.fr

INTRODUCTION GÉNÉRALE

Le terme latin « *nominales* » a été introduit dans la deuxième moitié du XIIe siècle pour désigner les partisans de Pierre Abélard (1079-1142)[1]. À la question de savoir ce que sont les *universaux* – les genres et les espèces notamment, comme l'animal ou l'homme en général – ils répondaient à la suite de leur mentor que ce sont des *noms* (*nomina*), s'opposant en cela à ceux, nombreux à l'époque, que l'on appelait les *reales* parce qu'ils disaient, eux, que les universaux sont des *choses* (*res*). L'étiquette qui donne son titre à ce livre faisait référence au départ à une position particulière sur une question précise, le fameux « problème des universaux », largement débattu au cours du Moyen Âge sur le fond de l'opposition séculaire entre le platonisme et l'aristotélisme.

Platon évoque dans plusieurs dialogues l'existence de formes séparées auxquelles les choses individuelles qui nous entourent, doivent, par participation, d'être ce qu'elles sont. Une chose n'est belle, écrit-il dans le *Phédon*, que parce qu'elle

---

1. Telle est la conclusion qui ressort d'un colloque sur les *nominales* du XIIe siècle tenu à Madison, au Wisconsin, en octobre 1991 et dont les actes ont été publiés l'année suivante dans un numéro thématique de la revue *Vivarium*, (W. Courtenay (dir.), *The Origin and Meaning of Medieval Nominalism*, numéro spécial de *Vivarium*, XXX, 1992).

participe du beau en soi, elle n'est grande que parce qu'elle
participe de la grandeur en soi, et ainsi de suite pour toutes les
propriétés de quelque importance[1]. C'est là le point majeur
sur lequel Aristote en diverses occasions a voulu prendre ses
distances par rapport à son maître, contestant, arguments à
l'appui, l'existence réelle de ces formes intelligibles hors des
choses singulières et hors de l'esprit : comment de telles formes,
demande-t-il, pourraient-elles à la fois exister sous un mode
séparé et rendre compte, pourtant, de ce que sont en elles-mêmes
les substances individuelles ?[2] La philosophie grecque ultérieure
ne s'y est pas trompée en faisant de cette divergence toute métaphysique la ligne principale de démarcation entre les deux
grands penseurs et c'est ce différend, précisément, que le néoplatonicien Porphyre au IIIᵉ siècle après Jésus-Christ a soumis à la
postérité dans son introduction à la logique d'Aristote, l'*Isagogè*,
sous la forme d'un questionnaire schématique mais percutant
qui a délimité pour tout le Moyen Âge le problème dit des
universaux[3].

L'intense débat des XIIᵉ, XIIIᵉ et XIVᵉ siècles à ce propos s'est
ainsi développé sur la base d'un réseau textuel bien circonscrit.
Les médiévaux, certes, n'ont guère eu accès aux écrits de Platon,
qui, à de rares exceptions, n'étaient pas alors disponibles en latin.
Mais ils ont longuement médité, discuté et commenté tous les
passages pertinents d'Aristote et de ses interprètes islamiques
– Avicenne et Averroès surtout – au fur et à mesure qu'ils
étaient traduits, y compris ceux, bien sûr, où étaient rapportées
(correctement ou non) les positions platoniciennes, ils ont
scruté chaque mot du questionnaire de Porphyre, à la lumière

1. Platon, *Phédon* 100c-102b.
2. Voir notamment Aristote, *Métaphysique*, Z, 13-14.
3. Voir là-dessus notre introduction à la première partie, « Les universaux »,
infra, p. 35-40.

principalement des commentaires que Boèce, son traducteur latin, en avait donnés au vie siècle, et ils se sont efforcés tant bien que mal de surmonter les inconfortables tensions qui de part en part traversent l'aristotélisme à ce sujet. Quelle qu'en fût la richesse argumentative, la controverse médiévale sur les universaux s'est ainsi tissée tout entière à partir de quelques références textuelles qui faisaient autorité et qui définissaient pour l'ensemble des protagonistes les contours de la discussion[1].

De ce constat historique bien établi, pourtant, il ne suit pas, comme on l'a parfois pensé, que le désaccord appartienne irrémédiablement à une époque révolue de notre passé philosophique et n'ait plus de pertinence pour la réflexion contemporaine. Comme l'écrit Alain de Libera : « Ce débat dure encore. Il y a aujourd'hui des "nominalistes" et des "réalistes" »[2]. Les modes de la discussion, certes, se sont transformés en profondeur. Aristote n'en est plus la référence obligée et la réflexion sur ces sujets n'est plus orientée, comme elle l'était, par les questions que ses textes, souvent énigmatiques, posaient à des interprètes désireux d'y trouver la vérité. Tout cela va sans dire. Mais l'usage des mots « nominalisme » et « réalisme » pour cerner une opposition redevenue centrale dans la discussion philosophique contemporaine ne repose pas pour autant sur une pure et simple équivoque. À y regarder de près, les thèses et les arguments d'un Pierre Abélard, d'un Jean Duns Scot ou d'un Guillaume d'Ockham peuvent encore servir – au prix, évidemment, de quelque reconstruction – à nourrir sur le fond l'échange actuel. Et les développements récents d'un Wilfrid Sellars, d'un David Armstrong ou d'un Keith Campbell peuvent aider, en retour, à mieux saisir les enjeux de la querelle médiévale. Les

1. Voir là-dessus l'étude remarquable d'Alain de Libera, *La Querelle des universaux, de Platon à la fin du Moyen Age*, Paris, Seuil, 1996.
2. *Ibid.*, p. 12.

questions qui préoccupaient les médiévaux n'étaient pas
seulement, après tout, des problèmes d'interprétation de textes.
À vouloir ainsi les réduire, on en rate malencontreusement
l'essentiel sur le plan philosophique. Tout comme celles que
discutaient les intellectuels des XVIIᵉ et XVIIIᵉ siècles, ou celles
qui agitent aujourd'hui les colloques, les revues et les collections
de philosophie, ces questions prenaient racines dans des phénomènes, je ne dirais pas intemporels, mais à tout le moins *trans-
temporels*. Des phénomènes, en tout cas, très semblables d'une
époque à l'autre : des humains parlent et réfléchissent, et leurs
environnements se transforment sans cesse mais non sans régu-
larités. Qu'ils aient vécu avant Jésus-Christ, au Moyen Âge ou au
XXᵉ siècle, tous ont eu affaire à des plantes, à des animaux, à des
rivières ou à des montagnes, au soleil et à la lune. Dans le cas qui
nous occupe, les phénomènes pertinents sont d'abord et avant
tout *cognitifs* et *sémantiques* : les humains depuis la nuit des
temps classent en *catégories* les êtres individuels qui les
entourent et utilisent pour s'y retrouver des termes généraux
comme « homme », « animal », « rouge » ou « cornu ». Ces catégories et ces mots, bien évidemment, peuvent varier d'un milieu
à l'autre – c'est ce qui impressionne tant les historicistes et les
relativistes –, mais le phénomène de base demeure constant :
nous sommes en contact par la perception sensible avec des
choses singulières spatiotemporellement situées, que nous
regroupons sous des représentations générales, linguistiques ou
mentales. C'est à cela que tient en dernière analyse l'opposition
des nominalistes et des réalistes : les premiers n'acceptent dans
le monde extérieur que des entités singulières, – cet homme,
ce cheval, cette plage de rouge – et veulent expliquer par le
fonctionnement du langage ou celui de l'esprit les phénomènes
de catégorisation, d'abstraction ou de conceptualisation générale ; les seconds, au contraire, pensent qu'il y a dans la réalité,
indépendamment de nous, des unités autres qu'individuelles, des

genres et des espèces par exemple, des propriétés générales ou des entités abstraites comme des nombres, des ensembles, des natures communes ou des valeurs[1]. Le désaccord à la base concerne l'ontologie – quelle sorte de *choses* y a-t-il dans le monde ? – et s'étend à partir de là à presque tous les secteurs de la philosophie, en particulier à la théorie de la connaissance et à la philosophie de l'esprit, des sciences et du langage.

Pris dans son ensemble, le débat au fil des siècles a donné lieu à un corpus énorme depuis Platon et Aristote jusqu'aux années 2000 et plutôt que de chercher à en refléter avec neutralité tous les aspects ou même les principaux d'entre eux, le choix qui préside au présent ouvrage est de se concentrer sur le courant nominaliste pour en faire deviner, à travers quelques textes importants du Moyen Âge, de l'époque moderne et de la philosophie contemporaine, à la fois l'unité et la richesse. Car il y a bien là, de Pierre Abélard à Keith Campbell en passant par Guillaume d'Ockham, John Locke, David Hume et Nelson Goodman, quelque chose comme une « famille » intellectuelle avec des intuitions qui se recoupent, des positions qui se ressemblent, des argumentations qui se rejoignent et des stratégies théoriques qui se complètent. Comme pour n'importe quelle autre famille, il ne faut pas en exagérer l'unité : on ne trouve pas chez tous ces « nominalistes » *une* doctrine unique et invariante dont chacun ne serait qu'une instanciation superficiellement distincte de chaque autre. Ce serait adopter sur l'histoire de la philosophie une perspective bien peu nominaliste, comme s'il

---

1. Le lecteur doit prendre garde que l'étiquette « réalisme » s'applique à des positions philosophiques bien différentes selon les contextes où on l'utilise. Le sens du mot n'est pas le même quand on l'oppose à « nominalisme », comme on le fait ici, à « idéalisme » ou encore à « scepticisme ». Celui qui rejette le réalisme des universaux ou des entités abstraites n'est pas tenu de souscrire par là à quelque forme d'idéalisme ou de scepticisme que ce soit.

existait dans quelque ciel platonicien des positions théoriques toutes faites pour l'essentiel qu'il ne s'agirait plus que d'incarner avec ici et là quelques variantes accidentelles. Il est vrai que les projets philosophiques, les contextes polémiques, les références textuelles et culturelles, les règles de l'argumentation et celles de la discussion varient énormément d'une situation à l'autre et il faut éviter de gommer ces différences par la seule grâce d'une étiquette unique. Mais il importe aussi de reconnaître du même souffle qu'il n'y a pas d'irrémédiable « incommensurabilité » entre le nominalisme médiéval, celui de l'époque moderne et celui de certains de nos contemporains et qu'ils se rencontrent à tout le moins dans la tentative de rendre compte de la généralité dans le langage et dans la connaissance sans faire appel à des entités extramentales qui soient elles-mêmes ontologiquement générales.

Un peu d'histoire

Tout laisse penser que ce courant nominaliste commence chez les Grecs. D'aucuns – Guillaume d'Ockham en tête au XIVe siècle – ont prétendu y enrôler Aristote lui-même, dont certains développements et certaines affirmations en effet se prêtent à cette interprétation. Mais la position d'Aristote sur ces questions est bien difficile à reconstruire avec quelque assurance et nombre de textes de la période hellénistique où le nominalisme peut-être a pu s'exprimer sont maintenant perdus. Il est plus prudent dans l'état actuel de nos connaissances de suivre l'usage terminologique du XIIe siècle et de faire remonter à Pierre Abélard le courant de pensée qui nous intéresse ici. Ou peut-être à son maître Roscelin de Compiègne, qui soutenait, dit-on, que les universaux ne sont que des « souffles de la voix » (*flatus vocis*) –

mais il ne nous reste de lui aucun écrit et sa pensée ne nous est connue que par quelques critiques[1]. D'Abélard en revanche nous avons de nombreuses œuvres pertinentes très explicites et longuement argumentées[2] et nous savons aussi qu'il fit école et que ses disciples, précisément, furent appelés les « *nominales* »[3]. Sous réserve de retrouver un jour d'autres sources plus anciennes, on peut raisonnablement, pour le moment, faire partir de là l'histoire du nominalisme.

L'influence directe d'Abélard, pourtant, ne s'étendit pas aux siècles qui suivirent et pratiquement personne au XIIIe ou au XIVe n'y réfère plus. Le XIIIe siècle à vrai dire, qui marque la création des universités occidentales, se caractérise pour ce qui nous concerne par une éclipse presque totale du nominalisme, à l'exception peut-être d'un auteur ou deux[4]. Le consensus à partir

1. Pour d'intéressantes tentatives de reconstruire le nominalisme de Roscelin, voir notamment E.-H. W. Klüge, « Roscelin and the Medieval Problem of Universals », *Journal of the History of Philosophy*, 14, 1976, p. 405-414 et C. J. Mews, « Nominalism and Theology before Abaelard : New Light on Roscelin of Compiègne », *Vivarium*, XXX, 1992, p. 4-33.

2. Sur le nominalisme d'Abélard, voir notamment J. Jolivet, *Arts du langage et théologie chez Abélard*, Paris, Vrin, 1969 ; « Non-réalisme et platonisme chez Abélard. Essai d'interprétation », dans *Abélard et son temps*, Actes du colloque international de Nantes, Paris, Les Belles Lettres, 1981, p. 175-195., M. Tweedale, *Abailard on Universals*, Amsterdam, North-Holland, 1976, J. Marenbon, *The Philosophy of Peter Abelard,* Cambridge, Cambridge University Press, 1999 et A. de Libera, *L'art des généralités. Théories de l'abstraction*, Paris, Aubier, 1999.

3. Voir S. Ebbesen (« What Must One Have an Opinion About », *Vivarium*, XXX, 1992, p. 62-79) de même que la fascinante collection d'extraits réunis par Y. Iwakuma et S. Ebbesen (« Logico-Theological Schools from the Second Half of the 12th Century : A List of Sources », *Vivarium*, XXX, 1992, p. 173-210) quant à l'usage des noms d'écoles philosophiques dans la seconde moitié du XIIe siècle.

4. On a pu soutenir par exemple que Pierre de Capoue au début du XIIIe siècle se rattache encore au courant des « *nominales* » (W. Courtenay, « Peter of Capua as a Nominalist », *Vivarium*, XXX, 1992, p. 157-172) et il y a des raisons de croire que Guillaume d'Auvergne, l'un des penseurs les plus intéressants de cette période, avait aussi des sympathies en ce sens.

des années 1230 environ fut de souscrire à ce que l'on appelle aujourd'hui le «réalisme modéré ou «immanentiste» : les universaux n'existent pas de façon séparée, mais leur actualisation dans l'esprit se fonde sur la présence de natures communes au sein même des choses singulières[1]. Telle est l'approche qui trouva chez Jean Duns Scot au tournant du XIVe siècle sa forme la plus achevée[2]. C'est avec Guillaume d'Ockham seulement, dans les années 1310 et 1320, que le nominalisme refit surface avec vigueur – sans l'étiquette, du reste : ni Ockham ni ses successeurs immédiats ne se présentent comme «*nominales*» ; et sans référence aucune à l'œuvre d'Abélard. Sur la base d'une ontologie très explicite exclusivement limitée aux entités individuelles, Ockham proposait alors, au fil d'une œuvre considérable, une théorie détaillée de l'esprit, de la connaissance et du langage qui marqua la philosophie en profondeur jusque vers le milieu du XVIe siècle au moins[3].

1. Voir là-dessus D. Piché, *Le problème des universaux à la Faculté des arts de Paris entre 1230 et 1260*, Paris, Vrin, 2005. Il est vrai qu'on a parfois pu ranger Thomas d'Aquin lui-même (1225-1274) parmi les nominalistes (par exemple B. Leftow, «Aquinas on Attributes», *Medieval Philosophy and Theology*, 11, 2003, p. 1–41.), mais cette lecture, c'est le moins que l'on puisse dire, est loin de faire l'unanimité.

2. Pour des présentations à la fois succinctes et éclairantes du réalisme métaphysique de Jean Duns Scot, voir A. de Libera, *La Querelle des universaux*, *op. cit.*, p. 329-351, et T. B. Noone, «Universals and Individuation», dans T. Williams (dir.), *The Cambridge Companion to Duns Scotus*, Cambridge, Cambridge University Press, 2003, p. 100-128.

3. Sur le nominalisme d'Ockham, voir entre autres M.M. Adams, *William Ockham*, Notre Dame, Ind., Notre Dame University Press, 1987 ; C. Panaccio, *Les mots, les concepts et les choses : la sémantique de Guillaume d'Occam et le nominalisme d'aujourd'hui*, Montréal-Paris, Bellarmin-Vrin, 1992 ; C. Panaccio, *Ockham on Concepts*, Aldershot, Ashgate, 2004 ; C. Michon, *Nominalisme : la théorie de la signification d'Occam*, Paris, Vrin, 1994 ; A. de Libera, *La Querelle des universaux*, *op. cit.*, p. 351-397.

On a pu contester qu'il y ait eu à la fin du Moyen Âge une véritable « école » ockhamiste comme il y eut une école thomiste ou scotiste[1]. Mais il ne fait aucun doute que le nominalisme y connut dans la foulée d'Ockham – et largement sous son influence – un essor remarquable. Le maître picard Jean Buridan (c. 1295-1360) s'en fit le défenseur à l'Université de Paris pendant près d'un demi siècle[2] et entraîna dans son sillage quelques-uns des penseurs les plus intéressants de cette « *via moderna* » : Nicole Oresme (c. 1320-1382), Albert de Saxe (c. 1316-1390), Marsile d'Inghen (c. 1340-1396), Blaise de Parme (c. 1345-1416), Pierre d'Ailly (1350-1420) et de nombreux autres ; tandis que chez les Anglais Adam Wodeham (c. 1298-1358), qui avait été l'élève d'Ockham, Robert Holcot (c. 1290-1349) ou Guillaume Crathorn (*fl.* c. 1330), pour n'en nommer que quelques-uns, développaient aussi en long et en large des idées semblables. Le nominalisme, bref, connut au XIVe siècle un véritable âge d'or, dont l'écho se fit sentir pendant longtemps dans les universités européennes[3]. On en retrouve encore, par exemple, un important cercle de représentants parmi les philosophes écossais du XVIe siècle réunis autour de Jean Mair (c. 1465-1550)[4].

Il est clair pour tous que la philosophie a connu avec le XVIIe siècle un net changement de paradigme, du moins chez les penseurs les plus dynamiques et les plus originaux de l'époque.

1. Voir notamment K. H. Tachau, *Vision and Certitude in the Age of Ockham*, Leyde, Brill, 1988.

2. Sur le nominalisme de Buridan, voir J. Zupko, *John Buridan : Portrait of a Fourteenth-Century Arts Master*, Notre Dame, Ind., Notre Dame University Press, 2003 et G. Klima, *John Buridan*, Oxford, Oxford University Press, 2009.

3. Sur le nominalisme au XVe siècle, voir notamment Z. Kaluza, *Les querelles doctrinales à Paris : nominalistes et réalistes aux confins du XIVe et du XVe siècles*, Bergame, P. Lubrina, 1988.

4. Voir A. Broadie, *The Circle of John Mair*, Oxford, Clarendon Press, 1985.

De Hobbes et Descartes jusqu'à Spinoza, Malebranche et Locke, il ne s'agit plus pour philosopher, comme chez Thomas d'Aquin, Guillaume d'Ockham, Jean Buridan et leurs successeurs, de commenter les écrits d'Aristote ou d'en reconstruire la doctrine au regard d'une série de questions codifiées par la pratique universitaire. Un nouveau réseau de questionnements, d'oppositions et de renvois (de références scientifiques en particulier) structure maintenant la discussion philosophique et ouvre pour notre discipline ce qu'il est convenu d'appeler « l'époque moderne ». Plusieurs de ces innovateurs, pourtant, peuvent être à juste titre – et ont été de fait – qualifiés de « nominalistes ». C'est le cas de Hobbes, pour qui « il n'y a rien d'universel dans le monde, en dehors des dénominations ; car les choses nommées sont toutes individuelles et singulières »[1] ; c'est le cas de Locke, bien sûr, pour qui « tout ce qui existe est singulier »[2] ; et c'est le cas même de Descartes, pour qui « les universaux dépendent de notre pensée » et « se font de cela seul que nous nous servons d'une même idée pour penser à plusieurs choses particulières qui ont entre elles un certain rapport »[3]. La tendance, du reste, se poursuit très nettement au XVIIIe siècle chez les empiristes comme Hume, Reid et Condillac, qui pour l'essentiel épousent là-dessus, avec quelques nuances, des positions proches de celles de Locke : « c'est un principe généralement reçu en

1. Y.-C. Zarka, « Empirisme, nominalisme et matérialisme chez Hobbes », *Archives de philosophie*, 48, 1985, p. 197. L'auteur réfère alors au chapitre 4 du *Léviathan*.

2. John Locke, *Essai sur l'entendement humain*, III, 3, 1. Sur le nominalisme de Locke, voir par exemple G. Brykman, *Berkeley ou le voile des mots*, Paris, Vrin, 1993, p. 164-174.

3. René Descartes, *Les principes de la philosophie*, I, sections 58-59. Voir à ce propos J.-Ch. Bardout (« Le déclin des universaux dans l'école cartésienne », Cahiers de philosophie de l'Université de Caen, 2003, p. 275-300), qui montre aussi qu'une position semblable se retrouve chez Spinoza.

philosophie », écrit Hume, « que toute chose dans la nature existe individuellement »[1]. Et Sylvain Auroux a même pu affirmer de façon plus générale, qu'en un sens « toute la pensée des Lumières possède une saveur nominaliste », appliquant lui aussi cette étiquette à l'idée que « *seuls existent des individus*, autrement dit que les universaux n'existent pas dans la nature »[2]. Quelles qu'en soient les différences de styles, d'approches et de « réseaux », ces modernes appartiennent bien, pour ce qui nous concerne ici, à la même « famille » qu'Abélard, Ockham et Buridan.

Le XIXᵉ siècle philosophique, dominé par l'idéalisme allemand et par le romantisme (souvent conjugués l'un à l'autre), s'écartera encore plus radicalement des préoccupations de la vieille scolastique médiévale et il n'est pas coutumier chez les historiens d'employer l'étiquette de « nominalisme » pour qualifier l'un ou l'autre des principaux penseurs de l'époque ou ses courants les plus saillants. C'est avec l'apparition de la philosophie analytique au tournant du XXᵉ siècle que la problématique des universaux refera surface et que la question du nominalisme retiendra de nouveau l'attention de manière explicite. L'Américain Charles Sanders Peirce, en particulier, s'inspirant nommément de Jean Duns Scot, consacra beaucoup d'énergie à la critique du nominalisme, dont il déplorait qu'il soit devenu partie intégrante de l'« esprit moderne »[3]; et Bertrand Russell se porta, tout au long de sa carrière, à la défense de la position

1. David Hume, *Traité de la nature humaine*, I, 7; voir ci-dessous le texte de Hume, « Les idées abstraites », p. 307-316.
2. S. Auroux, *La sémiotique des Encyclopédistes. Essai d'épistémologie historique des sciences du langage*, Paris, Payot, 1979, p. 103 (les italiques sont de l'auteur). Toute la section dont cette citation est tirée s'intitule d'ailleurs « Le nominalisme des Lumières » (p. 102-113).
3. Voir à ce sujet J. Boler, *Charles Peirce and Scholastic Realism. A Study of Peirce's Relation to John Duns Scotus*, Seattle, University of Washington Press, 1963, notamment p. 20, n. 4.

platonicienne sur les universaux[1]. Bien que l'étiquette n'y soit
pas, on a pu parler, en revanche, d'un nominalisme du premier
Wittgenstein, celui du *Tractatus*[2], et Frank Ramsey en tout cas,
très proche de Wittgenstein à plusieurs égards, s'écarta
résolument de Russell sur ce point en contestant que la division
des objets en deux classes, les universaux et les particuliers,
présentât véritablement un caractère fondamental[3].

L'empirisme logique, Rudolf Carnap en tête, chercha bien
à reléguer la controverse au purgatoire des pseudo-problèmes
métaphysiques[4], mais le nominalisme n'en connut pas moins
vers le milieu du XXᵉ siècle un spectaculaire renouveau. Cela
commença avec un article célèbre, quoique assez technique, des
Américains Willard van Quine et Nelson Goodman, significativement intitulé « Steps Toward a Constructive Nominalism »[5].
Quine, par la suite, prit quelque peu ses distances, mais
Goodman continua jusqu'à la fin de sa vie de prôner avec vigueur
l'élimination ontologique des *ensembles*, refus dans lequel il
voyait la figure contemporaine du traditionnel rejet nominaliste
des universaux[6]. Et d'autres formes de nominalisme furent aussi

1. B. Russell, (*Problèmes de philosophie*, trad. fr. F. Rivenc, Paris, Payot,
1989) a développé un argument célèbre pour prouver que la ressemblance à tout
le moins doit être admise dans l'ontologie comme un universel.

2. Voir B. Skyrms, « Tractarian Nominalism », *Philosophical Studies*, 40,
1981, p. 199-206.

3. Voir F.P. Ramsey, « Universals », *Mind*, 34, 1925, p. 401-417, trad. fr. dans
Ramsey, 2003.

4. Voir notamment R. Carnap, « Empirisme, sémantique et ontologie », dans
R. Carnap, *Signification et nécessité*, trad. fr. F. Rivenc, P. de Rouilhan, Paris,
Gallimard, 1997, p. 313-335.

5. N. Goodman et W.V.O. Quine, « Steps Toward a Constructive
Nominalism », dans N. Goodman, *Problems and Projects*, Indianapolis, Bobbs-
Merrill, 1972, p. 173-198.

6. Voir en particulier Goodman (« A World of Individuals », dans
N. Goodman, *Problems and Projects*, *op. cit.*, p. 155-172.), reproduit plus loin
dans ce volume, p. 157-183. Sur le nominalisme de Goodman, voir C. Panaccio,

défendues avec brio dans les années cinquante et soixante par des philosophes de premier plan, H. H. Price[1] et Wilfrid Sellars en particulier[2]. Le débat a été relancé depuis la fin des années soixante-dix par l'école australienne de métaphysique et surtout par les travaux de David Armstrong, qui, quoiqu'il se fît le défenseur d'une forme modérée de réalisme des universaux, accorda toujours dans ses écrits une large place à la discussion respectueuse et détaillée du nominalisme dans ses diverses variantes[3].

La controverse se poursuit aujourd'hui de plus belle[4] et les partisans du nominalisme empruntent maintenant deux voies surtout, qui d'ailleurs se rejoignent l'une l'autre : le *nominalisme des ressemblances* qui, comme son nom l'indique, entend rendre compte de la généralité (cognitive ou linguistique) par ceci

« Stratégies nominalistes », *Revue internationale de philosophie,* 46, 1993, p. 161-170. et D. Shottenkirk, *Nominalism and its Aftermath : the Philosophy of Nelson Goodman,* Dordrecht, Springer, 2009.

1. Voir H. H. Price, *Thinking and Experience*, Londres, Hutchinson, 1953, dont on peut lire le premier chapitre dans le présent volume, *infra*, p. 87-123.

2. Voir notamment W. Sellars (« *Empiricism and the Philosophy of Mind* », dans W. Sellars, Science, Perception and Reality, Atascadero, CA, Ridgeview, 1991 ; trad. fr. F. Cayla, *Empirisme et philosophie de l'esprit*, Paris, Éditions de l'éclat, 1992. – dont on pourra lire un extrait dans le présent volume *infra* p. 317-337 ; Philosophical Perspectives, Atascadero, CA, Ridgeview, 1977 et Naturalism and Ontology, Atascadero, CA, Ridgeview, 1979). Sur le nominalisme de W. Sellars, voir J. Seibt, *Properties as Processes : A Synoptic Study of W. Sellars'Nominalism*, Reseda, CA., Ridgeview, 1990 et W. A. De Vries *Wilfrid Sellars*, Montréal, McGill-Queen's University Press, 2, p. 67-93.

3. Voir surtout D. M. Armstrong, *Universals and Scientific Realism*, Cambridge, Cambridge University Press, 1978 ; *Universals : An Opinionated Introduction*, Boulder, Westview Press, 1989 ; *A World of States of Affairs*, Cambridge, Cambridge University Press, 1997 ; *Truth and Truthmakers*, Cambridge, Cambridge University Press, 2004.

4. Voir la présentation synthétique (globalement favorable au réalisme) qu'en donne M. J. Loux (*Metaphysics : A Contemporary Introduction*, Londres, Routledge, 2006) dans ses deux premiers chapitres.

seulement que les individus extramentaux se ressemblent les uns les autres[1]; et la *théorie des tropes*, qui veut ramener chaque chose du monde à n'être qu'un agrégat de propriétés singulières, qu'on appelle des « tropes » précisément[2]. À parcourir cette littérature récente, il n'est pas difficile d'y reconnaître à tout moment des argumentations et des stratégies qui s'apparentent à celles d'un Pierre Abélard, d'un Guillaume d'Ockham ou d'un John Locke et qui peuvent être mises en rapport avec elles dans un dialogue philosophiquement fécond[3]. Par delà les ruptures épistémiques, les révolutions scientifiques et les changements de réseaux textuels, il y a bien au bout du compte une continuité du nominalisme qui justifie que l'on réunisse en un même *corpus*,

---

1. Voir notamment G. Rodriguez-Pereyra, *Resemblance Nominalism. A Solution to the Problem of Universals*, Oxford, Oxford University Press, 2002.

2. Le terme de « trope » pris en ce sens a été introduit par D.C. Williams (« On the Elements of Being », dans *Principles of Empirical Realism*, Springfield, Ill., Thomas, 1966). Dans la philosophie analytique du XXᵉ siècle, la position en question remonte à G.F. Stout (« The Nature of Universals and Propositions », dans M. Tooley (dir.), *The Nature of Properties : Nominalism, Realism, and Trope Theory*, New York, Garland, 1999, p. 185-200, trad. fr. dans E. Garcia et F. Nef (dir.), *Métaphysique contemporaine. Propriétés, mondes possibles et personnes*, Paris, Vrin, 2007, p. 121-142; « Are the Characteristics of Particular Things Universal or Particular? », dans M. Tooley (dir.), *The Nature of Properties : Nominalism, Realism, and Trope Theory, op. cit.*, p. 202-211.). Elle a été défendue récemment par plusieurs auteurs, notamment K. Campbell dans *Abstract Particulars*, Oxford, Blackwell, 1990; J. Bacon, *Universals and Property Instances : the Alphabet of Being*, Oxford, Blackwell, 1995 et F. Nef, *Les propriétés des choses. Logique et expérience*, Paris, Vrin, 2006.

3. Voir par exemple la comparaison que propose H. Hochberg (« Facts and Relations : The Matter of Ontology and Truth-Making », dans *Truth and Truth-Making*, E. J. Lowe et A. Rami (dir.), Stocksfield, Acumen, 2009, p. 158-184) entre l'ontologie d'Abélard et la théorie contemporaine des tropes, ou celles à laquelle je me suis moi-même livré à propos d'Ockham (C. Panaccio, *Les mots, les concepts et les choses* et « L'ontologie d'Ockham et la théorie des tropes », dans C. Erismann et A. Schniewind (dir.), *Compléments de substance. Études sur les propriétés accidentelles offertes à Alain de Libera*, Paris, Vrin, 2008, p. 167-181).

comme dans le présent volume, des écrits médiévaux, modernes et contemporains.

LE PROGRAMME NOMINALISTE

La diversité non moins saisissante de ces approches, cependant, rend nécessaire de circonscrire avec plus de rigueur la portée de l'étiquette sous laquelle on les subsume. D'Abélard à Rodriguez-Pereyra, j'ai caractérisé le nominalisme jusqu'à présent par l'idée que seuls les individus existent dans le monde et par le refus qui en découle de l'existence réelle des universaux. Et c'est bien là une description parlante, qui suffit à légitimer *prima facie* le regroupement qui nous occupe et l'attitude continuiste qui est la nôtre. D'autant plus que cette caractérisation rejoint de près, comme on l'a vu, les formulations mêmes de bon nombre de ces auteurs ou de ceux qui les ont commentés. Mais la notion d'individu reste vague et celle d'universaux n'a encore été cernée dans les pages précédentes que par la vertu de quelques exemples classiques comme l'homme ou l'animal en général. Les nominalistes au demeurant ont régulièrement voulu débarrasser l'ontologie d'entités présumées qui ne sont pas toujours facilement identifiables à des universaux au sens habituel. Wilfrid Sellars, par exemple, s'est efforcé d'en évacuer ce qu'il appelle les «entités abstraites» comme la triangularité ou l'équinité[1]; Guillaume d'Ockham a longuement cherché à réduire les relations et les quantités[2]; Hartry Field, récemment,

---

1. Voir notamment W. Sellars, «Grammar and Existence: A Preface to Ontology», dans W. Sellars, *Science, Perception and Reality*, Atascadero, CA, Ridgeview, 1991.
2. Voir à ce sujet M. M. Adams *William Ockham*, Notre Dame, Ind., Notre Dame University Press, 1987, chap. 6-7, p. 169-276, et G. Klima «Ockham's Semantics and Ontology of the Categories», dans P. V. Spade (dir.), *The*

a proposé à la philosophie des mathématiques de se dispenser de l'existence réelle des nombres[1]; et les amis des tropes rejettent la plupart du temps l'autonomie des substances qui était au cœur de la métaphysique aristotélicienne. On sent bien par intuition les affinités de ces divers projets d'économie ontologique, mais il y a certainement lieu, sur le plan théorique, d'être plus précis dans notre définition de ce que l'on peut entendre par « nominalisme ».

La clé de cette clarification nous est fournie, me semble-t-il, par un texte célèbre du XVe siècle dans lequel un certain nombre de maîtres qui s'affichaient comme « nominalistes » (*nominalistae* dans ce cas) voulurent prendre la défense de ce courant en réaction à une ordonnance promulguée par Louis XI en 1474. Le roi de France y avait interdit l'enseignement à l'Université de Paris des doctrines de certains « nouveaux docteurs » qu'il appelait lui-même « nominalistes » et dont il nommait les principaux : Ockham, Grégoire de Rimini, Buridan, Pierre d'Ailly, Marsile d'Inghen, Jean Dorp et Albert de Saxe. Les rédacteurs du mémoire en réponse (dont on ne connaît pas les noms d'ailleurs) se livrèrent à une véritable apologie du nominalisme, étayée d'une narration qui faisait remonter l'origine du mouvement à Guillaume d'Ockham, un siècle et demi plus tôt[2]. On a pu

Cambridge Companion to Ockham, Cambridge, Cambridge University Press, 1999, p. 118-142.

1. Voir H. Field (*Science Without Numbers: A Defence of Nominalism*, Oxford, Blackwell, 1980), dont on trouvera ci-dessous un extrait important, *infra*, p. 193-213.

2. Le texte latin de ce mémoire a été publié par F. Ehrle dans *Der Sentenzenkommentar Peters von Candia*, Münster, Aschendorffsche, 1925, p. 322-326. On en trouve une version anglaise dans L. Thorndike, *University Records and Life in the Middle Ages*, New York, W.W. Norton, 1975, p. 355-360. Pour une étude bien documentée de toute cette affaire, voir Z. Kaluza, « La crise des années 1474-1482 : l'interdiction du nominalisme par Louis XI »,

contester l'exactitude historique du récit et la bonne foi de ses auteurs [1], mais l'intéressant pour ce qui nous concerne est que le texte propose d'entrée de jeu une caractérisation générale du nominalisme qui pour être succincte n'en est pas moins pénétrante et extrêmement utile : on appelle « nominaliste », dit-il, ces docteurs « qui ne multiplient pas les choses selon la multiplicité des termes » et qui s'attachent en conséquence à l'étude diligente de toutes les propriétés des termes – les propriétés sémantiques, dirions-nous aujourd'hui – dont dépendent la vérité et la fausseté du discours [2].

Ces lignes, en dépit de leur apparente simplicité, suggèrent ce qui me paraît être la façon à la fois la plus féconde et la plus nuancée de définir l'approche nominaliste. Il faut le faire au départ d'une manière relative en se reportant aux catégories *linguistiques*. On dira dès lors que le nominalisme *relativement à une catégorie d'expressions données* consiste à nier qu'à chaque terme de cette catégorie corresponde un référent unique dans le monde. Le nominalisme médiéval des universaux, par exemple, revenait à soutenir que les termes généraux comme « homme », « fleur » ou « animal », ne dénotent pas chacun une entité unique ; il s'agit donc, dans la terminologie proposée ici, d'une position nominaliste *eu égard aux termes généraux* en question. Mais on pourra également parler, dans le même sens, d'un nominalisme *eu égard aux termes abstraits* comme « triangularité », « liberté » ou « équinité », qui ne sont pas des « universaux » au sens

dans M. J. F. M. Hoenen *et al.* (dir.), *Philosophy and Learning. Universities in the Middle Ages*, Leyde, Brill, 1995, p. 293-327.

1. Z. Kaluza (« La crise des années 1474-1482 : l'interdiction du nominalisme par Louis XI », *op. cit.*, p. 319) parle même à ce propos d'un « texte mensonger, mais concocté par un bon publiciste » !

2. F. Ehrle *Der Sentenzenkommentar Peters von Candia*, , Münster, Aschendorffsche, 1925, p. 322; trad. angl. L. Thorndike, *University Records and Life in the Middle Ages*, New York, W.W. Norton, 1975, p. 355-356.

médiéval. La thèse alors sera qu'il n'y a pas pour chacun de ces termes abstraits une entité correspondante dans le monde. Cette position diffère de la précédente, mais elle relève d'une même attitude – une même négation en l'occurrence – à l'endroit d'une autre catégorie de termes. De même le rejet ontologique des relations, que l'on rencontre chez de nombreux auteurs de Guillaume d'Ockham à Keith Campbell, peut être vu comme une thèse nominaliste *eu égard aux expressions relationnelles*, et le rejet ontologique des nombres ou des quantités comme une thèse nominaliste *eu égard aux expressions numériques ou quantitatives*.

Ainsi traitée, l'étiquette « nominalisme » est relationnelle et ne circonscrit pas une position précise tant qu'on ne l'a pas complétée par la mention d'une catégorie de termes suffisamment bien délimitée. Les divers nominalismes possibles – un pour chaque catégorie de termes – peuvent en principe être soutenus indépendamment les uns des autres (on peut être nominaliste par rapport aux termes relationnels ou quantitatifs sans l'être pour autant par rapport aux prédicats généraux). Mais leurs affinités en même temps ressortent bien : il s'agit dans chaque cas de renoncer à « multiplier les choses selon la multiplicité des termes », pour reprendre l'heureuse expression des maîtres parisiens du XVᵉ siècle. Le nominalisme tout court, dans cette perspective, est une famille de positions caractérisées par une même volonté de simplifier l'ontologie face à la complexité du langage.

Cela suppose évidemment que l'on puisse identifier avec une précision satisfaisante ces « catégories » linguistiques par rapport auxquelles on voudra situer telle ou telle variété de nominalisme. Les auteurs souvent ne le font que de façon intuitive. Rien n'empêche, cependant, que la chose soit réalisable en principe avec une certaine rigueur. Les catégories du langage après tout sont moins sujettes à controverse que celles de l'être

(on reconnaît assez facilement, par exemple, un terme
relationnel ou une expression numérique) et se prêtent davantage
prima facie à une délimitation rigoureuse comme nous l'a
montré le développement de la linguistique et de la logique
contemporaines. Les unités verbales, au demeurant, présentent
l'insigne avantage d'être publiques et partagées et fournissent
ainsi à l'enquête ontologique un point d'ancrage commode et
une précieuse série de repères heuristiques.

Cela dit, c'est bien d'*ontologie* que nous parlons ici et non de
linguistique ni de logique. Les diverses thèses que nous quali-
fions de nominalistes concernent toujours ce qui existe autant
que ce qui n'existe pas. Qu'on les formule, par souci de précision, en faisant référence à des classifications linguistiques
n'empêche pas qu'il s'agisse dans chaque cas de nous dire s'il y a
bien dans le monde réel des entités de telle ou telle sorte. L'entreprise nominaliste présuppose toujours la délimitation préalable
de certaines catégories de termes, mais elle ne peut se développer
ensuite qu'en une enquête *métaphysique*. Le nominalisme le plus
extrême, celui qui maintiendrait qu'*aucun* terme ne dénote
jamais quoi que ce soit de réel, paraît absurde et insoutenable.
Dans toutes ses variantes minimalement plausibles, le nominalisme doit nous dire quelles entités il accepte et non seulement
celles qu'il refuse. Tout projet nominaliste doit fournir une
énumération et une description des sortes fondamentales de
choses et de leurs rapports; et l'ontologie ainsi élaborée doit
répondre aux critères habituels de la cohérence et de la simplicité
internes tout en s'harmonisant avec les données de l'expérience
et avec les meilleurs résultats scientifiques disponibles.

Maintes options ont été – et sont encore – explorées à cet
égard et le nominalisme a pu, selon les auteurs, proposer de
peupler le monde de substances individuelles (les « substances

premières » d'Aristote), de tropes, relationnels ou non[1], de faits ou d'événements[2] ou même de ces qualités purement phénoménales que les philosophes appellent des *qualia*[3]. Il a parfois admis des *possibilia* en plus des êtres actuels[4], ou de purs esprits en plus des choses matérielles[5]. Et chacune de ces voies se subdivise à son tour en de multiples variantes. Dire que l'ontologie nominaliste ne reconnaît que des entités individuelles est juste, bien sûr, mais beaucoup trop court. On a affaire là en réalité à un large éventail de positions diverses, souvent finement articulées et longuement argumentées.

Ayant ainsi identifié les composantes de son ontologie, le nominalisme conséquent s'engage sur cette base dans l'entreprise de neutraliser l'impact ontologique apparent de ces catégories linguistiques auxquelles il refuse d'attribuer des corrélats

1. Voir (entre autres) les références données *supra*, p. 20 n. 2.

2. Voir notamment D. Davidson (« The Individuation of Events » (1969), dans D Davidson, Essays on Actions and Events, Oxford, Clarendon Press, 2001, p. 163-181 ; trad. fr. par P. Engel dans D. Davidson, *Actions et événements*, Paris, P.U.F., 1993, p. 219-243 ; « Events as Particulars » (1970), p. 181-189 ; trad. fr., p. 245-253), qui propose dans une veine nominaliste de voir les événements comme des entités à la fois fondamentales et de part en part singulières.

3. Le système nominaliste mis en place par N. Goodman (*La structure de l'apparence*) ne compte comme entités de base que des *qualia* individuels.

4. Le principal représentant du nominalisme « possibiliste » est l'Américain David Lewis ; voir notamment D. Lewis, « New Work for a Theory of Universals », dans D. Lewis, *Papers in Metaphysics and Epistemology*, Cambridge, Cambridge University Press, 1999, p. 8-55 ; *On the Plurality of Worlds*, Oxford, Blackwell, 1986, trad. fr. M. Caveribère et J.-P. Cometti, *De la pluralité des mondes*, Paris, Éditions de l'éclat, 2007 ; « Against Structural Universals », dans D. Lewis, *Papers in Metaphysics and Epistemology*, *op. cit.*, p. 78-107 ; trad. fr. dans Garcia et Nef (dir.), *Métaphysique contemporaine*, *op. cit.*, p. 185-222.

5. C'est le cas du nominalisme médiéval dans son ensemble comme de celui de Descartes. Berkeley n'admet même dans son ontologie que des entités immatérielles, toutes singulières ; sur le nominalisme de Berkeley, voir notamment G. Brykman, *Berkeley ou le voile des mots*.

spéciaux dans l'être. Cette tâche aussi a donné lieu – et donne encore lieu – à une intéressante pluralité de stratégies pour l'analyse sémantique. Mentionnons, par exemple, parmi les plus utilisées :

– la sémantique de la *dénotation multiple*, qui veut rendre compte de la signification des termes généraux par leur référence simultanée à plusieurs individus : « homme » pour Guillaume d'Ockham tient lieu de tous les hommes singuliers et « animal » de tous les animaux singuliers sans nommer d'aucune façon une nature commune à chacun d'eux [1] ;

– l'évocation de *termes fonctionnels dénués de dénotation* : les constantes logiques, par exemple, ne représentent rien pour Wittgenstein et ne servent qu'à donner aux phrases leur forme logique [2] ; les syncatégorèmes de la même façon n'ont pas de signifiés pour Ockham et ne servent qu'à lier ensemble les autres éléments du discours [3] ; fort de son célèbre « critère d'engagement ontologique », Quine a même proposé de généraliser cette approche à tous les prédicats [4] ;

– la *réduction par paraphrase*, qui consiste à montrer qu'on peut sans perte de contenu faire l'économie de certains termes en remplaçant les phrases où ils figurent par d'autres qui leur sont

1. Voir à ce sujet C. Panaccio *Les mots, les concepts et les choses : la sémantique de Guillaume d'Occam et le nominalisme d'aujourd'hui, op. cit.*, p. 23-43. La même approche se retrouve chez plusieurs nominalistes d'aujourd'hui, comme R. M. Martin (*Truth and Denotation*, Chicago, University of Chicago Press, 1958) ou M. Black (« The Elusiveness of Sets », *The Review of Metaphysics*, 24, 1971, p. 614-636).

2. Wittgenstein affirme même que c'est là son « idée fondamentale » (*Tractatus logico-philosophique* 4.0312).

3. Guillaume d'Ockham, *Somme de logique* I, chap. 4.

4. Voir Quine, « On What There Is », dans Quine, *From a Logical Point of View,* Cambridge, Harvard University Press, 1996; trad. fr. S. Laugier (dir.), C. Alsaleh *et al.*, *Du point de vue logique*, Paris, Vrin, 2003, p. 25-48 ; « Logic and The Reification of Universals », trad. fr. p. 149-184.

équivalentes; c'était, notoirement, la méthode de Bertrand Russell pour éviter d'attribuer des référents spéciaux aux descriptions définies et bien que Russell lui-même fût partisan du réalisme des universaux, elle a beaucoup inspiré le courant nominaliste du XXe siècle [1];

– la *réduction par survenance*: à défaut d'éliminer par paraphrase certaines catégories d'expression, on tente parfois de montrer que la vérité des phrases où elles apparaissent est toujours dérivée de celles d'autres phrases plus fondamentales; c'est ce que fait Keith Campbell, par exemple, pour les expressions relationnelles et son ontologie, du coup, prétend se passer des relations [2];

– le *fictionnalisme*, qui consiste à dire de certains termes abstraits à prétention référentielle, qu'ils ne représentent en fait rien de réel, mais qu'ils n'en sont pas moins pragmatiquement utiles; c'est la position de Hartry Field, par exemple, à l'endroit des expressions numériques [3] et celle de Bas van Fraassen à l'endroit des termes théoriques en science [4];

– l'*approche métalinguistique*, qui voit certaines expressions apparemment objectuelles comme renvoyant en réalité à des phénomènes d'ordre linguistique; Ockham interprétait ainsi « l'homme est une espèce » ou « l'animal est un genre » comme portant en fait sur les *termes* « homme » et « animal » plutôt que

---

1. Le *locus classicus* de cette approche est le célébrissime article de B. Russell, « On Denoting », dans *Essays in Analysis*, Londres, Allen and Unwin, 1973, p. 103-119; trad. fr. par J.-M. Roy, *Écrits de logique philosophique*, Paris, P.U.F., 1989, p. 203-218.

2. Voir K. Campbell, *Abstract Particulars*, *op. cit.*, p. 97-113.

3. Voir H. Field, *Science Without Numbers : A Defence of Nominalism*.

4. Voir notamment B.C. Van Fraassen, *The Scientific Image*, Oxford, Oxford University Press, 1980.

sur leurs *designata*[1]; et Sellars, dans la même veine, pose que les termes abstraits comme « triangularité », « liberté » ou « équinité » réfèrent en réalité à d'autres mots, ontologiquement plus inoffensifs, comme « triangulaire », « libre » ou « cheval »[2].

Ces stratégies, dont la liste d'ailleurs n'est pas exhaustive, peuvent se combiner et se compléter les unes les autres. S'appliquant tantôt à une catégorie de termes tantôt à une autre, elles constituent pour une large part la boîte à outils du nominalisme à travers les âges.

Encore faut-il les enraciner de manière plausible dans une conception de la cognition humaine et non seulement du langage. Elles ne seraient sans quoi que de purs artifices techniques. En plus d'une ontologie et d'une sémantique, le nominalisme doit proposer une théorie psychologiquement acceptable du fonctionnement de l'esprit humain. Il lui faut rendre compte de la capacité que nous avons d'acquérir des représentations générales, de former des croyances qui ne soient pas seulement singulières et de construire des théories scientifiques au moins approximativement adéquates. Abélard, par exemple, s'est beaucoup intéressé à ce qu'il appelait les « intellections », qui devaient fonder à ses yeux l'usage des universaux linguistiques[3]. Ockham a élaboré une explication détaillée de la formation naturelle des *concepts* à partir de la rencontre intuitive avec les

---

1. Cette thèse et d'autres apparentées sont incorporées par Ockham à sa théorie de la « supposition matérielle » et de la « supposition simple », qui sont chez lui des modes de référence métalinguistiques; voir sa *Somme de logique* I, chap. 63-68.

2. Voir W. Sellars, « Abstract Entities », dans *Philosophical Perspectives*, Atascadero, CA, Ridgeview, 1977, p. 229–269.

3. Voir à ce sujet son *Traité des intellections* (*Cf.* Abélard, *Des intellections*, éd., trad. et commentaire par P. Morin, Paris, Vrin, 1994).

choses singulières[1]. Les empiristes modernes se sont attachés à rendre compte de l'origine des *idées* sur la base de l'expérience sensible[2]. Nelson Goodman a défendu une forme de *constructivisme* en épistémologie[3]. Wilfrid Sellars a développé toute une philosophie de l'esprit sur le fond d'une conception interpersonnelle des phénomènes de connaissance[4]. Et ainsi de suite[5].

Un programme nominaliste complet, bref, comporte en principe quatre volets qui se complètent les uns les autres :

– la critique des formes de réalisme auxquelles il s'oppose ;

– la construction d'une ontologie positive à base d'entités singulières ;

– l'analyse sémantique des catégories de termes dont il veut réduire la portée ontologique ;

– une théorie de la connaissance humaine qui soit compatible avec sa métaphysique et sa philosophie du langage.

---

1. Les principaux textes d'Ockham sur ce point ont été rassemblés en traduction française par D. Piché dans Guillaume d'Ockham, *Intuition et abstraction*, Paris, Vrin, 2005. Pour une présentation détaillée de cette théorie, voir C. Panaccio, *Ockham on Concepts*, Aldershot, Ashgate, 2004.

2. Voir notamment les extraits de Locke, Hume et Condillac publiés dans le présent volume, *infra* p. 277-316.

3. Voir notamment à ce propos N. Goodman, *Ways of Worldmaking*, Indianapolis, Hackett Publ. Co., 1978, trad. fr. par M.-D. Popelard, *Manières de faire des mondes*, Paris, Gallimard, 2006 ; C. Z. Elgin (dir.), *Nominalism, Constructivism and Relativism in the Work of Nelson Goodman*, vol. 1, New York, Garland, 1997 et D. Shottenkirk *Nominalism and its Aftermath : the Philosophy of Nelson Goodman*, Dordrecht, Springer, 2009, chap. 5-6.

4. Voir notamment W. Sellars, « *Empiricism and the Philosophy of Mind* ».

5. C'est justement parce que le nominalisme s'accompagne d'habitude d'une théorie des représentations mentales qu'il est vain de l'opposer au « conceptualisme », comme on l'a souvent fait.

MOTIVATIONS

L'entreprise est exigeante, on le voit, et requiert des motivations profondes. On n'y insistera pas ici parce qu'elles sont particulièrement développées dans certains des textes qui suivent (ceux de la première partie notamment). Disons seulement qu'elles sont d'habitude de deux ordres. Il y a, on s'en doute, le bon vieux principe de parcimonie que l'on a appelé le « rasoir d'Ockham »[1] : il ne faut pas multiplier sans nécessité les entités – ou plutôt les *sortes* d'entités – dans notre représentation du monde. Il s'agit de se donner l'ontologie la plus simple possible, quitte à complexifier pour cela la théorie du langage et de la connaissance. Mais par-delà ce souci d'économie, il y a principalement, à la source du nominalisme, une requête d'*intelligibilité*. Le réalisme des universaux et des entités abstraites lui apparaît le plus souvent non seulement comme une complication inutile, mais bien davantage comme une explication de l'obscur par le plus obscur. C'est pourquoi la critique du réalisme, on le verra dans les textes qui suivent, occupe tant de place dans la littérature nominaliste : l'intuition de base ici est que le rapport que suppose le réalisme entre les choses concrètes observables et ces autres entités qu'il postule est littéralement inintelligible et conduit à des extravagances théoriques, et même à des incohérences.

---

1. L'expression « Ockham's Razor » a été introduite par le philosophe britannique William Hamilton vers 1836. Condillac déjà avait évoqué ce qu'il appelait le « rasoir des nominaux » dans son *Essai sur l'origine des connaissances humaines* en 1746. Voir à ce sujet C. K. Brampton, « Nominalism and the Law of Parsimony », *The Modern Schoolman*, 41, 1964, p. 273-281 et A. Maurer, « Method in Ockham's Nominalism », dans A. Maurer, *Being and Knowing. Studies in Thomas Aquinas and Later Medieval Philosophers*, Toronto, Pontifical Institute of Mediaeval Studies, 1990, p. 403-421.

On ne saurait représenter adéquatement dans ce recueil toutes les facettes de ce vaste programme nominaliste ni toutes les figures qu'il a pu prendre au fil des siècles. On a choisi ici d'en illustrer certains moments particulièrement saillants sur le plan théorique par une quinzaine de textes marquants du Moyen Âge, de l'Âge classique et de la deuxième moitié du XXᵉ siècle, que l'on a répartis en trois groupes. La première partie est consacrée directement au célèbre problème des universaux : les prédicats généraux comme «homme», «animal», «rouge» ou «cornu» désignent-ils chacun quelque chose comme une nature ou une propriété communes ? D'Abélard à Keith Campbell, les nominalistes évidemment soutiennent qu'il n'en est rien et l'on verra sur quelques exemples médiévaux et contemporains comment s'articulent leurs argumentations à ce sujet. Les textes du deuxième groupe, pour leur part, s'attachent à réduire la portée ontologique de certaines autres catégories linguistiques auxquelles on veut parfois faire correspondre des entités abstraites d'une nature spéciale : les termes mathématiques par exemple, ou les phrases complètes. La troisième partie, enfin, réunit des extraits d'époques différentes, dont les auteurs s'attaquent, directement ou indirectement, à l'un des principaux défis du programme nominaliste, celui de rendre compte de la formation des idées générales. Le lecteur est invité à se reporter aux notes de la présente introduction et à la bibliographie finale pour poursuivre ensuite par lui-même l'exploration de ce mouvement doctrinal. Qu'il y souscrive ou non, il y trouvera à tout le moins de quoi nourrir sa réflexion sur certaines des questions les plus centrales de l'histoire de la philosophie.

LES UNIVERSAUX

LA QUESTION DES UNIVERSAUX

Le « problème des universaux » prenait au Moyen Âge la forme précise de trois questions posées par le néoplatonicien Porphyre au début de son « introduction » (*Isagogè*) à la logique d'Aristote :

– les genres et les espèces existent-ils hors de l'esprit ou dans la pensée seulement ?

– sont-ils corporels ou incorporels ?

– existent-ils dans les choses sensibles ou séparés d'elles ?

Rédigé en grec à la fin du IIIe siècle, ce très court passage fut transmis aux médiévaux par la traduction latine de Boèce au VIe siècle. Celui-ci en outre produisit deux commentaires de l'opuscule de Porphyre, dont le second surtout, plus détaillé, servit de base à la discussion des trois questions pendant toute la période médiévale. Alors que Porphyre s'était abstenu de répondre à son propre questionnaire, Boèce, lui, s'y risquait, léguant ainsi à la postérité une influente provision d'arguments.

On ne saurait classer Boèce parmi les nominalistes. Sa position au final, quoiqu'assez ambiguë, paraît plus proche du réalisme modéré ou immanentiste, qui admet la présence de natures communes au sein des individus sensibles. Le texte qu'on lira ici, cependant, joua par deux de ses aspects un rôle de premier plan dans l'histoire du courant nominaliste. Il identifiait bien, d'abord, la tension centrale de l'approche réaliste entre l'unité présumée du genre ou de l'espèce (il n'y a qu'une seule nature humaine, selon le réalisme) et son être-commun (l'espèce humaine, par exemple, est censée être commune à tous les hommes). Et surtout, il fournissait avec sobriété la clé des solutions nominalistes subséquentes : la pensée humaine peut être adéquate aux choses sans leur être isomorphe pour autant. On peut sans erreur se représenter une ligne de façon séparée même si aucune ligne n'existe séparément dans la réalité et l'on peut de la même façon légitimement « abstraire » les concepts généraux (qu'il appelle des « intellections ») même s'il n'y correspond hors de l'esprit aucun universel autonome. La pensée n'est pas nécessairement structurée de la même façon que les choses qu'elle représente.

Nourrie de ce texte de Boèce, la première critique systématique du réalisme des universaux que nous connaissions est celle de Pierre Abélard, six siècles plus tard, dans ses propres « Gloses » sur l'*Isagogè* de Porphyre. Le débat entretemps s'était complexifié. Abélard énumère et discute trois variantes du réalisme en circulation à son époque :

1) l'universel – un genre, par exemple – existe hors de l'esprit comme une substance unique et les différents individus se distinguent entre eux par leurs accidents [1] ;

2) l'universel est une collection de choses individuelles ; l'espèce humaine, par exemple, est la collection des êtres humains singuliers ;

3) l'universel est identifié à chaque être individuel *en tant qu*'il est ceci ou cela ; l'espèce humaine en Socrate n'est pas distincte de Socrate lui-même en tant qu'il est humain.

---

[1]. Cette thèse a été défendue à un certain moment par le maître d'Abélard, Guillaume de Champeaux, qui a dû l'abandonner sous la pression des critiques de son illustre élève.

À chacune de ces thèses, Abélard oppose une impressionnante batterie d'arguments, dont aucun, il vaut la peine de le noter, ne fait directement appel à une maxime d'économie. Les plus intéressants reposent tantôt sur le principe de non-contradiction (la thèse (1), par exemple, implique que la substance unique qu'est censée être le genre animal soit à la fois rationnelle et irrationnelle), tantôt sur la définition de l'universel comme ce qui est *prédicable de plusieurs* (une collection, notamment, n'est pas en général prédicable de chacun de ses membres) et tantôt sur ce que nous appelons aujourd'hui le principe de l'indiscernabilité des identiques : si *a* est identique à *b*, alors tout ce qui est vrai de *a* est vrai de *b* (si l'espèce humaine, par exemple, est identique à Socrate en tant qu'homme, alors elle est singulière et non universelle puisque Socrate, fût-ce « en tant qu'homme », est un singulier). La solution d'Abélard au bout du compte est que seuls les noms communs sont des universaux à strictement parler, mais que leur application à une pluralité d'entités tient à ce que celles-ci sont bel et bien telles et telles : l'universel nominal « homme », par exemple, se prédique correctement de Socrate et de Platon parce que l'un et l'autre, tout simplement, sont des hommes. C'est ce qu'il appelle ailleurs leur « statut » (*status*), notion sur laquelle les commentateurs récents ont beaucoup épilogué.

Guillaume d'Ockham, deux siècles après, consacrera à son tour énormément d'énergie à la réfutation du réalisme des universaux, qui conduit, pense-t-il, à des incohérences rédhibitoires et repose en définitive sur la confusion de l'ordre des choses avec l'ordre des signes. Il en proposait une critique longue et détaillée dès son premier ouvrage, son Commentaire des *Sentences* de Pierre Lombard (livre I, distinction II, quest. 3-8), dont la version qu'on lira ici, tirée de la *Somme de logique*, constitue un abrégé. Adoptant aussi la définition de l'universel comme « ce qui est prédicable de plusieurs »,

Ockham s'en prend successivement à deux positions réalistes distinctes. La première, qui faisait de chaque universel une *substance* hors de l'esprit, n'avait pratiquement plus cours en ce début de XIVᵉ siècle, mais il paraissait important au *venerabilis inceptor* d'en montrer les faiblesses, à la fois par des arguments rationnels (dont les principaux, comme chez Boèce, se rapportent à la tension qu'il y a entre l'unité de l'universel et sa prétendue non-singularité) et par des arguments d'autorité, tirés d'Aristote surtout et de son « *Commentateur* », Averroès. La seconde position à laquelle Ockham s'attaque, en revanche, était alors tout à fait d'actualité puisqu'elle était celle que son confrère franciscain Jean Duns Scot avait élaborée quelque vingt ans plus tôt et qu'elle constituait l'aboutissement doctrinal du réalisme immanentiste qui avait dominé le XIIIᵉ siècle. Le genre ou l'espèce, selon cette approche, n'est pas *réellement* distinct des individus dans lesquels il se trouve – aucune puissance, même divine, ne peut l'en séparer –, mais il en constitue néanmoins une composante *formellement* distincte. Ockham rejette sans appel cette idée scotiste d'une distinction formelle qui ne serait pas une distinction réelle, parce qu'elle sape à son avis les bases mêmes de l'argumentation rationnelle : si *a* n'est pas réellement distinct de *b*, alors ils sont réellement identiques l'un à l'autre et l'on doit pouvoir affirmer (ou nier) de l'un *tout* ce que l'on peut affirmer (ou nier) de l'autre. Socrate, à n'en pas douter, n'est pas un universel ; si donc il existe quelque chose qui n'est pas réellement distinct de Socrate (une nature humaine, en l'occurrence, ou une nature animale), cela non plus n'est pas un universel. Comme Abélard avant lui, Ockham fait reposer pour une large part sa critique du réalisme immanentiste sur ce que nous appelons aujourd'hui l'indiscernabilité des identiques [1].

---

1. Il faut prendre garde de ne pas confondre ce principe avec son converse, l'identité des indiscernables, qui est rejeté, lui, par plusieurs philosophes aussi

Il ne suit pas pour autant de l'abandon du réalisme que les universaux n'existent d'aucune façon aux yeux d'Ockham. Ils sont bel et bien réels au contraire : ce sont des *signes*. L'idée centrale est que leur généralité ne tient pas à leur mode d'existence (chaque signe, ontologiquement, est une occurrence singulière, orale, écrite ou mentale), mais à ceci qu'ils représentent chacun dans le langage ou dans l'esprit une pluralité de choses singulières. Ce recours décisif à la notion de *signification* – et à celles qui lui étaient associées dans la logique médiévale, celle de *supposition* notamment (ou référence) et celle de *connotation* – est ce qui permettra à Ockham de mobiliser pour son entreprise nominaliste toutes les ressources de la sémantique de son temps, la théorie des « propriétés des termes » en particulier, qui s'était beaucoup développée depuis l'époque d'Abélard et qu'il étend, par delà les langues de communication, à l'analyse de la pensée même, considérant comme des signes non seulement les mots oraux ou écrits (dont la signification tient à des décisions humaines), mais aussi ce qu'il appelle les « intentions de l'âme » – ou *concepts* – qui leur sont sous-jacentes (et dont la signification pour lui est naturelle).

Les deux derniers textes de cette section, enfin, illustrent les deux tendances principales du nominalisme récent : l'appel aux *ressemblances* d'une part pour se dispenser des universaux dans l'être, et le recours aux *tropes* d'autre part pour rendre compte de la structure ontologique interne des substances individuelles observables. H. H. Price oppose ainsi la « philosophie des universaux » à la « philosophie des ressemblances ». Trouvant

---

bien nominalistes que réalistes : deux individus, selon eux, peuvent (en principe du moins) se ressembler au point d'être indiscernables sans être identiques pour autant. Le principe de l'indiscernabilité des identiques, en revanche, dit seulement qu'ils ne peuvent pas être identiques sans être absolument indiscernables, ce qui paraît essentiel à l'idée même d'*identité*.

à chacune d'elles des avantages et des inconvénients, il finit néanmoins par favoriser la seconde, qu'il tient pour moins trompeuse : en évitant la chosification des universaux, le nominalisme des ressemblances prévient une vision trop rigide de l'univers. Parmi les contributions importantes de ce texte, signalons la réponse qu'il avance au célèbre argument de Russell selon lequel la ressemblance invoquée par le nominalisme est elle-même un universel (l'argument présuppose à tort, remarque correctement Price, que le verbe « ressembler » doit lui-même dénoter une entité unique) et la façon dont il évite de recourir à des *aspects* par lesquels les individus semblables se ressembleraient les uns les autres, ce qui réintroduirait en effet les universaux qu'il s'agissait d'évacuer (la solution, pour Price, consiste à évoquer des *objets exemplaires*, tous individuels, qui puissent servir d'échantillons paradigmatiques pour une espèce ou un genre donné).

L'Australien Keith Campbell, de son côté, refuse l'étiquette de « nominaliste » parce qu'il l'applique – de façon assez idiosyncratique, il faut le dire – à ceux qui nient l'existence des propriétés, même singulières ; mais il est dans la philosophie contemporaine l'un des principaux partisans de l'élimination ontologique des universaux par la réduction des substances concrètes à n'être que des agrégats de propriétés singulières – ou tropes. Le passage de son livre *Abstract Particulars* (1990) qu'on lira ici montre bien en particulier comment cet appel systématique aux tropes rejoint la philosophie des ressemblances, tout en évitant certaines de ses difficultés les plus saillantes, celle notamment qui est mise en évidence par l'argument dit des « communautés imparfaites » de Nelson Goodman (selon lequel des individus d'un certain groupe peuvent se ressembler tous au même degré les uns les autres sans constituer pour autant une espèce en bonne et due forme – Campbell montre que l'argument ne vaut pas pour ces objets simples que sont les tropes).

PORPHYRE ET LE PROBLÈME DES UNIVERSAUX *

Mais Porphyre se souvient qu'il écrit une introduction et il n'élève pas la forme du traité au-delà du mode de l'enseignement. Il dit en effet qu'il s'abstient de toucher aux nœuds des questions trop profondes et qu'il s'en tient pour les questions simples aux interprétations communes. Ce que sont en vérité ces questions trop profondes qu'il promet de différer, il l'expose ainsi : « Pour le moment, dit-il, quant à savoir si les genres et les espèces subsistent ou s'ils sont posés dans les intellections seules et nues, et à supposer qu'ils subsistent, s'ils sont corporels ou incorporels et, dans ce dernier cas, s'ils sont séparés des sensibles ou posés dans les sensibles et se maintenant en rapport avec eux, je refuserai d'en parler ; c'est là en effet un problème très profond et qui requiert une recherche plus poussée ».

Les questions trop profondes, dit-il, je les laisse de côté, de peur qu'en les présentant de façon inopportune à l'esprit du lecteur, je ne perturbe les débuts et les essais de ce dernier. Mais pour ne pas amener le lecteur à négliger tout à fait ces questions et à penser que, mis à part ce que l'auteur lui-même en dit, rien

---

* Boèce, *Deuxième commentaire sur l'*Isagogè *de Porphyre*, livre I, chap. 10-11. Traduction de Claude Lafleur et Joanne Carrier adaptée pour ce volume.

d'autre n'est caché, Porphyre énumère celles-là mêmes dont il a promis de différer l'examen, de telle sorte qu'en les présentant de la façon la moins obscure et la moins approfondie possible, il évite de plonger le lecteur dans l'obscurité, et que ce dernier, néanmoins, reconnaisse ce qu'il pourrait à bon droit chercher lorsque la science l'aura rendu plus robuste.

Or ces questions qu'il promet de laisser de côté sont à la fois très utiles et difficiles d'accès ; abordées certes par des hommes savants, elles n'ont pas été résolues par plusieurs.

Il en va ainsi, notamment, pour la première d'entre elles. Lorsque l'esprit intellige quelque chose, soit il conçoit par intellection ce qui se dresse dans la réalité même et se le décrit par la raison, soit il se dépeint par imagination vide ce qui n'existe pas. On cherche donc de quelle manière est l'intellection du genre et du reste : intelligeons-nous les genres et les espèces de la même façon que ces choses qui existent et à partir desquelles nous formons des intellections vraies, ou bien nous jouons-nous de nous-mêmes en nous représentant par une pensée vide des choses qui n'existent pas ?

Que si l'on maintient que les genres, les espèces et le reste existent et que c'est d'après ces choses qui existent que l'intellection est conçue, alors une autre question plus grande et plus difficile engendre le doute, lorsque surgit la souveraine difficulté de discerner et d'intelliger la nature du genre lui-même. Car, puisqu'il est nécessaire que tout ce qui existe soit ou bien corporel ou bien incorporel, il faudra que le genre et l'espèce soient l'un ou l'autre. Comment sera, donc, ce que l'on appelle « genre », corporel ou incorporel ? On n'aura pas bien compris ce qu'est le genre en effet, si l'on n'a pas reconnu dans lequel de ces deux groupes il faut le classer.

Mais lorsque cette question aura été résolue, toute ambiguïté encore n'aura pas été levée. Si en effet le genre et l'espèce sont dits être incorporels, une nouvelle interrogation apparentée assiège et retient l'intelligence et demande à être résolue : subsistent-ils en rapport avec les corps eux-mêmes ou semblent-ils être des incorporels existant à part des corps ?

Le fait est qu'il y a deux formes d'incorporels : les uns peuvent exister à part des corps et perdurent dans leur incorporalité séparés des corps, comme Dieu, le mental, l'âme, tandis que les autres, bien qu'ils soient incorporels, ne peuvent cependant pas exister à part des corps, comme la ligne, ou la surface, ou le nombre, ou les qualités prises une à une. Ces derniers, quoique nous les proclamions être incorporels parce qu'ils ne sont pas étendus en trois dimensions, sont néanmoins dans les corps, d'une manière telle qu'ils ne peuvent pas en être arrachés ou séparés, ou alors s'ils sont séparés des corps, ils ne demeurent d'aucune façon.

Même s'il est ardu de résoudre ces questions – Porphyre lui-même s'y refusant pour l'instant –, je les aborderai, cependant, de manière à ne pas laisser inquiet l'esprit du lecteur, mais sans consumer moi-même temps et ouvrage à ces sujets marginaux par rapport à la tâche entreprise. Je proposerai d'abord quelques observations sur l'ambiguïté de la question et je tenterai ensuite de délier et de démêler le nœud même du doute.

Les genres et les espèces ou bien existent et subsistent ou bien sont formés par intellection et par la seule pensée.

Mais les genres et les espèces ne peuvent pas exister. Ce qui se comprend à partir des considérations suivantes.

Rien de ce qui est commun en même temps à plusieurs ne peut être un. Ce qui est commun en effet appartient à de multiples choses, surtout quand une unique et même réalité est tout entière en de multiples choses en même temps. Or si nombreuses que soient les espèces, il y a en toutes un unique genre, non pas que les espèces s'en arrachent chacune pour ainsi dire certaines parties, mais elles ont chacune en même temps le genre tout entier. D'où il suit que le genre tout entier, ainsi posé en même temps en plusieurs espèces prises une à une, ne peut être un ; il ne peut se faire en effet, puisqu'il est tout entier en plusieurs espèces en même temps, qu'il soit lui-même numériquement un. Et si un genre donné ne peut pas être un, alors il n'est rien du tout ; tout ce qui existe, en effet, existe à cause de ceci qu'il est un. Et de l'espèce, il convient de dire la même chose.

Si un genre (ou une espèce) existe, mais qu'il est multiple et non pas numériquement un, alors ce ne sera pas un genre ultime, mais il aura plutôt un autre genre qui lui sera superposé et qui puisse inclure cette multiplicité sous le vocable de son nom. Lorsque plusieurs animaux, par exemple, ont quelque chose de semblable mais ne sont pas les mêmes pour autant, on s'emploie pour cette raison à en rechercher les genres. Eh bien ! de la même façon, lorsqu'un genre qui est en plusieurs et qui est par conséquent multiple possède sa similitude, ce genre existe mais n'est pas un puisqu'il est en plusieurs, et de ce genre à son tour un autre genre doit être recherché et, quand il aura été trouvé, pour la même raison qu'on a dite ci-dessus, de nouveau un troisième genre est cherché. Et ainsi cette raison procède à l'infini, c'est nécessaire, puisque aucun terme ne s'offre à la démarche.

Si par ailleurs un certain genre est numériquement un, il ne pourra pas être commun à de multiples choses. Si une réalité unique est commune en effet, soit elle est commune par parties, et dans ce cas elle n'est pas tout entière commune, mais ses parties sont propres aux choses prises une à une ; soit elle passe en des temps différents à l'usage de celles qui la possèdent, elle est alors commune comme un esclave ou un cheval est commun ; soit encore elle est commune à toutes en même temps, mais sans constituer la substance de celles auxquelles elle est commune, comme un théâtre ou un spectacle quelconque, qui est commun à tous les spectateurs. Mais le genre ne peut être commun aux espèces selon aucun de ces modes ; car il doit être commun de façon à être à la fois tout entier et en même temps en chacune, tout en étant capable de constituer et de former la substance des choses auxquelles il est commun.

C'est pourquoi, s'il n'est ni un puisqu'il est commun, ni multiple puisque encore un autre genre de sa multiplicité doit être recherché, il semblera que le genre n'existe pas du tout ; et il faut comprendre qu'il en va de même [de l'espèce et] du reste.

Si par ailleurs les genres, les espèces et le reste ne sont saisis que par intellections, [on a deux possibilités] étant donné que toute intellection est faite à partir d'une réalité sujette soit telle que celle-ci se trouve soit telle qu'elle ne se trouve pas (une intellection en effet ne peut être faite à partir d'aucun sujet).

Si l'intellection du genre, de l'espèce et du reste vient à partir de la réalité sujette ainsi que la réalité qui est intelligée se trouve elle-même, alors ils ne sont pas seulement posés dans l'intellection, mais ils se retrouvent aussi véritablement dans les réalités. Et de nouveau, il faut chercher quelle est leur nature, ce qui nous ramène à la question précédente.

Que si l'intellection du genre et du reste est tirée d'une réalité, mais n'est pas telle que se trouve cette réalité qui est sujette à intellection, alors il est nécessaire que soit vaine cette intellection tirée d'une réalité mais sans être telle que la réalité se trouve : est faux, en effet, ce qui est intelligé autrement que n'est la réalité.

Ainsi donc, puisque le genre et l'espèce n'existent pas et que, lorsqu'ils sont intelligés, leur intellection n'est pas vraie, il en découle sans ambiguïté que toute cette entreprise de discussion au sujet des cinq items introduits ici [le genre, l'espèce et le reste] doive être mise de côté, vu que cette enquête ne porte ni sur la réalité qui existe ni sur celle dont quelque chose de vrai puisse être intelligé ou proféré.

Telle est en tout cas la question qui se pose maintenant au sujet de ces items. Nous la solutionnerons – en nous accordant avec Alexandre [d'Aphrodise] – par le raisonnement suivant.

Il n'est pas nécessaire, disons-nous, que toute intellection qui est faite à partir d'un sujet mais qui n'est pas telle que le sujet se trouve lui-même, apparaisse comme fausse et vide.

Il n'y a opinion fausse, en effet – plutôt qu'intelligence – que dans les intellections qui sont faites par composition. Si quelqu'un compose et joint par intellection ce qui par nature ne souffre pas d'être joint, nul n'ignore que cela est faux, comme si quelqu'un joint un cheval et un homme par imagination et fait le portrait d'un Centaure.

Si cela, pourtant, est fait par division et par abstraction, alors certes la réalité ne se trouve pas telle que son intellection, mais cette intellection n'est pas le moindrement fausse pour autant. Il y a en effet plusieurs choses qui ont leur existence en d'autres et soit elles ne peuvent pas du tout en être séparées, soit, si elles en ont été séparées, elles ne subsistent d'aucun point de vue. Prenons, pour que cela soit manifeste, un exemple répandu. La ligne certes est quelque chose dans un corps et, ce qu'elle est, elle le doit à un corps; c'est-à-dire qu'elle conserve son existence grâce à un corps. Cela se montre ainsi : si elle est séparée d'un corps, elle ne subsiste pas; qui en effet a jamais saisi par quelque sens que ce soit une ligne séparée d'un corps?

L'esprit, cependant, quand il a saisi en lui par les sens des réalités confuses et mélangées, les distingue par une force propre et par la pensée. En effet toutes les réalités incorporelles qui ont ainsi leur existence dans des corps, les sens nous les transmettent avec les corps eux-mêmes, mais l'esprit au contraire, auquel appartient le pouvoir de composer les choses disjointes et de détacher les choses composées, distingue les choses qui par les sens sont transmises confuses et conjointes aux corps, de telle sorte qu'il contemple et voit la nature incorporelle par soi et sans les corps dans lesquels elle est concrétisée. Les propriétés des incorporels mélangés aux corps sont en effet diverses, même si ces incorporels sont séparés d'un corps.

Les genres, les espèces et le reste, donc, se retrouvent soit dans les réalités incorporelles soit dans celles qui sont corporelles. Si l'esprit les découvre dans les réalités incorporelles, il a sur-le-champ l'intellection incorporelle du genre. Si en revanche l'esprit scrute les genres et les espèces des réalités corporelles, il enlève des corps – comme il en a coutume – la nature des incorporels et l'observe seule et pure, telle que cette forme elle-même existe en soi. Ainsi, quand l'esprit reçoit ces incorporels mélangés aux corps, les divisant, il les contemple et les considère.

Que personne ne dise, par conséquent, que nous pensons la ligne faussement parce que nous la saisissons mentalement comme si elle existait à part des corps alors qu'elle ne peut pas exister à part des corps. On ne doit pas estimer fausse en effet toute intellection qui est saisie à partir des réalités sujettes autrement que celles-ci ne se trouvent elles-mêmes, comme il a été dit plus haut. Celle-là est fausse, certes, qui le fait par composition, comme lorsque joignant un homme et un cheval, elle pense qu'il y a un Centaure, mais celle qui l'effectue par divisions, abstractions et assomptions à partir des réalités dans lesquelles ces choses se trouvent, non seulement n'est pas fausse, mais elle est la seule à vrai dire à pouvoir découvrir la vérité sur la propriété en question.

Les réalités de cette sorte, donc, existent dans les corporels et les sensibles, mais sont intelligées à part des sensibles, d'une façon telle que leur nature puisse être scrutée et leur propriété comprise.

C'est pourquoi, quand les genres et les espèces sont pensés, leur similitude est colligée à partir de chacune des choses dans lesquelles ils sont, comme l'est à partir de chacun des hommes dissemblables entre eux la similitude de l'humanité, laquelle similitude pensée par l'esprit et scrutée avec véracité devient l'espèce; et lorsqu'elle est considérée, la similitude de ces différentes espèces – qui ne peut exister que dans les espèces elles-mêmes ou dans leurs individus – produit à son tour le genre.

Ainsi les genres et les espèces sont bien dans les singuliers, mais ils sont pensés comme universaux : l'espèce ne doit être tenue pour rien d'autre que la pensée colligée à partir de la similitude substantielle d'individus numériquement dissemblables, et le genre pour rien d'autre que la pensée colligée à partir de la similitude des espèces.

Mais cette similitude se fait sensible quand elle est dans les singuliers, et intelligible dans les universaux ; et de la même manière, elle demeure dans les singuliers lorsqu'elle est sensible, et se fait universelle quand elle est intelligée.

Les genres et les espèces subsistent donc en rapport avec les sensibles, mais sont intelligés à part des corps. Rien n'empêche en effet que deux réalités dans le même sujet ne diffèrent par le point de vue, comme la ligne convexe et la ligne concave ; ces réalités, bien qu'elles soient exprimées par des définitions différentes et que leur intellection soit différente, se retrouvent cependant toujours dans le même sujet : c'est la même ligne en effet qui est à la fois concave et convexe. Il en va de même pour les genres et les espèces, c'est-à-dire qu'il y a pour la singularité et l'universalité un sujet unique, mais d'une manière il est universel quand il est pensé, d'une autre manière il est singulier quand il est perçu dans les réalités dans lesquelles il a son existence.

Une fois ces distinctions exprimées, donc, toute la question, à ce qu'il me semble, est résolue : les genres et les espèces eux-mêmes, en effet, subsistent d'une manière, mais sont intelligés d'une autre ; et ils sont incorporels ; mais joints aux sensibles, ils subsistent dans les sensibles, tandis qu'ils sont intelligés comme subsistant par eux-mêmes et non pas comme ayant leur existence en d'autres.

Platon, cependant, estime que les genres, les espèces et le reste ne sont pas seulement intelligés comme universaux, mais encore qu'ils existent et subsistent à part des corps, tandis qu'Aristote estime qu'ils sont intelligés comme incorporels et comme universaux, mais qu'ils subsistent dans les sensibles. Je n'ai pas jugé approprié de trancher ici entre ces doctrines, car cela relève d'une philosophie trop profonde. Quant à savoir pourquoi nous avons suivi de plus près la doctrine d'Aristote, ce n'est pas que nous l'approuvions davantage, mais c'est parce que ce livre-ci a été écrit pour introduire au *Traité des Prédicaments*, dont Aristote est l'auteur.

PIERRE ABÉLARD

LA PREMIÈRE CRITIQUE
DU RÉALISME DES UNIVERSAUX *

Revenons maintenant, comme nous l'avons promis, aux questions posées plus haut, et tâchons de les examiner et de les résoudre. Puisqu'il est certain que les genres et les espèces sont des universaux, et que ce qui concerne la nature de tous les universaux s'y retrouve, nous allons déterminer sur ce cas particulier les propriétés communes à tous les universaux et chercher si elles d'appliquent seulement à des mots [*voces*] ou aussi à des choses [*res*].

Dans le *Peri Hermeneias* Aristote définit l'universel comme « ce qui par nature peut servir de prédicat à plusieurs sujets » ; Porphyre définit le singulier, c'est-à-dire l'individu, comme « ce qui est prédicat d'un seul sujet ». Les auteurs semblent donc assigner ces définitions aussi bien à des choses qu'à des mots. Aristote lui-même semble l'appliquer à des choses, dans le texte qui précède immédiatement sa définition de l'universel, et où il dit : « Puisque parmi les choses les unes sont universelles, les

*Extrait des *Gloses sur Porphyre* de la *Logique* « *Pour les débutants* » de Pierre Abélard, dans Jean Jolivet, *Abélard ou la philosophie dans le langage*, 2ᵉ éd., Fribourg, Éditions universitaires Fribourg-Cerf, 1994, p. 125-138. Traduction de Jean Jolivet.

autres singulières – et j'appelle universel ce qui par nature peut servir de prédicat à plusieurs sujets, singulier ce qui ne le peut pas, etc.». Porphyre lui aussi, qui veut que l'espèce soit constituée par le genre et la différence, les range dans ce qui a la nature des choses. Cela montre que les choses elles-mêmes sont signifiées par le nom universel.

On appelle aussi « universaux » [*universalia*] des noms. C'est pourquoi Aristote dit : « Le genre détermine une qualité qui concerne la substance car il signifie un certain *quale* » ; et Boèce, dans son *Livre des divisions* : « Il est très utile de savoir que le genre est en quelque sorte une ressemblance entre de nombreuses espèces, et que cette ressemblance désigne une conformité substantielle ». Or, *signifier*, *désigner*, est propre aux mots ; *être signifié*, aux choses.

Et plus loin, il dit : « Le mot *nom* s'attribue à plusieurs noms, c'est en quelque sorte une espèce qui contient des individus rangés sous elle ». On ne l'appelle pas proprement *espèce*, car c'est un mot qui désigne non une substance, mais un accident ; mais sans aucun doute c'est un universel, puisque la définition de l'universel lui convient. Cela prouve que les mots aussi sont universels, car ils sont seuls à être prédicats dans les propositions.

Puisque, semble-t-il, aussi bien des choses que des mots peuvent être dits universels, il faut chercher de quelle façon la définition de l'universel pourrait être appliquée à des choses. Aucune chose en effet, ni aucune collection de choses, ne semble pouvoir être donnée comme prédicat à plusieurs sujets pris un à un, comme l'exige la propriété caractéristique de l'universel. Certes *ce peuple*, *cette maison*, *Socrate*, peuvent se dire de toutes leurs parties prises ensemble : personne pourtant ne dit que ce sont des universaux, puisqu'ils ne peuvent être prédicats de chacun des éléments particuliers. Or une chose unique s'attribue à plusieurs sujets bien moins qu'une collection. Il faut donc examiner comment on appelle *universel* soit une chose unique, soit une collection, sans oublier une seule opinion.

Certains conçoivent ainsi une chose universelle : dans des choses qui diffèrent entre elles par des formes ils mettent une substance essentiellement la même, essence matérielle des êtres singuliers en qui elle est ; une en elle-même et diverse seulement par les formes des êtres rangés sous elle. Si l'on ôtait ces formes, il n'y aurait plus aucune différence entre les choses, qui ne se distinguent les unes des autres que par la diversité de leurs formes, leur matière étant par essence absolument la même. Par exemple, dans chacun des hommes numériquement différents il y a la même substance de l'homme, qui ici devient Platon par ces accidents-ci, et là Socrate par ces accidents-là. Porphyre semble tout particulièrement d'accord avec eux, quand il dit : « Par la participation de l'espèce plusieurs hommes sont un, et dans les sujets particuliers ce qui est un et commun est plusieurs » ; et encore : « Ils sont appelés *individus* parce que chacun est constitué de propriétés dont l'ensemble n'est pas en un autre ». De même, dans chacun des animaux qui diffèrent spécifiquement ils mettent la substance de l'animal, essentiellement une et la même, et la répartissent dans les diverses espèces selon qu'elle reçoit diverses différences : comme si je faisais de ce bloc de cire tantôt la statue d'un homme, tantôt celle d'un bœuf, en ajoutant des formes diverses à une essence qui reste absolument la même. Il faut toutefois noter que la même cire ne constitue pas plusieurs statues au même moment, comme on l'accorde dans le cas de l'universel : Boèce dit qu'il est commun de telle façon qu'au même moment il est tout entier le même dans les divers sujets dont il constitue matériellement la substance, et que, universel en soi, il est aussi singulier à raison des formes qui s'y ajoutent ; sans elles il subsiste naturellement en soi, indépendamment d'elles il n'a aucune permanence en acte ; universel en sa nature, singulier en son acte, on le conçoit comme incorporel et insensible dans la simplicité de son universalité, mais il subsiste en acte, corporel et sensible, par ses accidents ; les mêmes choses, au témoignage de Boèce, subsistent en tant que singulières et sont conçues en tant qu'universelles.

Telle est donc l'une des deux théories. Elle semble tout à fait accordée aux textes des auteurs, mais la physique la contredit absolument. Supposons en effet qu'un être essentiellement le même, bien que revêtu de formes diverses, existe dans des sujets singuliers : il faut alors que la chose qui est affectée par ces formes-ci soit celle qui est revêtue de celles-là ; par exemple, que l'animal informé par la rationalité soit l'animal informé par l'irrationalité, donc que l'animal rationnel soit l'animal irrationnel : voici donc des contraires existant ensemble dans le même sujet. Davantage, ils ne seraient plus du tout contraires, du moment qu'ils coexisteraient dans une essence absolument la même : ainsi la blancheur et la noirceur ne seraient pas contraires si elles étaient ensemble dans cette chose-ci, même si la chose elle-même était blanche d'un certain point de vue, noire d'un autre, comme elle est blanche d'un certain point de vue et dure d'un autre. En effet, les contraires ne peuvent pas être ensemble dans un même sujet, même sous des rapports différents, comme c'est le cas des relatifs et d'autres attributs. C'est pourquoi Aristote dans son chapitre sur la relation montre que le grand et le petit sont ensemble dans le même sujet sous des rapports différents, et prouve par cela même que ce ne sont pas des contraires.

Mais on dira peut-être, en suivant cette théorie, que la rationalité et l'irrationalité restent des contraires, bien qu'on les trouve dans le même sujet, en entendant par là le même genre ou la même espèce – à moins qu'en réalité elles ne résident dans le même individu. On montre cela de la façon suivante : la rationalité et l'irrationalité sont réellement dans le même individu, parce qu'elles sont en Socrate. Elles sont en même temps dans

Socrate parce qu'elles sont en même temps dans Socrate et dans un cheval, et que Socrate et un cheval sont Socrate. Pourquoi ? Parce que Socrate est Socrate et le cheval – et cela, parce que Socrate est Socrate et que Socrate est le cheval. Que Socrate soit le cheval, on le prouve ainsi, si l'on admet cette théorie : tout ce qui dans Socrate n'est pas les formes de Socrate, est ce qui dans le cheval n'est pas les formes du cheval. Mais tout ce qui dans le cheval n'est pas les formes du cheval, c'est le cheval : donc tout ce qui dans Socrate n'est pas les formes de Socrate, c'est le cheval. Mais alors, puisque Socrate lui-même est ce qui n'est pas les formes de Socrate, Socrate lui-même est le cheval. Il reste à établir ce qu'on a admis plus haut : que tout ce qui dans le cheval n'est pas les formes du cheval, est le cheval ; en voici la preuve : les formes du cheval ne sont pas le cheval, sinon les accidents seraient la substance ; et l'ensemble formé par la matière et les formes du cheval n'est pas le cheval, parce qu'on serait forcé d'admettre que ce qui est corps et non corps, est corps.

Certains, cherchant une échappatoire, critiquent la formulation mais non le sens de cette proposition : « l'animal rationnel est l'animal irrationnel » ; ils disent qu'il est bien l'un et l'autre, mais qu'on s'exprime mal en disant : « l'animal rationnel est l'animal irrationnel », étant donné qu'une chose, bien qu'étant la même, peut être dite rationnelle d'un certain point de vue, irrationnelle d'un autre, en vertu des formes opposées. – Mais des formes qui inhèrent à un même sujet ne sont plus des formes opposées ; et on ne critique pas ces propositions : « l'animal rationnel est l'animal mortel », « l'animal blanc est l'animal qui marche », parce que l'animal n'est pas mortel en tant qu'il est rationnel, et que ce n'est pas en tant que blanc qu'il marche. On les tient pour entièrement vraies, parce que le même animal a en même temps les deux propriétés, bien que sous divers rapports. Sans quoi on ne dirait jamais qu'un animal est un homme, puisque rien n'est homme en tant qu'animal.

Ensuite, si l'on admet la thèse de la théorie qu'on a dite, il n'y a que dix essences pour toutes les choses, à savoir les dix genres les plus généraux, parce que dans chacun des prédicaments on trouve une seule essence diversifiée seulement par les formes de ce qui est rangé sous elle, comme on l'a dit, et qui sans ces formes n'aurait aucune variété. Donc toutes les substances sont absolument un seul être, et de même toutes les qualités, toutes les quantités, etc. Puis donc que Socrate et Platon ont en eux les réalités signifiées par chacun des prédicaments, et que celles-ci sont absolument les mêmes, toutes les formes de l'un sont celles de l'autre, puisqu'en soi elles ne sont pas plus diverses essentiellement que ne le sont les substances auxquelles elles sont attachées : par exemple, la qualité de Socrate et la qualité de Platon, puisque l'une et l'autre est qualité. Ils ne se distinguent donc pas plus par la nature des qualités que par la nature de la substance, puisque l'essence de leur substance est unique, et aussi celle de leurs qualités. Pour la même raison la quantité, étant la même, ne fait pas non plus de différence ; et de même pour les autres prédicaments. Ainsi aucune différence ne peut venir des formes, qui en soi ne sont pas plus diverses que les substances.

En outre, comment pourrions-nous déceler une multiplicité numérique dans les substances, si les formes seules étaient diverses, la substance qui en est le sujet restant absolument la même ? Car nous ne disons pas que Socrate soit numériquement multiple du seul fait qu'il reçoit des formes multiples.

Une autre affirmation qui ne tient pas, c'est que les individus sont faits par leurs propres accidents. Car si les individus doivent leur être aux accidents, alors les accidents leur sont naturellement antérieurs, et de même les différences sont antérieures aux espèces qu'elles font être. Car, de même que l'homme se distingue (des autres espèces) parce qu'une différence l'informe, de même l'individu nommé Socrate se distingue par les accidents qu'il reçoit. Donc Socrate ne peut exister sans ses accidents, ni l'(espèce) homme sans ses différences : c'est pourquoi Socrate n'est pas le substrat de ses accidents, ni l'homme celui de ses différences. Si donc les accidents ne résident pas dans les substances individuelles comme dans leurs sujets, ils ne résident pas non plus dans les substances universelles : en effet, tous les accidents qui sont dans les substances secondes comme dans des sujets sont aussi dans les substances premières comme dans des sujets. Aristote l'affirme universellement. La théorie selon laquelle une essence absolument la même réside à la fois dans des êtres divers est donc entièrement dénuée de raison ; tout cela le prouve à l'évidence.

C'est pourquoi d'autres ont une autre doctrine de l'universalité, et, comprenant mieux ce qu'est une chose, disent que les choses singulières ne se distinguent pas les unes des autres par leurs seules formes, mais qu'elles sont aussi personnellement distinctes dans leurs essences propres ; ce qui, matière ou forme, est dans l'une, n'est aucunement dans l'autre ; si l'on supprimait leurs formes ces choses n'en pourraient pas moins subsister dans leurs essences propres, parce que leur distinction personnelle, qui fait que celle-ci n'est pas celle-là, ne vient pas des formes mais de la diversité essentielle même ; c'est ainsi que les formes elles-mêmes sont diverses en elles-mêmes, sans quoi la diversité des formes irait à l'infini, car pour fonder la diversité des unes, il faudrait nécessairement en supposer d'autres. Porphyre a signalé une différence de ce type entre le genre le plus général et l'espèce la plus spéciale : « En outre, dit-il, l'espèce ne saurait jamais devenir le genre le plus général, ni le genre l'espèce la plus spéciale » : en d'autres termes : leur différence, c'est que l'essence de l'un n'est pas l'essence de l'autre. Ainsi encore la distinction des prédicaments ne résulte pas de certaines formes, mais de la diversité de l'essence propre à chacun. Aussi, estimant que toutes les choses sont distinctes les unes des autres en sorte qu'aucune d'elles ne partage avec une autre ni une matière essentiellement la même ni une forme essentiellement la même, mais professant encore la réalité de l'universel, ils disent que les être distincts sont une même chose, non *par essence*, mais *par non-différence*; par exemple, ils disent que les hommes singuliers, distincts en eux-mêmes, sont un même être *dans l'homme*, c'est-à-dire qu'ils *ne diffèrent pas* dans la nature de l'humanité; ces hommes qu'ils disent singuliers à raison de leur distinction, ils les disent universels à raison de la non-différence et de leur concours en une même ressemblance.

Mais ici les opinions divergent encore. Les uns ne voient de chose universelle que dans la collection constituée par une pluralité d'éléments. Pour eux Socrate et Platon pris en eux-mêmes ne sauraient être appelés une espèce; mais ils disent que tous les hommes pris ensemble sont l'espèce *homme*, que tous les animaux pris ensemble sont le genre *animal*, et ainsi de suite. Ce texte de Boèce semble aller dans leur sens : « Par *espèce*, il ne faut entendre que l'idée recueillie à partir d'une ressemblance substantielle entre des individus; le genre, lui, vient d'une ressemblance entre des espèces ». Car en disant « recueillie » et « ressemblance », il sous-entend qu'on réunit une collection. Sans quoi on ne pourrait attribuer un prédicat à plusieurs indivi-dus, une chose universelle ne contiendrait pas de sujets multi-ples, et les universaux ne seraient pas moins nombreux que les singuliers.

D'autres appellent *espèce* non seulement la collection des hommes, mais aussi chacun d'entre eux en tant qu'il est homme; quand ils disent que la chose qu'est Socrate est le prédicat de plusieurs sujets, ils prennent cela comme une figure de langage, comme s'ils disaient : plusieurs sujets sont une même chose, c'est-à-dire conviennent avec lui; ou lui avec plusieurs. Ils comptent autant d'espèces que d'individus quant au nombre des choses, et autant de genres; mais quant à la ressemblance des natures ils attribuent un nombre moindre aux universaux qu'aux sujets singuliers. En effet tous les hommes, multiples selon la distinction personnelle, sont un seul selon l'humanité qui les fait ressemblants; et on les juge différents d'eux-mêmes en tant qu'ils sont et distincts et ressemblants : Socrate en tant qu'homme est dissocié de lui-même en tant que Socrate. Du reste il ne pourrait être son propre genre ni sa propre espèce s'il n'était en quelque façon différent de soi-même : car des termes relatifs doivent être opposés, du moins sous un certain rapport.

Il faut maintenant réfuter d'abord la première théorie de la collection, et chercher comment toute la collection des hommes pris ensemble, qu'on dit être une seule espèce, pourrait être prédicat de plusieurs sujets, et donc universelle, alors que prise en sa totalité on ne l'attribue pas aux sujets pris un à un. Admettons qu'elle soit prédicat de divers sujets selon ses parties, en ce sens que ses parties prises une à une seraient appliquées à elles-mêmes : cela n'a rien à voir avec la communauté de l'universel, qui, au témoignage de Boèce, doit être tout entier dans chacun des sujets; c'est cela qui le distingue d'un fonds commun, qui l'est selon ses diverses parties, comme un champ dont les diverses parties appartiennent à divers propriétaires. Ensuite, on pourrait attribuer le prédicat *Socrate* à plusieurs sujets qui seraient ses diverses parties, et il serait lui-même un universel. En outre, il faudrait considérer comme un universel n'importe quelle pluralité d'hommes pris ensemble : on leur appliquerait de la même façon la définition de l'universel, voire de l'espèce, et ainsi toute la collection des hommes inclurait de nombreuses espèces. […]

Il nous reste maintenant à combattre ceux qui font un universel des individus singuliers en tant qu'ils se rencontrent avec d'autres, et admettent qu'ils sont prédicats de plusieurs sujets, non en tant qu'ils sont essentiellement plusieurs, mais parce que plusieurs se rencontrent avec eux. Mais si *être prédicat de plusieurs sujets* est équivalent à *se rencontrer avec plusieurs*, comment pouvons-nous dire que le prédicat *individu* est donné à un être isolé, alors qu'aucun être ne se rencontre avec une chose seulement? Comment aussi le fait d'être prédicat de plusieurs sujets distingue-t-il l'universel du singulier, puisque *Socrate* convient avec plusieurs sujets exactement de la même façon que *homme*? Car *homme*, en tant qu'homme, et *Socrate*, en tant qu'homme, conviennent avec plusieurs sujets; mais ni *homme*, en tant que Socrate, ni *Socrate*, en tant que Socrate, ne convient avec d'autres. Donc les propriétés qu'a *homme*, *Socrate* les a aussi, et de la même façon.

Ensuite, puisqu'on admet que c'est une chose absolument la même, l'homme qui est en Socrate et Socrate lui-même, l'un ne diffère pas de l'autre. Nulle chose en effet n'est distincte de soi en un même moment, parce que tout ce qu'elle a en soi, elle l'a aussi absolument de la même façon. C'est pourquoi Socrate blanc et Socrate grammairien, bien qu'ayant en soi des caractères différents, n'est pas pour autant différent de soi, puisqu'il les a tous les deux et exactement de la même façon. Car il n'est pas grammairien d'une autre façon qu'il n'est lui-même, ni blanc d'une autre façon, de même que ni *blanc* ni *grammairien* n'est autre chose que lui. Et quand ils disent que Socrate et Platon « se rencontrent dans l'homme », comment peut-on les en croire, puisqu'il est certain que tous les hommes diffèrent les uns des autres et par la matière et par la forme? Donc si Socrate se rencontre avec Platon dans cette chose qu'est l'homme, et si aucune chose n'est homme sinon Socrate lui-même ou un autre, il faut qu'il se rencontre avec Platon soit en lui-même soit en un autre. Mais en lui-même il est plutôt différent de Platon; alors en un autre? Mais il est certain qu'il n'est pas, lui-même, un autre. Or, certains prennent « se rencontrer dans l'homme » en un sens négatif, comme si l'on disait: Socrate ne diffère pas de Platon dans l'homme. Mais de ce biais on peut dire aussi qu'il n'en diffère pas dans la pierre, ni l'un ni l'autre n'étant une pierre, et ainsi on n'indique pas une plus grande convenance entre eux dans l'homme que dans la pierre, à moins qu'on n'énonce d'abord une autre proposition, et qu'on ne dise : ils sont hommes, en tant qu'ils ne diffèrent pas dans l'homme. Mais cela ne peut se soutenir, même de cette façon, car il est absolument faux qu'ils ne diffèrent pas dans l'homme. Car si Socrate ne diffère pas de Platon dans la chose qu'est l'homme, il n'en diffère pas non plus en soi-même. Si donc en soi-même il diffère de lui, et s'il est lui-même la chose qu'est l'homme, alors il en diffère aussi dans la chose qu'est l'homme.

Nous avons donc montré pour quelles raisons des choses, qu'on les prenne une à une ou ensemble, ne peuvent être dites universelles, c'est-à-dire prédicats de plusieurs sujets : il faut donc bien attribuer cette universalité aux mots, et à eux seuls. Selon les grammairiens, certains noms sont « appellatifs », certains sont « propres » ; de même pour les dialecticiens certains termes simples sont « universels » ; et certains « particuliers », ou « singuliers ». Est universel un vocable qui a été institué pour servir de prédicat à plusieurs sujets pris séparément, ainsi, le nom *homme*, qu'on peut joindre à des noms particuliers d'hommes à raison de la nature des sujets réels auxquels il est attribué. Est singulier celui qui ne peut être prédicat que d'un seul sujet, comme *Socrate* [...]

Notez que la liaison par « construction », dont s'occupent les grammairiens, est différente de la liaison par « prédication », qu'étudient les dialecticiens. Car, selon la propriété de la construction, les mots *homme* et *pierre*, et n'importe quels mots au nominatif, peuvent être liés par le verbe *être* aussi bien que *animal* et *homme* ; du moins en tant qu'il s'agit d'exprimer une idée, non de désigner un statut réel. Ainsi la liaison par construction est toujours bonne quand elle présente un sens complet, qu'il en soit ainsi [qu'elle le dit] ou non. Mais la liaison par prédication, que nous prenons ici pour objet, concerne la nature des choses et doit présenter la vérité de leur statut. Donc si l'on dit : « l'homme est une pierre », la construction des mots *homme* ou *pierre* convient au sens qu'on veut présenter, il n'y a là aucune faute de grammaire ; selon la propriété de l'énonciation le mot *pierre* est ici prédiqué de *homme*, à qui il est joint par construction à titre de prédicat : c'est de cette façon que les propositions catégoriques fausses ont elles aussi un prédicat ; pourtant, si l'on regarde les choses dans leur nature, il n'en est pas prédicable. C'est de la propriété de la prédication que nous nous occupons ici, quand nous définissons l'universel.

Le mot universel n'est, semble-t-il, jamais absolument la même chose que le nom appellatif, ni le singulier que le nom propre : ils sont à la fois plus et moins les uns que les autres. Car l'appellatif et le propre ne contiennent pas seulement les nominatifs, mais aussi les cas obliques qui ne peuvent être prédiqués et sont donc mis hors de jeu quand on définit l'universel par le fait qu'il est prédiqué. Les cas obliques, étant moins nécessaires à l'énonciation qui seule, Aristote l'atteste, fait l'objet de la présente étude, c'est-à-dire de la théorie dialectique, parce que seule l'énonciation constitue les argumentations – ces cas obliques donc ne sont pas considérés par Aristote comme des noms : il les appelle, non pas des noms, mais les cas des noms. Tous les noms appellatifs ou propres ne sont pas nécessairement dits des universaux ou des singuliers ; et la réciproque est vraie. Car l'universel ne contient pas seulement les noms, mais aussi les verbes et les noms indéfinis ; à ces derniers la définition donnée par Priscien du nom appellatif ne paraît pas convenir [...]

[...] Le mot *homme* désigne les hommes particuliers pour une raison qui leur est commune, à savoir, parce qu'ils sont des hommes [...] Étudions cette raison. Les hommes singuliers, distincts les uns des autres, diffèrent par leurs essences propres et par leurs formes propres, comme nous l'avons montré plus haut en étudiant ce qu'est une chose du point de vue de la physique ; pourtant ils se rencontrent en ce qu'ils sont des hommes. Je ne dis pas qu'ils se rencontrent *dans l'homme* – car l'homme n'est aucune chose, sinon une chose individuelle – mais *dans l'être-homme*. L'être-homme n'est pas un homme, ni une chose, si nous y regardons avec assez de soin, de même que « n'être pas dans un sujet » n'est pas une chose, ni « ne pas être susceptible de contra-riété », ni « ne pas être susceptible de plus et de moins » : et pourtant Aristote dit que toutes les substances se rencontrent selon ces caractères. Il ne peut donc y avoir de rencontre dans une chose, comme on l'a montré plus haut : c'est pourquoi, s'il y a une rencontre entre des êtres, il faut comprendre que ce n'est pas une chose ; c'est ainsi que Socrate et Platon sont semblables *dans l'être-homme*, comme le cheval et l'âne *dans le n'être-pas-homme* – c'est pourquoi l'un et l'autre est dit *non-homme*. Se rencontrer, pour des choses singulières, c'est être ou non, chacune, ceci ou cela : être homme, être blanc, n'être pas homme, n'être pas blanc. – Or il paraît inadmissible que des choses se rencontrent à raison de ce qui n'est pas une chose, comme si l'on unissait dans le néant ce qui existe. C'est bien ce qu'on fait lorsque l'on dit que celui-ci et celui-là se rencontrent dans l'état d'homme, c'est-à-dire en ce qu'ils sont des hommes. Mais ce que nous entendons par là, c'est seulement qu'ils sont des hommes, et que de ce fait ils ne diffèrent en rien – du fait, dis-je, qu'ils sont des hommes : pourtant nous ne nous référons à aucune essence. Nous appelons « état d'homme » l'*être-homme*, qui n'est pas une chose, et nous avons dit que c'est la raison commune pour laquelle un nom est donné à des hommes singuliers, selon qu'ils se rencontrent l'un avec l'autre. Or souvent on appelle cause ce qui n'est pas une chose ; on dit par exemple : il a été frappé parce qu'il ne veut pas aller sur la place publique. « Il ne veut pas aller sur la place publique », c'est une

GUILLAUME D'OCKHAM

L'UNIVERSEL HORS DE L'ESPRIT : UNE CRITIQUE *

LE TERME COMMUN « UNIVERSEL » ET LE « SINGULIER »
QUI LUI EST OPPOSÉ [= CHAPITRE 14]

Une connaissance des termes aussi générale ne suffit pas au logicien ; il faut les étudier de manière plus détaillée. Pour cette raison, après avoir traité des divisions générales entre les termes, il faut poursuivre en examinant ce qui est contenu sous certaines de ces divisions.

Nous devons d'abord traiter des termes de seconde intention, puis des termes de première intention. Nous avons dit que des termes tels qu'« universel », « genre », « espèce », etc., sont de seconde intention ; pour cette raison, il faudra parler de ce que l'on considère comme les cinq universels. Mais il faut d'abord parler du terme commun « universel », qui se prédique de tout universel, et du terme « singulier », qui lui est opposé.

Il faut d'abord savoir que le « singulier » se comprend de deux façons. En un premier sens, le nom « singulier » signifie tout ce qui est un, et non plusieurs. En ce sens, ceux qui soutiennent que l'universel est une certaine qualité de l'âme prédicable de plusieurs choses, non pour ce qu'elle est mais pour

* Guillaume d'Ockham, *Somme de logique*, I, chap. 14-17, trad. et annotations J. Biard, Mauvezin, T.E.R., 2e éd., 1993, p. 49-64.

ces choses plurielles dont elle tient lieu, doivent dire que n'importe quel universel est véritablement et réellement singulier : comme n'importe quel son vocal, même s'il est commun par institution, est véritablement et réellement singulier et numériquement un, puisqu'il est un et non plusieurs, de même une intention de l'âme signifiant plusieurs choses extérieures est véritablement et réellement singulière et numériquement une ; elle est une chose et non plusieurs, bien qu'elle signifie plusieurs choses.

En un autre sens, on entend par « singulier » tout ce qui est un et non plusieurs, et n'est pas destiné à être le signe de plusieurs choses. En comprenant ainsi le « singulier », aucun universel n'est singulier puisque tout universel est destiné à être le signe de plusieurs choses et à être prédiqué de plusieurs choses. En appelant par conséquent universel quelque chose qui n'est pas numériquement un – acception que beaucoup attribuent à l'universel –, je dis que rien n'est universel, sauf à abuser de ce vocable en disant que le peuple est un universel parce qu'il n'est pas un mais nombreux, ce qui serait puéril.

Il faut donc dire que n'importe quel universel est une chose singulière, et n'est universel que par signification, parce qu'il est le signe de plusieurs choses. C'est ce que dit Avicenne dans le livre V de la *Métaphysique* :

> Une forme, dans l'intellect, est reliée à une pluralité, et d'après ce rapport elle est un universel, puisque celui-ci est une intention dans l'intellect dont le rapport à ces êtres ne varie pas, quel que soit celui que l'on prend comme terme de cette relation.

Et il poursuit :

> Cette forme, bien qu'elle soit universelle par sa relation aux individus, est cependant individuelle par sa relation à l'âme

singulière dans laquelle elle est imprimée. En effet, elle est
seulement l'une des formes qui sont dans l'intellect [1].

Il veut dire que l'universel est une intention singulière de
cette âme elle-même, destinée à être prédiquée de plusieurs
choses. Parce qu'elle est destinée à être prédiquée de plusieurs
choses, non pas pour ce qu'elle est mais pour ces choses
plurielles dont elle tient lieu, elle est dite universelle ; mais parce
qu'elle est une forme, existant réellement dans l'intellect, elle est
dite singulière. Ainsi, le terme « singulier », au premier sens, peut
se prédiquer de l'universel, mais non au second sens ; de la même
manière, nous disons que le soleil est cause universelle, et
pourtant il est véritablement une chose particulière et singulière,
et par conséquent il est véritablement une cause singulière et
particulière. On dit en effet que le soleil est une cause universelle
parce qu'il est la cause de plusieurs êtres, à savoir de tous les êtres
engendrables et corruptibles de ce monde-ci. Mais on dit qu'il est
une cause particulière parce qu'il est une seule cause et non
plusieurs. De même, une intention de l'âme est dite universelle
parce qu'elle est un signe prédicable de plusieurs choses ; et elle
est également singulière parce qu'elle est une seule chose et non
plusieurs.

Il faut cependant savoir qu'il y a deux sortes d'universel.
L'un est universel par nature : c'est celui qui est naturellement un
signe prédicable de plusieurs choses, de la même manière que la
fumée signifie naturellement le feu, les gémissements du malade
la douleur, et le rire la joie intérieure. Un tel universel n'est autre
qu'une intention de l'âme : aucune substance ni aucun accident
hors de l'âme ne sont un tel universel. C'est celui dont je parlerai
dans les chapitres suivants. L'autre est universel par institution
volontaire. Ainsi, un son proféré, qui est véritablement une

---

1. *La Métaphysique du Shifa*, V, chap. 1, trad. G. C. Anawati, Paris, Vrin,
1978, p. 239.

qualité numériquement une, est un universel parce qu'il est un signe institué volontairement pour signifier plusieurs choses. De même que le son vocal est dit commun, de même il peut être dit universel ; toutefois, cela ne provient pas de sa nature mais seulement de la volonté de ceux qui l'ont institué.

L'UNIVERSEL N'EST PAS UNE CHOSE EXTRA-MENTALE
[= CHAPITRE 15]

Comme il ne suffit pas d'affirmer de telles choses sans les prouver par de claires raisons, je vais ajouter quelques arguments en faveur de ce qui précède et les confirmer par des autorités.

On peut prouver de manière évidente qu'aucun universel n'est une substance existant en dehors de l'âme. En premier lieu, aucun universel n'est une substance singulière, numériquement une. Si l'on posait que tel fût le cas, il s'ensuivrait en effet que Socrate serait un universel parce qu'il n'y a pas de raison pour qu'un universel soit une substance singulière plutôt qu'une autre. Aucune substance singulière n'est donc un universel, mais toute substance est numériquement une et singulière parce que toute substance est ou bien une seule chose et non plusieurs, ou bien plusieurs choses. Si elle est une chose et non plusieurs, elle est numériquement une, car c'est bien cela que tout le monde entend par numériquement un. Mais si une substance consiste en plusieurs choses, ou bien ce sont plusieurs choses singulières, ou bien plusieurs choses universelles. Dans le premier cas, il s'ensuivrait qu'une substance serait plusieurs substances singulières et par conséquent, pour la même raison, il y aurait une substance qui serait plusieurs hommes ; alors, bien que l'universel soit distinct d'un seul particulier, il ne serait cependant pas distinct des particuliers. Mais si une substance consistait en plusieurs choses universelles, je prendrais l'une de ces choses universelles et je demanderais si elle consiste elle-même en plusieurs choses ou bien si elle est une et non plusieurs. Dans la seconde hypothèse, il s'ensuit qu'elle est singulière ; dans la première, je demande à nouveau si elle consiste en plusieurs choses singulières ou bien en plusieurs choses universelles. Ainsi, ou bien s'engage un procès à l'infini, ou bien il est établi qu'aucune substance n'est universelle qui ne soit en même temps singulière. Il en résulte qu'aucune substance n'est universelle.

De même, si un universel était une seule substance, existant dans les substances singulières mais distincte de ces dernières, il s'ensuivrait qu'il pourrait être sans elles puisque, en vertu de la puissance divine, toute chose qui est par nature antérieure à une autre peut exister sans elle ; mais le conséquent est absurde.

De même, si cette opinion était vraie, aucun individu ne pourrait être créé si un autre individu préexistait, car il ne recevrait pas tout son être à partir de rien, l'universel qui est en lui existant d'abord en un autre. Pour la même raison, Dieu ne pourrait annihiler un seul individu de cette substance sans détruire tous les autres, parce que, s'il détruisait un individu, il détruirait tout ce qui concerne l'essence de cet individu, et par conséquent il détruirait cet universel qui est en lui et dans les autres ; les autres, par conséquent, ne subsisteraient pas, parce qu'ils ne pourraient pas subsister sans cet universel qui est posé comme partie d'eux-mêmes.

De même, un tel universel ne pourrait être tenu pour totalement extrinsèque à l'essence de l'individu ; il appartiendrait donc à l'essence de l'individu et par conséquent l'individu serait composé d'universels ; ainsi, l'individu ne serait pas plus singulier qu'universel.

De même, il s'ensuivrait que quelque chose appartenant à l'essence du Christ serait misérable et damné. Car cette nature commune, existant réellement dans le Christ et dans quelqu'un de damné puisqu'elle serait aussi en Judas, serait elle-même damnée. Or cela est absurde.

De nombreuses raisons pourraient être ajoutées. Je les laisse de côté par souci de brièveté et je corrobore la même conclusion par des autorités.

D'abord, on peut la confirmer par ce que dit Aristote, dans le livre VII de la *Métaphysique* : voulant traiter la question de savoir si l'universel est une substance, il y démontre qu'aucun universel n'est une substance. Il dit :

> Il est impossible que la substance soit quoi que ce soit parmi ce qui est dit universellement [1].

De même, il dit au livre X de la *Métaphysique* :

> S'il n'est pas possible qu'un universel soit une substance, comme on l'a dit à propos de la substance et de l'être, ni que l'être lui-même soit une substance, comme quelque chose qui serait un en dehors des multiples… [2].

Il ressort clairement de là que, selon la pensée d'Aristote, aucun universel n'est une substance bien qu'il suppose pour des substances.

De même, le Commentateur, au livre VII de la *Métaphysique*, commentaire 44 :

> Dans l'individu, il n'y a pas de substance en dehors de la matière et de la forme particulière, dont il est composé [3].

De même, dans le même livre, commentaire 45 :

> Disons donc qu'il est impossible que quelque chose parmi ce qui est dit universel soit la substance d'une chose, même si par là sont exprimées les substances des choses [4].

---

1. *Métaphysique*, Z, 13, 1038b8-9.

2. *Ibid.*, I, 2, 1053b17-19.

3. Averroès, *In Aristotelis Metaphysicam*, VII, 44, éd. Iuntina, vol. VIII, Venise, 1552, f° 92vb.

4. *Ibid.*, 45, f° 93ra.

De même, dans le même livre, commentaire 47 :

> Il est impossible que ceux-ci soient des parties de substances existant par soi [1].

De même, au livre VIII de la *Métaphysique*, commentaire 2 :

> L'universel n'est pas une substance ni un genre [2].

De même, au livre X de la *Métaphysique*, commentaire 6 :

> Puisque les universels ne sont pas des substances, il est clair que l'être commun n'est pas une substance existant en dehors de l'âme [3].

À partir de ce qui vient d'être cité et de nombreuses autres autorités, on peut conclure qu'aucun universel n'est une substance, quelle que soit la manière dont on le considère. Ce n'est pas sa prise en considération par l'intellect qui fait que quelque chose est ou non une substance, bien que la signification du terme fasse que l'on puisse ou non prédiquer de lui (mais non pour ce qu'il est) le nom « substance » [4]. Si dans la proposition « le chien est un animal », le terme « chien » tient lieu d'un animal aboyant, la proposition est vraie, s'il tient lieu d'une constellation céleste, la proposition est fausse. Mais que la même chose selon une manière de la considérer soit une substance et selon une autre ne soit pas une substance, c'est impossible.

C'est pourquoi il faut tout simplement admettre qu'aucun universel n'est une substance, de quelque manière qu'on le considère. Mais n'importe quel universel est une intention de

---

1. *Ibid.*, 47, f° 93va.
2. *Ibid.*, VIII, f° 99ra.
3. *Ibid.*, X, f° 120rb.
4. « Substance » est prédiqué d'un terme non pas en raison de ce qu'il est mais de ce qu'il signifie.

l'âme qui, selon une opinion probable[1], ne diffère pas de l'acte d'intellection. On dit ainsi que l'intellection par laquelle je comprends l'homme est un signe naturel signifiant les hommes, à la manière dont le gémissement est un signe naturel de la maladie, de la tristesse ou de la douleur; et c'est ce signe qui peut tenir lieu des hommes dans une proposition mentale, tout comme le son vocal peut tenir lieu de choses dans des propositions vocales.

Qu'en effet l'universel soit une intention de l'âme, Avicenne l'exprime suffisamment dans le livre V de la *Métaphysique* :

> Je dis donc que l'universel se dit de trois façons. On appelle en effet universel ce qui est prédiqué en acte de plusieurs choses, comme "homme", et l'on appelle universel l'intention qu'il est possible de prédiquer de plusieurs choses.

Et il poursuit :

> On appelle aussi universel l'intention dont rien n'empêche de penser qu'elle puisse être prédiquée de plusieurs choses[2].

---

1. Parmi les trois opinions mentionnées dans le chapitre 12 de la *Somme de logique* au sujet du statut du concept dans l'esprit, c'est à celle-ci que l'auteur a accordé sa préférence : le concept (ou intention de l'âme) est identique à l'acte d'intellection. Le mot « probable » n'est pas toujours utilisé en un sens bien défini. Son sens le plus précis se réfère aux *Topiques* d'Aristote; dans la *Somme de logique*, Guillaume tient pour probables les prémisses qui sont admises par tous, par beaucoup, ou par des sages, et parmi ceux-ci soit par tous les sages, soit par de nombreux sages, soit par les plus sages. De telles prémisses sont vraies et nécessaires mais ni évidentes par elles-mêmes, ni démontrables : cf. *S. L.* III-1, chap. 1, p. 359-360. Le *Commentaire sur les Réfutations sophistiques* donne en revanche une double acception : la première équivaut à celle de la *Somme de logique* et se réfère aux *Topiques*, mais en un sens large, le probable est ce qui fait l'objet d'un large assentiment, que ce soit vrai ou faux : cf. *Expositio super libros Elenchorum*, éd. Fr. del Punta, « Opera philosophica », III, St. Bonaventure, New York, 1979, II, chap. 18, p. 315.

2. *La Métaphysique du Shifa*, V, chap. 1, p. 233.

De telles propositions, ainsi que beaucoup d'autres, montrent à l'évidence que l'universel est une intention de l'âme destinée à être prédiquée de plusieurs choses.

Cela peut également se confirmer par la raison. Car tout le monde admet que l'universel est prédicable de plusieurs choses ; mais seule une intention de l'âme ou un signe institué volontairement, et non pas une substance, sont destinés à être prédiqués ; donc seule une intention de l'âme ou un signe institué volontairement sont des universels. Mais pour l'instant, je ne désigne pas par « universel » un signe institué volontairement, mais ce qui est par nature un universel.

Il est clair qu'une substance n'est pas destinée à être prédiquée, parce que, s'il en était ainsi, il s'ensuivrait qu'une proposition serait composée de substances particulières. Par conséquent, le sujet serait à Rome et le prédicat en Angleterre, ce qui est absurde.

De même, une proposition n'existe que dans l'esprit, dans le langage vocal ou dans le langage écrit ; donc ses parties n'existent que dans l'esprit dans le langage vocal ou dans le langage écrit ; or ce n'est pas le cas des substances particulières. Aucune proposition ne peut donc être composée de substances. Or une proposition est composée d'universels, donc les universels ne sont aucunement des substances.

UNE OPINION SUR L'ÊTRE DE L'UNIVERSEL :
COMMENT POSSÈDE-T-IL UN ÊTRE EXTRA-MENTAL ?
CONTRE SCOT [= CHAPITRE 16]

Bien qu'il soit évident pour beaucoup que l'universel n'est pas une substance en dehors de l'âme, existant dans les individus et réellement distincte d'eux, quelques-uns pensent cependant que l'universel est d'une certaine manière dans les individus, en dehors de l'âme ; il ne serait certes pas distinct d'eux réellement, mais il le serait formellement[1]. Ainsi ils disent qu'il y a dans Socrate une nature humaine qui est unie à Socrate par une différence individuelle, laquelle ne se distingue pas de cette nature réellement, mais formellement. Ainsi, ce ne sont pas deux choses, mais formellement l'une n'est pas l'autre.

Mais cette opinion me paraît tout à fait improbable. En premier lieu parce que, dans les choses créées, il ne peut jamais y avoir de distinction, quelle qu'elle soit, en dehors de l'âme, si ce n'est là où des choses sont distinctes ; si donc il devait y avoir une quelconque distinction entre cette nature et cette différence, il faudrait qu'elles soient des choses réellement distinctes. Je prouve la mineure par le syllogisme suivant : cette nature n'est pas formellement distincte d'elle-même ; cette différence individuelle est formellement distincte de cette nature ; donc cette différence individuelle n'est pas cette nature[2].

---

1. La critique de la distinction formelle vise sans conteste le scotisme. Scot pense que les différences entre concepts seraient purement fictives si la chose elle-même n'était structurée de telle manière qu'elle fonde ces distinctions. C'est pourquoi il élabore la notion de « distinction formelle *a parte rei* », qui n'est pas une « distinction réelle » parce qu'elle ne concerne pas des choses physiquement séparables, mais qui n'est pas non plus une simple « distinction de raison » parce qu'elle concerne un objet formel qui existe indépendamment de l'acte intellectuel qui l'appréhende. Cette distinction sert à établir le statut des universels, de la nature commune dans son rapport à l'individu, ainsi que des transcendantaux. Elle s'applique également à la relation de l'essence divine et de ses perfections. Guillaume d'Ockham récuse totalement cette distinction, aussi bien pour les attributs divins que pour les universels (il laisse simplement hors du champ de sa critique la Trinité divine, qui ne relève que de la révélation). Il n'admet de distinction qu'entre des choses réelles et, en vertu du principe de non-contradiction, qui a la même portée quels que soient les objets auxquels il s'applique, tout ce qui n'est pas identique est réellement différent.

2. L'auteur laisse encore au lecteur le soin de reconstituer les étapes implicites du raisonnement. Majeure : s'il doit y avoir une distinction, il faut que les choses soient réellement distinctes (thèse constante de Guillaume d'Ockham, qui s'appuie sur l'idée qu'il n'y a dans les choses qu'une seule sorte de distinction, tout

De même, une même chose n'est pas à la fois commune et propre ; mais, d'après eux, la différence individuelle est propre, tandis que l'universel est commun ; aucun universel n'est donc la même chose qu'une différence individuelle.

De même, des caractères opposés ne peuvent pas convenir à une même chose créée ; or le commun et le propre sont opposés ; donc une même chose n'est pas commune et propre. C'est pourtant ce qui s'ensuivrait si la différence individuelle et la nature commune étaient la même chose.

De même, si la nature commune était réellement identique à la différence individuelle, il y aurait réellement autant de natures communes qu'il y a de différences individuelles ; par conséquent aucun de ces traits[1] ne serait commun, mais n'importe lequel serait propre à la différence avec laquelle il est réellement identique.

De même, n'importe quelle chose se distingue par elle-même, ou par quelque chose qui lui est intrinsèque, de tout ce dont elle se distingue ; mais l'humanité de Socrate est autre que celle de Platon ; elles se distinguent donc par elles-mêmes et non par des différences surajoutées.

De même, selon la pensée d'Aristote, toutes les choses qui diffèrent par l'espèce diffèrent par le nombre[2] ; mais la nature de l'homme et la nature de l'âne, par elles-mêmes, se distinguent spécifiquement, donc par elles-mêmes elles se distinguent

comme il n'y a dans la pensée qu'une sorte de contradiction) ; mineure : or si une nature commune existe, elle doit se différencier de la différence individuelle (ce que l'auteur justifie à la fin du paragraphe) ; conclusion : la nature commune et la différence individuelle doivent être réellement distinctes.

1. Il s'agit de ces prétendues natures communes, mais suivant le raisonnement de Guillaume d'Ockham, elles ne peuvent plus être nommées ainsi ; c'est sans doute pourquoi l'on n'a pas *earum*, au féminin, mais *eorum*, puis *quodlibet* et *proprium*. Pour comprendre ces paragraphes, il faut se rappeler que la distinction formelle suppose l'identité réelle.

2. *Cf.* Aristote, *Métaphysique*, Δ 9, 1018a12-15.

numériquement; n'importe laquelle d'entre elles est donc par elle-même numériquement une.

De même, ce qui ne peut par aucune puissance convenir à plusieurs n'est par aucune puissance prédicable de plusieurs; mais une telle nature, si elle était réellement identique à la différence individuelle, ne pourrait par aucune puissance convenir à plusieurs, parce que d'aucune façon elle ne pourrait convenir à un autre individu; donc elle ne pourrait, par aucune puissance, être prédicable de plusieurs et par conséquent elle ne pourrait par aucune puissance être universelle [1].

De même, je prends cette différence individuelle et la nature qu'elle contracte, et je demande si la distinction qu'il y a entre elle est plus grande qu'entre deux individus ou bien plus petite. Elle n'est pas plus grande puisqu'elles ne diffèrent pas réellement tandis que les individus diffèrent réellement. Et elle n'est pas plus petite puisqu'elles seraient alors de même raison, à la manière dont deux individus sont de même raison [2]; par conséquent, si l'une est par soi numériquement une, l'autre sera également par soi numériquement une.

De même, je demande si la nature est ou non la différence individuelle. Si oui, je développe le syllogisme suivant: cette différence individuelle est propre et non commune; donc la nature est propre et non commune. C'est précisément ce que j'ai l'intention de montrer. De même, je développe cet autre syllogisme: cette différence individuelle n'est pas formellement

1. « Par aucune puissance » inclut la puissance divine. La seule limite de la puissance absolue de Dieu est le principe de non-contradiction. Or tout ce qui précède tend à montrer qu'il serait contradictoire que l'universel soit à la fois identique (réellement) au singulier et différent (formellement) de lui.

2. La raison (ratio) est, ici comme souvent, voisine de la nature. Deux individus différents peuvent être de nature ou d'espèce identique. À plus forte raison deux êtres dont la différence serait par hypothèse moindre que celle de deux individus.

distincte de la différence individuelle ; cette différence individuelle est la nature ; donc la nature n'est pas formellement
distincte de la différence individuelle. Si, en revanche, on
accorde que la différence individuelle n'est pas la nature, on
obtient le résultat cherché, car on peut inférer : la différence
individuelle n'est pas la nature, donc la différence individuelle
n'est pas réellement la nature ; en effet, de l'opposé du conséquent suit l'opposé de l'antécédent, selon le raisonnement
suivant : la différence individuelle est réellement la nature, donc
la différence individuelle est la nature. Cette conséquence est
évidente puisque d'un terme déterminable, pris avec une
détermination qui ne l'annule ni ne le restreint[1], on peut valable-
ment inférer le terme déterminable pris absolument. Mais « réellement » n'est pas ici une détermination qui annule ou restreint le
terme déterminé. On peut par conséquent inférer : la différence
individuelle est réellement la nature, donc la différence
individuelle est la nature.

Il faut donc dire que dans les choses créées, il n'existe aucune
distinction formelle de cette sorte. Toutes les choses qui dans le
monde créé sont distinctes, sont réellement distinctes, et elles
sont des choses distinctes si chacune d'elles est véritablement
une chose. De même que l'on ne doit jamais refuser, concernant
les choses créées, les modes d'argumentation tels que « ceci est
a, ceci est b, donc b est a », et tels que « ceci n'est pas a, ceci est b,
donc b n'est pas a », de même on ne doit jamais nier que des
choses créées soient distinctes, chaque fois que des prédicats
contradictoires se vérifient d'elles[2] – sauf si cette attribution est

---

1. Le premier cas évoqué écarte des expressions telles qu'« âne capable de
rire », dans lesquelles la supposition est nulle ; dans le second cas, si l'on a par
exemple « homme blanc » dans l'antécédent, on ne peut pas inférer quelque chose
qui vaudrait pour tous les hommes.
2. À la distinction réelle du côté des choses répond la possibilité de
propositions contradictoires du côté du langage. Réciproquement, la possibilité

rendue vraie par quelque détermination ou quelque syncatégo-
rème, ce qui est présentement hors de propos. Pour cette raison,
nous devons dire avec les philosophes que dans une substance
particulière il n'est rien de vraiment substantiel en dehors de la
forme particulière, de la matière particulière, ou de quelque
chose qui est composé des deux. C'est pourquoi il ne faut pas
imaginer qu'il y ait en Socrate une humanité ou une nature
humaine distincte en quelque façon de Socrate, à laquelle s'ajou-
terait une différence individuelle contractant cette nature. Tout
ce que l'on peut imaginer de substantiel existant en Socrate est
une matière particulière, une forme particulière ou quelque
chose qui est composé à partir d'elles deux. Pour cette raison,
toute essence et quiddité, et tout ce qui relève de la substance, dès
lors qu'il s'agit de quelque chose qui est réellement en dehors de
l'âme, est ou bien purement et simplement une matière, une
forme ou un composé des deux, ou bien, d'après l'enseignement
des péripatéticiens, une substance immatérielle abstraite.

RÉFUTATIONS DES OBJECTIONS QUI PEUVENT ÊTRE SOULEVÉES CONTRE CE QUI PRÉCÈDE [= CHAPITRE 17]

Puisque la vérité se manifeste en surmontant les doutes, il
faut élever quelques objections contre ce qui précède, afin de les
résoudre. Il paraît en effet à beaucoup, dont l'autorité n'est pas
faible, que l'universel est d'une certaine façon en dehors de
l'âme et appartient à l'essence des substances particulières. Pour
le prouver, ils apportent un nombre non négligeable de raisons et
de témoignages qui font autorité.

---

d'énoncer des propositions de prédicat opposé (*a* est *c*, *b* n'est pas *c*) conduit à
admettre la différence réelle des choses auxquelles renvoient les sujets de ces
propositions.

Ils disent que lorsque des choses concordent réellement[1] et diffèrent réellement, elles concordent par quelque chose et diffèrent par autre chose. Or Socrate et Platon concordent réellement et diffèrent réellement ; c'est donc par des choses distinctes qu'ils concordent et qu'ils diffèrent ; mais ils concordent en l'humanité, et également dans la matière et dans la forme ; ils incluent donc en outre quelque chose par quoi ils se distinguent. C'est ce que mes adversaires appellent les différences individuelles.

De même, Socrate et Platon concordent plus que Socrate et un âne ; donc Socrate et Platon concordent en quelque chose, en quoi Socrate et un âne ne concordent pas ; mais ils ne concordent pas en quelque chose de numériquement un ; donc ce en quoi ils concordent n'est pas numériquement un, c'est quelque chose de commun.

De même, on lit au livre X de la *Métaphysique* que, dans tout genre, il y a quelque chose de premier qui est la mesure de toutes les autres choses qui sont dans ce genre[2]. Mais aucun singulier n'est la mesure de tous les autres puisqu'il n'est pas la mesure de tous les individus de la même espèce ; il y a donc quelque chose d'autre que l'individu.

De même, tout ce qui est plus général appartient à l'essence de ce qui est moins général[3] ; donc l'universel appartient à l'essence de la substance ; mais la non-substance n'appartient

---

1. Le verbe *convenire* était déjà employé par Abélard pour cerner ce qu'il y a de commun entre deux individus de même espèce : « [...] in eo tamen conveniunt quod homines sunt » (Abélard, « *Logica Ingredientibus* », *Super Porphyrium*, éd. B. Geyer, in *Philosophische Schriften*, Münster in W., 1919-1927, p. 19).

2. Cf. *Métaphysique*, I, 1, 1052b31-32.

3. Selon la représentation porphyrienne des genres et des espèces, tout ce qui se trouve dans la compréhension d'un terme supérieur se retrouve dans la compréhension d'un terme qui lui est inférieur.

pas à l'essence de la substance; donc l'universel est une substance.

De même, si aucun universel n'était une substance, tous les universels seraient des accidents; par conséquent toutes les catégories seraient des accidents; ainsi, la catégorie de substance serait un accident et, par conséquent, un certain accident serait, par soi, plus général que la substance. Il s'ensuivrait même que quelque chose serait plus général que soi puisque ces universels, s'ils étaient des accidents, ne pourraient se trouver que dans le genre de la qualité[1]. Par conséquent, la catégorie de qualité serait commune à tous les universels, y compris à cet universel qu'est la catégorie de qualité.

D'autres raisons et d'innombrables autorités, que pour être bref je laisse de coté pour l'instant, sont alléguées en faveur de cette opinion, j'en parlerai plus bas, en divers endroits[2].

Je réponds simplement à celles-ci. En ce qui concerne la première, je concède que Socrate et Platon concordent réellement et diffèrent réellement, puisque réellement ils concordent spécifiquement, et que réellement ils diffèrent numériquement. Et c'est indissolublement qu'ils concordent spécifiquement et diffèrent numériquement, tout comme ceux qui défendent l'autre opinion doivent dire qu'indissolublement la différence individuelle concorde réellement avec la nature commune et en diffère formellement.

Si l'on objecte que la cause de la concordance et de la différence n'est pas la même, il faut répondre que c'est vrai : la même chose n'est pas cause de la concordance et de la différence opposée à cette concordance. Mais ce n'est pas de cela qu'il est question, car entre la concordance spécifique et la différence

1. « Genre » et « catégorie » sont employés ici indifféremment comme synonymes.
2. *Cf.* par exemple *S. L.*, II, chap. 2.

individuelle il n'y a nullement une totale opposition. Il faut donc admettre que c'est sur le même point que Socrate concorde spécifiquement avec Platon et en diffère numériquement.

La seconde objection ne me trouble pas plus. On ne peut pas en effet inférer : « Socrate et Platon concordent plus que Socrate et un âne, donc ils concordent plus en quelque chose » ; mais il suffit que d'eux-mêmes ils concordent plus. Je dis donc que Socrate, par son âme intellective, concorde plus avec Platon qu'avec un âne, et que de lui-même, totalement, il concorde plus avec Platon qu'avec un âne. Au sens littéral des mots, on ne doit donc pas admettre que Socrate et Platon concordent en quelque chose qui appartient à leur essence, mais on doit admettre qu'ils concordent par certaines choses ; par leurs formes et par eux-mêmes. Mais si, par une hypothèse contradictoire, il y avait en eux une seule nature, ils concorderaient en elle comme si, par une hypothèse contradictoire, Dieu était insensé, il gouvernerait mal le monde.

En ce qui concerne l'objection suivante, il faut répondre que bien qu'un seul individu ne soit pas la mesure de tous les individus de même genre ou de la même espèce dernière[1], le même individu peut cependant être la mesure des individus d'un autre genre ou de nombreux individus de la même espèce, et cela suffit pour éclairer la pensée d'Aristote.

En ce qui concerne l'objection suivante, il faut dire que selon la valeur et le sens propre des mots, on doit admettre qu'aucun universel n'appartient à l'essence d'une substance quelconque.

---

1. L'espèce dernière, ou « spécialissime », est l'espèce immédiatement supérieure à l'individu. Suivant la *Métaphysique* d'Aristote, la mesure est ce qui permet de connaître quelque chose. Le sens quantitatif, plus restreint (celui qu'évoque Aristote, d'ailleurs, dans le livre I, cité plus haut) est une spécification de ce sens général. Ici, la « mesure » est prise en une acception large, comme ce qui permet de déterminer telle ou telle réalité en lui rapportant une autre chose (en l'occurrence l'individu).

En effet, tout universel est une intention de l'âme ou un signe institué volontairement ; rien de tel n'appartient à l'essence d'une substance et par conséquent aucun genre, aucune espèce ni aucun universel n'appartiennent à l'essence d'une substance quelconque. On doit plutôt dire, à proprement parler, que l'universel exprime ou expose la nature de la substance, c'est-à-dire la nature qu'est la substance. C'est ce que dit le Commentateur, au livre VII de la *Métaphysique* :

> Il est impossible que l'une des choses que l'on dit universelles soit la substance de quelque chose, même si elles manifestent les substances des choses [1].

Donc, dans tous les textes qui affirment que les universels appartiennent à l'essence des substances, sont dans les substances ou sont des parties des substances, on doit comprendre que les auteurs entendent uniquement par là que ces universels manifestent, expriment, exposent, désignent et signifient les substances des choses.

On objectera que des noms communs tels que « homme », « animal », etc., signifient des choses substantielles et non pas des substances singulières, car, dans ce dernier cas, « homme » signifierait tous les hommes, ce qui paraît faux ; donc de tels noms signifient des substances autres que les substances singulières.

Il faut répondre que de tels noms signifient exclusivement des choses singulières. Le nom « homme » ne signifie rien d'autre qu'un homme singulier et, pour cette raison, il ne suppose pour une substance que s'il suppose pour un homme particulier. Il faut par conséquent admettre que le nom « homme » signifie directement et au même titre tous les hommes particuliers. Cependant, il n'en résulte pas que le nom « homme » soit

---

1. Averroès, *In Aristotelis Metaphysicam*, VII, 45, f°93ra.

un son vocal équivoque puisque même s'il signifie plusieurs choses directement et au même titre, il les signifie en vertu d'une imposition unique et, en signifiant ces choses plurielles, il est subordonné à un seul concept, non à plusieurs ; c'est pourquoi il se prédique d'elles de manière univoque.

En ce qui concerne la dernière objection, ceux qui estiment que les intentions de l'âme sont des qualités de l'esprit[1] doivent dire que tous les universels sont des accidents. Cependant, tous les universels ne sont pas signes d'accidents, certains sont seulement des signes de substances. Ces derniers constituent la catégorie de substance, les autres constituent les autres catégories. Il faut donc admettre que la catégorie de substance est un accident, même si elle exprime des substances et non des accidents. Pour cette raison, il faut admettre qu'un accident, à savoir celui qui est seulement le signe de substances, est, par soi, plus général que la substance. Mais cela n'est pas plus gênant que de dire qu'un son vocal est le nom de nombreuses substances.

Mais est-ce que quelque chose est plus général que soi ? On peut dire que non, parce que pour que quelque chose soit plus général qu'autre chose, il faut que l'un soit distinct de l'autre. Pour cette raison, il n'est pas vrai que tous les universels soient, par eux-mêmes, moins généraux que le terme « qualité », bien que tous les universels soient des qualités. Car le terme commun « qualité » est une qualité et pourtant il n'est pas moins général que soi, il est tout simplement lui-même.

---

1. Dans l'examen de cette objection, comme dans les paragraphes qui suivent, l'auteur accorde crédit à cette thèse concernant la nature du signe conceptuel. C'est l'une des trois opinions que le chapitre 12 a présentées comme sensées. Elle était même considérée comme la plus probable dans l'exposition sur le *Peri hermeneias* (*Prooemium*, § 6). Toutefois, dans la *Somme de logique*, Guillaume d'Ockham préfère généralement assimiler cette qualité à l'acte même d'intellection.

Si l'on dit que le même terme ne peut pas se prédiquer de différentes catégories, donc que la qualité n'est pas commune à différentes catégories, il faut préciser que ces dernières peuvent être prises de manière significative ou non. Quand ces catégories se tiennent et sont prises de manière non significative, il n'est pas impossible que le même terme soit prédiqué de différentes catégories. La proposition « la substance est une qualité » est vraie si le sujet tient lieu, matériellement ou simplement, d'une intention. Et, de la même manière, la proposition « la quantité est une qualité » est vraie si le terme « quantité » n'est pas pris significativement. Ainsi, le même terme est prédiqué de différentes catégories, de même que les propositions « (la) substance est un son vocal » ou « (la) quantité est un son vocal »[1] sont vraies si les sujets supposent matériellement et non pas significativement.

Si l'on dit que la qualité spirituelle[2] est plus générale qu'une quelconque catégorie[3], du fait qu'elle se prédique de termes plus nombreux (puisqu'elle se prédique de toutes les catégories et qu'aucune catégorie ne se prédique des autres), il faut répondre que la qualité spirituelle ne se prédique pas de toutes les catégories prises significativement, mais seulement en tant que signes[4]. Pour cette raison, il n'en résulte pas qu'elle soit plus

1. L'ambiguïté de la phrase latine disparaît en français du fait de la présence ou de l'absence d'un article défini. Avec l'article, le terme peut être pris significativement ; sans article, ce ne peut être le cas sans faire violence à la langue et l'on peut penser qu'il est pris matériellement.

2. Cette expression est employée, assez curieusement, pour désigner cette qualité dans l'esprit que constitue le concept, dans l'hypothèse ici retenue concernant la nature du signe mental.

3. Les catégories étant les genres les plus généraux de l'être, il serait incompatible avec la théorie aristotélicienne des catégories que quelque chose, en dehors de l'être lui-même (qui n'est pas un genre) ou des termes qui sont convertibles avec lui (les « transcendantaux », soit plus général que les catégories.

4. C'est-à-dire non pas prises pour ce qu'elles signifient mais pour ce qu'elles sont : des signes mentaux.

générale qu'une catégorie quelconque. Car un terme est plus général (ou moins général) lorsque, pris significativement, il peut être prédiqué de choses plus nombreuses [ou moins nombreuses] que ne le peut un autre, également pris significativement. Il s'agit donc là de la même difficulté que pour le nom « mot », car ce nom est quelque chose qui fait partie des noms : le nom « mot » est un nom et tout nom n'est pas le nom « mot ». Pourtant, le nom « mot » est d'une certaine manière plus général que tous les noms, y compris le nom « nom », puisque tout nom est un mot et que tout mot n'est pas un nom.

Il semble dans ces conditions qu'un terme puisse être à la fois plus général qu'un autre terme et moins général que lui. Cette difficulté peut se résoudre. L'argument serait concluant si les termes supposaient de manière identique dans toutes les propositions dont se déduit la conclusion. Mais il en va autrement dans le cas présent. Cependant, si l'on dit qu'un terme est « moins général » qu'un autre lorsque, le premier étant pris selon un certain mode de supposition, le second peut être prédiqué de lui ainsi que d'autres, plus nombreux, mais que le second ne se prédique pas universellement du premier si celui-ci suppose différemment, on peut alors admettre qu'un terme est à la fois plus général et moins général qu'un autre. En ce cas, « plus général » et « moins général » ne sont pas opposés mais simplement divers.

H. H. PRICE

UNIVERSAUX ET RESSEMBLANCES *

Quand nous considérons le monde autour de nous, nous ne pouvons nous empêcher de remarquer qu'un grand nombre de récurrences et de répétitions s'y produisent. La même couleur réapparaît, encore et encore, dans une diversité de choses. Les formes se répètent de même. Nous remarquons, encore et encore, des choses de forme oblongue, des choses concaves, des choses bombées. Hululements, grondements, claquements, bruissements se font entendre, encore et encore.

Nous remarquons aussi une autre sorte de récurrence très importante. Le même motif ou le même mode d'arrangement se retrouve, encore et encore, dans plusieurs *ensembles* de choses, dans plusieurs paires de choses différentes, ou dans des trios ou des quatuors, selon le cas. Quand A est au-dessus de B, et C est au-dessus de D, et E est au-dessus de F, le motif ou le mode d'arrangement dessus-dessous se reproduit dans trois paires de choses, et dans bien d'autres paires de choses également. Nous remarquons pareillement, de manière répétée, une chose dans une autre, une chose devant une autre, une chose entre deux autres.

* H. H. Price, *Thinking and Experience*, Londres, Hutchinson, 2e éd., 1969 [1953], chap. 1, p. 7-32. Traduction de Anne-Marie Boisvert et Claude Panaccio.

De tels traits récurrents réapparaissent parfois individuellement ou séparément. La même couleur se retrouve dans cette tomate, ce coucher de soleil et ce visage rougissant; il y a peu d'autres traits, s'il y en a, qui se répètent dans les trois. Mais c'est un fait notable qu'il y a dans le monde des récurrences *conjointes* aussi bien que des récurrences distinctes. Un groupe entier de traits réapparaissent ensemble, encore et encore, dans plusieurs objets. Examinez vingt pissenlits, et vous découvrirez qu'ils ont plusieurs traits en commun; cinquante chats ont de même de très nombreux traits en commun, tout comme deux cents morceaux de plomb. Dans de tels cas, il y a récurrence conjointe de plusieurs traits différents. Ceux-ci réapparaissent ensemble, encore et encore, en masse ou en bloc. C'est ainsi que plusieurs objets du monde en arrivent à se grouper ensemble en Espèces Naturelles. Une Espèce Naturelle est un groupe d'objets ayant *plusieurs* traits en commun (peut-être en nombre indéfini). De l'observation qu'un objet possède certains de ces traits, nous pouvons inférer avec un haut degré de probabilité qu'il possède le reste.

Ces récurrences ou ces répétitions constantes, qu'elles soient distinctes ou conjointes, sont ce qui fait du monde un lieu terne, ennuyeux et sans surprise. Les mêmes traits familiers, encore et encore, persistent à reparaître. Le mieux qu'ils puissent faire est de se présenter de temps en temps dans de nouvelles combinaisons, comme dans le cygne noir ou l'ornithorynque. Il règne dans le monde une certaine *monotonie*. Le cas extrême en est celui où le même trait familier se répète dans toutes les parties d'un objet singulier, comme lorsque quelque chose est entièrement rouge, ou collant sur toute sa surface, ou lorsqu'un bruit est uniformément strident sur toute sa durée.

Pourtant cette répétition perpétuelle, cette absence d'originalité et de fraîcheur, est aussi immensément importante, parce c'est elle qui rend possible la connaissance conceptuelle.

Dans un monde de nouveautés incessantes, où il ne se produirait ni récurrence ni répétitions fastidieuses, aucun concept ne pourrait jamais être acquis; et la pensée, même de la sorte la plus rudimentaire et la plus primitive, ne pourrait jamais commencer. Par exemple, rien ne serait jamais reconnaissable dans un tel monde. Autrement dit, *dans la mesure où* il y a dans le monde nouveauté, non-récurrence, absence de répétition, le monde ne peut être pensé, il peut seulement être expérimenté.

Je me suis efforcé jusqu'à présent d'utiliser un langage entièrement non technique, pour nous éviter d'endosser sans nous en rendre compte une théorie philosophique particulière. Mais il n'est en tout cas pas contre nature – il ne s'agit pas là d'un *très* grave abus théorique – d'introduire les mots « qualité » et « relation », afin de faire référence à ces faits concernant le monde sur lesquels j'ai tenté d'attirer l'attention du lecteur. Une *qualité*, disons-nous, est un trait récurrent du monde qui se présente dans des objets individuels ou dans des événements considérés singulièrement. La rougeur, la grosseur ou le grincement en sont des exemples. Une *relation*, par contre, est un trait récurrent du monde qui se présente dans des complexes d'objets ou d'événements, tels que ceci à côté de cela, ceci précédant cela, ou B entre A et C. Il est également parfois commode de parler de *propriétés relationnelles*. Si A précède B, nous pouvons dire que A a la propriété relationnelle de précéder B, et B a la propriété relationnelle inverse de succéder à A.

Une remarque supplémentaire peut être faite concernant la distinction entre qualités et relations. Je viens de dire qu'une qualité se présente dans des objets individuels ou des événements pris singulièrement, et une relation dans des complexes d'objets ou d'événements. Mais il ne faut pas oublier qu'un objet ou un événement individuel possède ordinairement (peut-être toujours) une complexité *interne*. Son histoire comprend une pluralité de phases temporelles, et l'objet ou l'événement lui-même comporte également souvent une pluralité de parties spatiales. Et il existe des relations entre ces parties ou ces phases. De telles relations *à l'intérieur* d'un objet ou d'un événement individuel sont parfois dites constituer la « structure » de l'objet ou de l'événement. À des fins scientifiques, et même à des fins de prédiction ordinaire relevant du sens commun, ce que nous avons le plus besoin de connaître concernant n'importe quel objet ou processus est sa structure. Et de ce point de vue, l'importance première des qualités, telles que la couleur, la dureté ou l'adhérence, découle du fait qu'elles nous permettent souvent d'inférer la présence d'une structure plus fine que celle que nos sens seraient en mesure de nous révéler sans aide. Il a été souvent affirmé que les qualités sensibles sont « subjectives ». Mais subjectives ou non, elles remplissent une fonction de la plus haute importance. Elles nous fournissent un indice sur la nature de la structure à petite échelle des objets et des événements. Si un gaz dégage une odeur d'œufs pourris, nous pouvons inférer qu'il s'agit d'hydrogène sulfuré.

Les termes « qualité » et « relation » nous permettent de donner une analyse simple du *changement*. La notion de changement a grandement préoccupé certains philosophes, et ce depuis qu'Héraclite, ou l'un de ses disciples, a remarqué il y a longtemps que πάντα ῥεῖ, « tout coule ». C'est ce qui les a d'ailleurs parfois conduits à supposer que ce monde *est* au bout du compte un monde de perpétuelle nouveauté, et non le monde fastidieux, ennuyeux et répétitif qu'il faut qu'il soit, si la connaissance conceptuelle doit être possible. Ils ont, dès lors, conclu – correctement, étant donné leurs prémisses – que toute connaissance conceptuelle est radicalement erronée ou illusoire, une sorte de distorsion systématique de la réalité ; de telle sorte que, *quoi que* nous pensions, aussi intelligents ou aussi stupides que nous puissions être, nous sommes dans l'erreur. D'après cette conception, seule la connaissance non-conceptuelle

– l'expérience immédiate ou l'intuition directe – peut être libre d'erreur.

Ces conclusions sont si étranges que nous soupçonnons que quelque chose est faux dans les prémisses. Nous pouvons voir à présent de quoi il s'agit. La notion de changement, comme l'a remarqué Platon, doit être elle-même analysée en termes des notions de qualité et de relation. Dans le changement qualitatif, comme lorsqu'une pomme change du vert au rouge, un objet a la qualité q_1 à un moment et la qualité différente q_2 à un moment ultérieur. Dans le changement relationnel, un objet A entretient la relation R_1 avec un autre objet B à un moment, et une relation différente R_2 avec B à un moment ultérieur. A est par exemple à six pouces de B à midi, et à un mille de B à midi cinq; à un moment, la relation qu'A entretient avec B est la relation « plus chaud que », à un autre la relation « aussi chaud que », à un autre encore la relation « plus froid que ».

Il n'est pas nécessaire pour les buts de la présente étude de nous enquérir s'il existe d'autres traits récurrents du monde qui ne soient ni des qualités ni des relations, ni analysables en ces termes. Certains philosophes ont pensé, par exemple, que la causalité (dans ses diverses formes déterminées, comme frapper, plier, pousser, tirer, attirer, repousser, etc.) était un trait ultime et irréductible du monde, réapparaissant ou se répétant dans un grand nombre de situations. D'autres ont entrepris de donner une analyse purement relationnelle de la causalité (la théorie de la « régularité »). Toutefois, pour notre présent objectif – qui est simplement d'expliquer la raison pour laquelle les philosophes ont pu juger bon de parler des traits récurrents du monde – il n'est pas nécessaire de statuer sur le nombre de types irréductiblement différents de récurrences qu'il pourrait y avoir. Il suffira de considérer seulement les qualités et les relations.

Nous pouvons maintenant résumer les résultats obtenus jusqu'à présent au cours de cette discussion ontologique en introduisant un autre terme technique, encore une fois pas *très* technique, le terme « caractère ». Les caractères, disons-nous, sont d'au moins deux types différents, les qualités et les relations. Ce qui a été dit jusqu'à présent revient donc à ceci : il y a des *caractères récurrents* dans le monde, qui se répètent encore et encore dans plusieurs contextes différents. Ce fait – qu'il y a *a* des caractères récurrents – n'est-il pas simplement un fait évident concernant le monde, quelque chose que nous ne pouvons nous empêcher de remarquer, que cela nous plaise ou non ? Or ces caractères récurrents ont été appelés par certains philosophes des *universaux*. Et la ligne de pensée que nous venons de suivre conduit tout naturellement à la doctrine aristotélicienne traditionnelle des *universalia in rebus*, des « universaux dans les choses ». (Afin de prendre en compte les universaux de relation, les « choses » doivent être comprises de manière à englober tant les complexes que les individus. La *res* dans laquelle se trouve l'universel « à côté de » n'est ni ceci, ni cela, mais ceci-et-cela).

Je n'ai pas l'intention de traiter de la doctrine platonicienne des *universalia ante rem*, des « universaux antérieurs aux choses (ou indépendants de celles-ci) ». Ceci, non parce que je la considère sans intérêt ou sans importance, mais simplement parce qu'elle est davantage éloignée du sens commun et de nos habitudes ordinaires de pensée que ne l'est la théorie aristotélicienne des *universalia in rebus*. La tâche est suffisamment ardue de convaincre les gens de nos jours qu'il y a un sens à seulement parler des universaux, même à la manière modeste et modérée de l'aristotélisme.

La doctrine des *universalia in rebus* peut bien sûr être erronée, ou gravement trompeuse. Il y a certes des objections à lui adresser, comme nous le verrons à l'instant. Mais je ne peux voir en quoi elle est le moins du monde absurde ou ridicule, comme les penseurs les plus respectés de nos jours semblent le croire. Il ne m'apparaît pas non plus qu'elle procède entièrement de conceptions erronées concernant le langage, comme les mêmes penseurs semblent le supposer ; par exemple, de la fausse croyance que tous les mots sont des noms, de laquelle il s'ensuivrait que les termes généraux ou abstraits doivent être des noms d'entités générales ou abstraites. Au contraire, cette doctrine m'apparaît être le résultat, et le résultat très naturel, de certaines réflexions *ontologiques*. Elle me semble procéder de réflexions concernant le monde ; de la considération de ce que les choses sont, et non – ou certainement pas seulement – de la considération de la manière dont nous en parlons. Au contraire, il pourrait être soutenu que nous parlons de la manière dont nous le faisons, en utilisant des termes généraux et des termes abstraits, parce que nous découvrons que le monde est ainsi fait ; parce que nous y découvrons ou nous y remarquons des *récurrences*.

Considérons à présent comment la doctrine des *universalia in rebus* peut nous induire en erreur, même si elle procède de manière naturelle et plausible des considérations ontologiques que nous venons d'exposer. L'un de ses dangers est évidemment que les universaux peuvent être vus comme une sorte de *choses* ou d'entités, en sus des objets ou des situations dans lesquels ils réapparaissent. Nous pouvons certes mettre l'emphase sur le mot « dans ». Nous pouvons insister sur le fait que les universaux sont *dans* les choses, et non séparés d'elles comme l'affirme la doctrine des *universalia ante rem*. Mais est-ce que le danger de supposer qu'ils sont eux-mêmes des choses ou des quasi-choses est entièrement écarté ? Ne surgit-il pas à nouveau aussitôt que nous réfléchissons aux implications du mot « dans » lui-même ?

Si notre profession consiste à être induits en erreur – comme *c'est* le cas, bien entendu, pour la profession des philosophes – nous pourrions être enclins à supposer que la rougeur est dans la tomate à peu près comme s'y trouve le jus, ou comme s'y trouve le charançon. Et si tel est le cas, que peut signifier l'énoncé que la rougeur est récurrente ? Comment peut-elle être *dans* des milliers d'autres tomates en même temps, ou des centaines de boîtes aux lettres, ou des douzaines de visages rougissants ? Il ne fait pas sens de dire qu'un charançon est dans plusieurs endroits au même moment. Par ailleurs, quand la tomate commence à pourrir et à brunir, où la rougeur qui s'y trouvait s'en est-elle allée ? (Le charançon s'en est allé autre part ; vous le trouverez dans le panier de pommes de terre). Et d'où la couleur brune est-elle venue ?

Si nous préférons dire que la tomate *a* la rougeur, plutôt que « la rougeur est dans la tomate », nous induirons encore une fois en erreur les personnes à l'esprit littéral, et de la même façon que précédemment. Est-ce que la tomate *a* la rougeur comme Jones *a* une montre ? Si tel est le cas, comment des millions d'autres choses peuvent-elles l'avoir aussi ?

J'avoue que pour ma part je ne trouve pas ces problèmes très graves. La signification de « dans » et « avoir » dans ce contexte peut être facilement illustrée par des exemples, tout comme peut l'être leur signification littérale, quand nous disons qu'il y a un charançon dans la tomate, ou que j'ai une montre. N'est-il pas certain que nous savons tous à peu près bien ce à quoi il est fait référence quand deux choses sont dites *avoir* la même couleur ? Et est-il vraiment si difficile de comprendre ce qui est signifié quand on dit que la même couleur est *dans* les deux ? Il est vrai, sans doute, que les mots « dans » et « avoir » sont utilisés ici dans un sens métaphorique, quoique, selon moi, pas de façon extravagante. Mais nous sommes obligés d'utiliser des mots métaphoriques, ou alors d'inventer des termes techniques nouveaux (qui sont eux-mêmes ordinairement des mots métaphoriques empruntés à une langue morte, le grec ou le latin). Notre langage ordinaire existe pour des buts pratiques, et il doit être « élargi » d'une manière ou d'une autre si nous devons l'utiliser à des fins d'analyse philosophique. Et si nos métaphores peuvent être explicitées très facilement par des exemples, comme c'est le cas de celles qui précèdent, il ne s'ensuit aucun dommage.

Il pourrait cependant être soutenu que la terminologie des « caractères », qui était courante à l'époque précédente en philosophie, il y a quelque vingt ans, est meilleure que la terminologie plus ancienne des « universaux ». Un caractère est assez évidemment un caractère *de* quelque chose, et il ne peut pas facilement être tenu pour une entité indépendante, comme le charançon. Nous ne pouvons pas non plus aisément faire l'erreur de supposer que, quand quelque chose « a » un caractère, c'est-à-dire est caractérisée par celui-ci, ce fait soit en quoi que ce soit similaire au fait d'avoir une montre. Dans le symbolisme technique de la logique formelle, l'expression la plus appropriée pour référer à un de ces traits récurrents du monde n'est pas une lettre unique, comme ϕ ou R, qu'il est possible de prendre erronément pour le nom d'une entité, mais une fonction propositionnelle, comme ϕx, ou xRy, ou $R(x, y, z)$. Ici, les x, y et z sont des variables, de sorte que la fonction propositionnelle est une expression manifestement *incomplète*. Pour la compléter, on doit remplacer la variable par une constante, dénotant un objet quelconque qui satisfait la fonction ; ou s'il y a plusieurs variables, comme dans xRy, ou $R(x, y, z)$, chacune d'entre elles doit être remplacée par une constante. La terminologie des caractères est un équivalent approximatif, en mots, du symbolisme non-verbal des fonctions propositionnelles, avec en gros les mêmes avantages ; tandis que si nous utilisons la terminologie plus traditionnelle des universaux, il y a un certain danger (quoiqu'à mon avis, pas inévitable) que nous soyons amenés à parler d'eux comme s'ils étaient en eux-mêmes des entités complètes et indépendantes.

La théorie aristotélicienne des *universalia in rebus* sera appelée dorénavant, pour faire court, « la philosophie des universaux ». Si notre argumentation jusqu'à présent est correcte, la philosophie des universaux attire notre attention sur certains faits importants concernant le monde. Toutefois, elle propose en même temps une analyse de ces faits. Nous ne pouvons contester les faits, ni leur importance fondamentale. Nous ne pouvons nier que quelque chose qui peut être appelé « la récurrence des caractères » existe réellement. Nous devons également admettre que si cette récurrence n'avait pas lieu, la connaissance conceptuelle ne pourrait pas exister. Si le monde n'était pas ainsi, si aucune récurrence ne s'y produisait, on ne pourrait ni y penser ni en parler. Nous n'aurions jamais pu acquérir aucun concept ; et même si nous les possédions de manière innée (sans avoir besoin de les acquérir), ils n'auraient jamais pu être appliqués à quoi que ce soit.

Mais bien que nous ne puissions pas contester les faits, ni leur importance, nous pouvons néanmoins avoir des doutes au sujet de l'analyse qu'en propose la philosophie des universaux. En tout cas, une autre analyse de ces faits, et entièrement différente, paraît possible. Il s'agit de l'analyse proposée par ce que l'on peut appeler la philosophie des ressemblances ultimes (que j'appellerai dorénavant, pour faire court, « la philosophie des ressemblances »). Cette analyse est celle qu'acceptent la plupart des philosophes contemporains, dans la mesure, du moins, où ils considèrent le côté *ontologique* du problème des universaux. Elle est aussi acceptée par les conceptualistes, comme Locke. La philosophie des ressemblances est plus compliquée que la philosophie des universaux, et plus difficile à formuler. Elle nous oblige à user de longues et lourdes circonlocutions. Elle prétend cependant, non sans plausibilité, rester plus proche des faits à analyser. La façon malveillante d'exprimer ceci, celle que ses critiques préfèrent, est de dire qu'elle est plus « naturaliste ». Considérons à présent la philosophie des ressemblances plus en détail.

Quand nous disons qu'un caractère, par exemple la blancheur, *réapparaît*, qu'il se présente encore et encore, qu'il caractérise tant et tant d'objets numériquement différents, ce que nous disons, il faut en convenir, est vrai en un sens. Mais ne serait-il pas plus clair, et plus proche des faits, de dire que tous ces objets se ressemblent entre eux d'une certaine manière ? N'est-ce pas là le fait fondamental sur lequel la philosophie des universaux attire notre attention, quand elle use de ce langage quelque peu emphatique des « caractères récurrents » ? La philosophie des universaux est bien sûr d'accord pour convenir que tous les objets caractérisés par la blancheur se ressemblent entre eux. Mais selon elle, la ressemblance est toujours dérivée, et constitue seulement une *conséquence* du fait qu'exactement le même caractère – la blancheur, dans le cas qui nous occupe – caractérise tous ces objets. Pour utiliser un langage plus traditionnel, la philosophie des universaux affirme que quand A ressemble à B, c'est *parce qu*'ils sont tous les deux des instances du même universel.

Or tout ceci est très bien lorsque la ressemblance est exacte, mais que sommes-nous censés dire quand elle ne l'est pas ? Considérons la série suivante d'exemples : une plaque de neige fraîchement tombée ; un morceau de craie ; une feuille de papier ayant servi à envelopper de la viande ; le mouchoir avec lequel j'ai épousseté un manteau de cheminée plutôt sale ; un nœud papillon traînant sur le plancher depuis plusieurs années. Tous, disons-nous, sont des objets blancs. Mais sont-ils exactement semblables par leur couleur, si l'on accepte que le blanc, pour les besoins de la présente discussion, puisse être compté comme une couleur ? Il est clair qu'ils ne le sont pas. Ils sont, bien sûr, plus ou moins semblables. Il y a effectivement entre eux un degré très considérable de similitude de couleur. Mais ils ne sont certainement pas de couleur exactement semblable. Et pourtant, si exactement le même caractère, en l'occurrence la blancheur, est présent chez tous (comme l'affirme apparemment la philosophie des universaux), ne devrait-il pas s'ensuivre qu'ils sont exactement semblables par la couleur ?

Afin que l'enjeu de la discussion soit parfaitement clair, nous devrons distinguer, de manière peut-être quelque peu pédante, entre la ressemblance *exacte* sous tel ou tel rapport et la ressemblance *totale* ou *complète*. Pour le dire autrement, la ressemblance a deux dimensions de variation. Elle peut varier en intensité ; elle peut aussi varier en étendue. Par exemple, une feuille de papier à lettres et une enveloppe, avant que l'on ait écrit sur aucune d'elles, peuvent être exactement semblables par la couleur, et peut-être également par la texture. Ces ressemblances entre les deux ont un degré maximum d'intensité. Mais les deux objets ne sont pas complètement ou totalement semblables. Premièrement, ils sont dissemblables par la forme. Qui plus est, l'enveloppe est assemblée avec de la colle et comporte aussi de la colle sur le rabat, tandis que la feuille de papier ne comporte pas de colle. Il pourrait être pensé, peut-être, que deux enveloppes d'un même paquet *sont* complètement semblables ; et certes elles en sont plus proches que ne le sont l'enveloppe et la feuille de papier à lettres. Tout de même, il y a dissemblance sous le rapport du lieu. À n'importe quel moment donné, l'enveloppe A occupe un lieu et l'enveloppe B en occupe un autre. Selon la théorie relationnelle de l'espace, ceci équivaut à dire qu'à n'importe quel moment donné A et B sont reliés de différentes façons à quelque chose d'autre, par exemple le Pôle Nord ou l'Observatoire de Greenwich.

Selon le principe de l'identité des indiscernables de Leibniz, la similitude complète ou totale est une limite idéale qui ne peut jamais être tout à fait atteinte, bien que certaines paires d'objets (les deux enveloppes, par exemple) en soient plus proches que d'autres. Car si par impossible deux objets étaient complètement semblables, lieu et date inclus, il n'y aurait plus alors deux objets, mais un seul. La question de savoir si le principe de Leibniz est correct a été beaucoup débattue. Mais ce débat n'a pas à nous concerner ici. Il suffit de remarquer que s'il y avait deux objets se ressemblant complètement, tant sous le rapport du lieu et de la date que de toutes les autres manières, et si cette ressemblance complète se poursuivait tout au long de leurs histoires respectives, il ne pourrait y avoir absolument aucune preuve permettant de croire qu'il y en ait deux. Par conséquent, nous n'avons plus dans la présente discussion à nous préoccuper de la ressemblance complète ou totale, bien que le fait que les ressemblances varient tant en étendue qu'en degré d'intensité soit, bien sûr, important.

Ce qui est pertinent pour nous est l'intensité de la ressemblance. À son maximum, cette intensité correspond à ce que j'ai appelé « ressemblance exacte sous tel ou tel rapport ». Or certains paraissent penser que même une ressemblance de cette sorte constitue une limite idéale. Ils semblent penser que deux objets ne sont jamais *exactement* semblables même d'une seule manière (par exemple, la couleur ou la forme), bien que de nombreux objets soient bien sûr étroitement semblables d'une ou de plusieurs manières. Je ne vois pas quels éléments de preuve nous pourrions avoir pour souscrire à une généralisation négative aussi large. Il est vrai que, parfois, alors que nous avions pensé dans un premier temps qu'il y avait entre deux objets une ressemblance exacte sous un ou plusieurs rapports, nous avons pu nous rendre compte après un examen plus minutieux qu'il n'en était rien. Nous avons pu penser que deux jumeaux étaient exactement semblables par la conformation de leurs visages. Nous regardons de plus près, et découvrons que le nez de Jean est un peu plus long que celui de Guillaume. Mais il y a néanmoins beaucoup de cas où aucune inexactitude dans la ressemblance n'est décelable. Nous jugeons souvent deux sous indistinguables par la forme, ou deux timbres-poste indistinguables par la couleur. Et nous ne devrions pas nous limiter aux cas dans

lesquels deux objets ou davantage sont comparés entre eux.
Il existe une chose telle que la monotonie ou l'uniformité à
l'intérieur d'un même objet. Par exemple, un certain morceau de
ciel est bleu, et de la même nuance de bleu, intégralement. Il est
monotonement ultramarine. En d'autres termes, toutes ses
parties perceptibles sont exactement pareilles par la couleur; en
tout cas, nous ne pouvons découvrir entre elles aucune dissemblance de couleur. De même, il n'y a souvent aucune dissemblance d'intensité repérable entre deux phases successives d'un
même son. Sera-t-il dit qu'une monotonie de ce genre est
seulement apparente, qu'elle n'est pas réelle? Mais quel motif
pourrions-nous avoir de penser qu'aucune entité n'est jamais
réellement « monotone » en ce sens, pas même dans la plus petite
partie de son étendue, ou pendant la phase la plus brève de sa
durée? Ainsi, il n'y aucun motif valable de soutenir qu'une
ressemblance d'intensité maximale ne se présente jamais, encore
moins de soutenir qu'elle ne *peut* jamais se présenter. Il n'est
cependant pas très commun pour deux objets d'être exactement
semblables même d'une seule manière, quoique la monotonie au
sein d'un seul objet ou d'un seul événement soit plus fréquente.
Ce que nous retrouvons le plus habituellement dans deux objets
ou davantage qui sont dits « semblables » est une *étroite*
ressemblance sous un ou plusieurs rapports.

Nous pouvons maintenant revenir à la controverse entre la
philosophie des ressemblances et la philosophie des universaux.
On soutient que si la philosophie des universaux était correcte, la
ressemblance exacte sous un ou plusieurs rapports (ressemblance d'intensité maximale) devrait être bien plus commune
qu'elle ne l'est; en fait, que la ressemblance *in*exacte sous un
rapport donné, disons la couleur ou la forme, ne devrait tout
simplement pas exister. Bien entendu, il pourrait toujours y avoir
une ressemblance incomplète ou partielle, ressemblance entre
deux objets sous un ou plusieurs rapports, et absence de

ressemblance sous d'autres. Mais à chaque fois que deux objets se ressemblent effectivement sous un certain rapport, il semblerait que la ressemblance devrait être exacte (d'intensité maximale), si la philosophie des universaux était correcte ; soit elle devrait être exacte, soit elle ne devrait tout simplement pas exister. La philosophie des universaux nous dit que la ressemblance est dérivée, et non pas ultime ; que lorsque deux objets se ressemblent sous un rapport donné, c'est parce qu'exactement le même universel est présent dans chacun d'eux. Ceci ne semble laisser aucune place pour la ressemblance inexacte.

Or si nous considérons les différents objets blancs que j'ai mentionnés tout à l'heure[1] – la série entière de ces objets, de la neige fraîchement tombée au nœud papillon souillé – comment quelqu'un peut-il soutenir qu'exactement le même caractère, la blancheur, se retrouve en chacun d'eux ? Il est clair que ce n'est pas le cas. Si cela était, ces objets seraient exactement semblables par leur couleur ; et bien certainement, ils ne le sont pas. Si nous insistons pour utiliser le langage des universaux ou des caractères, ne sommes-nous pas tenus de dire que chacun des objets dans cette série, de la neige au nœud sali, est caractérisé par un caractère *différent*, ou est une instance d'un universel *différent* ? Dans ce cas, par conséquent, la ressemblance semble être ultime et non dérivée, *non* dépendante de la présence d'un unique universel dans tous ces objets, même s'il est certain qu'ils se ressemblent.

Considérons un autre exemple. Deux sous peuvent être exactement semblables par leur forme. Si tel est effectivement le cas, on peut dire de manière plausible qu'exactement le même caractère, la rondeur, est présent dans chacun d'eux, et que leur ressemblance dépend de cette présence. Mais qu'en est-il d'un

---

1. Voir *supra*, p. 97.

sou et d'une pièce de six pence ? Ils *sont* certainement semblables
par la forme ; mais pas exactement, puisque la pièce de six
pence a une tranche striée et le sou une tranche lisse. Il semblerait
donc qu'ici encore, aucun caractère *unique* n'est présent dans
chacun d'eux, dont la ressemblance pourrait dépendre. Cette
ressemblance semble être encore une fois ultime et non dérivée.

Ainsi la philosophie des universaux, quand elle fait de toute
ressemblance une ressemblance dérivée, paraît oublier que les
ressemblances possèdent des degrés d'intensité. La ressemblance est traitée comme si elle n'avait pas de degré : soit
présente à son degré maximum, soit pas présente du tout. Dans la
pratique, le philosophe des universaux concentre son attention
sur les ressemblances *étroites*, et détourne son attention de la
circonstance embarrassante que peu d'entre elles sont exactes ; et
les ressemblances d'un degré moindre que celles-ci (les ressemblances faibles ou modérées, pas assez intenses pour être
appelées « étroites ») sont, tout simplement, négligées entièrement. Mais n'est-ce pas un fait d'une évidence aveuglante que
les ressemblances diffèrent effectivement en degré ou en
intensité ?

Puisqu'il en est ainsi, ne serons-nous pas enclins à *inverser*
cette relation de dépendance supposée entre « être semblable » et
« être caractérisé par » ? Sûrement, nous serons enclins à dire que
c'est la ressemblance qui est plus fondamentale que la caractérisation, plutôt que l'inverse. Nous serons, bien entendu, disposés
à continuer à utiliser des termes comme « caractère » et « caractérisé par » ; ils font partie du langage ordinaire, et tout le monde en
a une compréhension suffisante. Mais nous définirons « caractère » en termes de ressemblance, et non inversement. Là où il
arrive effectivement qu'un certain nombre d'objets se ressemblent exactement sous un rapport ou trois ou quinze, alors là
certes, et en conséquence, nous serons tout à fait disposés à dire
qu'ils ont un, ou trois, ou quinze « caractères en commun ». Mais

dans d'autres cas, là où la ressemblance est moins qu'exacte, nous ne serons pas disposés à dire une telle chose. Nous dirons simplement qu'ils se ressemblent à tel ou tel degré, et nous nous en tiendrons là. Le degré de ressemblance dans un ensemble donné d'objets est ce qu'il est. Contentons-nous d'accepter les faits comme nous les trouvons.

Tournons-nous pour un moment vers le côté épistémologique de la question : assurément, n'est-il pas évident que l'applicabilité des concepts *ne* requiert *pas* une ressemblance exacte dans les objets auxquels s'applique un concept ? Bien entendu, il doit effectivement y avoir un degré considérable de ressemblance entre tous les objets qui « satisfont » un concept donné. Comme nous disons, il doit y avoir entre eux une similitude suffisante, par exemple entre tous les objets auxquels s'applique le concept Blanc. Quel est le degré de similitude suffisant, et où se situe la frontière entre quelque chose qui tombe de justesse à l'intérieur de la sphère d'application du concept et quelque chose d'autre qui tombe de justesse à l'extérieur de celle-ci, sont des questions souvent difficilement décidables. Par exemple, on peut se demander si le nœud papillon *très* souillé est même blanc. Il est en effet difficile de voir comment une telle question peut recevoir une réponse définitive, du moins dans le cas de la blancheur et de plusieurs autres concepts familiers. La bonne manière de s'y attaquer est peut-être de refuser d'y répondre tant qu'elle se présente de cette façon. Peut-être devrions-nous plutôt dire qu'un concept peut être « satisfait » à bien des degrés divers ; ou, dans un langage plus proche du sens commun, qu'il y a de bonnes instances et de mauvaises instances, de meilleures et de pires, et certaines si mauvaises que la décision de les compter ou non au nombre des instances est arbitraire. Ainsi, le morceau de craie est une *meilleure* instance de la blancheur que ne l'est le mouchoir sali. La plaque de neige fraîchement tombée est une instance encore meilleure, peut-être une instance parfaite. Nous pouvons lui donner la note α (+). $\alpha\beta$ correspond donc à peu près à la note qu'il est convenable d'attribuer au morceau de craie, et nous donnerons au nœud papillon sale la note $\gamma(-)$, pour indiquer qu'il se situe juste à la frontière entre « reçu » et « échec ».

Il n'est pas facile de voir comment la doctrine des *universalia in rebus* peut faire une place à cette notion importante et familière des degrés d'instanciation. Mais le conceptualisme, qui constitue la contrepartie épistémologique de la philosophie ontologique des ressemblances, lui réserve une grande place. Nous devons ajouter, par souci d'équité, que la doctrine platonicienne des *universalia ante rem* lui ménage également une large place. En effet Platon, ou peut-être Socrate, fut le premier philosophe à remarquer qu'il existe des degrés d'instanciation. C'est l'un des points, et un point important, que le conceptualisme et le réalisme platonicien ont en commun [1].

Dans les quelques pages qui précèdent, j'ai traité des problèmes détectés par les philosophes de la ressemblance dans la philosophie des universaux. Mais la philosophie des ressemblances a aussi ses problèmes. Les plus importants d'entre eux ont trait à la ressemblance elle-même. J'en exposerai deux, ainsi que les solutions proposées pour y remédier. Le premier résulte de l'expression « ressemblance sous le rapport de… ».

Il est évident que nous devons distinguer entre *différentes* ressemblances. Les objets se ressemblent sous différents rapports, en même temps qu'à différents degrés. Les objets rouges se ressemblent sous un rapport, les objets ronds sous un autre rapport. Les membres d'une espèce naturelle, par exemple les

---

1. Dans le platonisme chrétien, où les « formes » transcendantes de Platon deviennent des concepts dans l'esprit de Dieu, les différences entre le réalisme platonicien et le conceptualisme sont encore davantage amenuisées, même si elles ne disparaissent pas complètement.

chats ou les chênes, se ressemblent sous plusieurs rapports en même temps. Par conséquent, il serait bien trop vague pour nous de dire que les objets rouges, par exemple, sont simplement un ensemble d'objets qui se ressemblent, ou se ressemblent suffisamment. Ceci ne permettrait pas de les distinguer des objets bleus, ou des objets ronds, ou de n'importe quelle autre classe d'objets que l'on désire mentionner. Nous devons spécifier de quelle ressemblance il s'agit. Les objets rouges sont ceux qui se ressemblent « sous un certain rapport ». Mais sous *quel* rapport ? Et parvenus à ce point, il semble que nous soyons forcés d'introduire à nouveau les universaux. Notre première réponse serait probablement qu'ils se ressemblent sous le rapport de la couleur ; et ceci ressemble fort à dire qu'ils sont tous des instances de l'universel Colorité. Ceci est déjà suffisamment problématique ; mais nous serons forcés d'aller plus loin, parce que nous n'en avons pas encore dit assez pour distinguer les objets rouges des bleus ou des verts. Pouvons-nous éviter de dire que les objets rouges sont simplement ces objets qui se ressemblent sous le rapport de la *rougeur* ? Et, dans ce cas, nous semblons admettre précisément le point que la philosophie des universaux se montre si désireuse de soutenir ; à savoir, que la ressemblance entre ces objets est après tout dérivée, dépendante de la présence d'un unique universel, la Rougeur, en chacun d'eux. Pour généraliser l'argument : à chaque fois que nous disons que A, B et C se ressemblent sous un certain rapport, nous nous ferons demander : « sous *quel* rapport » ? Et comment pouvons-nous répondre, excepté en disant « sous le rapport d'être des instances de l'universel ϕ » ou « sous le rapport d'être caractérisés par le caractère ϕ » ? Nous pouvons tenter de contourner le problème en disant qu'ils se ressemblent d'une certaine *manière* (en évitant le mot « rapport »), ou qu'il y a entre eux une certaine *sorte* de ressemblance. Mais lorsque nous sommes requis de spécifier de *quelle* manière ils se ressemblent entre eux, ou quelle sorte de ressemblance existe entre eux, n'est-il pas certain que nous devrons encore répondre en mentionnant tel ou tel universel ou tel ou tel caractère ? « Les objets rouges se ressemblent d'une manière qui leur est propre, consistant en ce que tous sont des instances de l'universel Rougeur, ou tous sont caractérisés par le caractère Rougeur ».

C'est l'une des objections classiques à la philosophie des ressemblances. L'argument vise à montrer qu'après tout la ressemblance n'est pas ultime ou non dérivée, mais qu'elle dépend de la présence d'un universel commun ou d'un caractère commun aux choses qui se ressemblent. Quelque chose dans cette objection éveille nos soupçons. Elle se rapproche dange-reusement de la tautologie « les choses rouges sont les choses qui sont rouges ». Les philosophes de la ressemblance n'ont pas cherché à nier cette tautologie. Ils ne nient pas que *x est rouge* implique *x est rouge*. Ils sont seulement préoccupés de fournir une analyse de *x est rouge*.

Considérons à présent la réponse qu'ils seraient susceptibles de faire à cette fameuse objection. En gros, elle consiste à substituer « ressemblance *envers* ... » à « ressemblance sous le rapport de ... ». Ressemblance envers quoi ? Envers certains objets standard, ou *exemplaires* comme je les appellerai – certains objets rouges standard, ou objets ronds standard, etc., suivant le cas.

Les deux parties s'entendent sur le fait qu'il y a une *classe* d'objets rouges. La question est : quelle sorte de structure une classe a-t-elle ? C'est là où les deux doctrines diffèrent. Selon la philosophie des universaux, une classe est pour ainsi dire un assemblage désordonné ou égalitaire. Tous ses membres ont, en quelque sorte, le même statut à l'intérieur de celle-ci. Tous sont des instances du même universel, et rien de plus ne peut être dit. Mais dans la philosophie des ressemblances, une classe a une structure plus complexe ; non pas égalitaire, mais aristocratique.

Chaque classe possède, en quelque sorte, un noyau, un cercle intime de membres-clés, consistant en un petit groupe d'objets standard ou d'exemplaires. Les exemplaires pour la classe des choses rouges peuvent être une certaine tomate, une certaine brique et une certaine boîte aux lettres britannique. Appelons-les A, B et C pour faire court. Un objet rouge est donc tout objet qui ressemble à A, B et C aussi étroitement que ceux-ci se ressemblent entre eux. La ressemblance entre les exemplaires n'a pas elle-même besoin d'être très étroite, bien qu'elle soit bien évidemment plutôt étroite dans l'exemple qui vient d'être donné. Il est seulement requis que chaque membre de la classe doive ressembler aux exemplaires-de-classe *aussi* étroitement qu'ils se ressemblent entre eux. Ainsi, les exemplaires pour une classe peuvent être un ciel d'été, un citron, une boîte aux lettres, et une pelouse. Ces choses se ressemblent entre elles, quoique pas très étroitement. Il existe, par conséquent, une classe comprenant tout ce qui ressemble à ces quatre entités *aussi* étroitement que celles-ci se ressemblent entre elles. C'est la classe des choses colorées, alors que la classe précédente était la classe des choses rouges.

On pourrait penser qu'il se trouve encore une difficulté concernant la ressemblance entre les objets exemplaires eux-mêmes. Sous *quel rapport* la tomate, la brique et la boîte aux lettres se ressemblent-elles entre elles ? N'est-il pas certain que cette question continue à se poser, même si elle ne se pose pas au sujet des autres membres de la classe ? Et comment peut-on y répondre, excepté en disant que ces trois objets se ressemblent sous le rapport d'être rouges, ou d'être caractérisés par la rougeur ?

Mais cette réponse présuppose que nous sachions à l'avance ce qu'est « être rouge », ou ce que signifie « être caractérisé par la rougeur ». Et ceci constitue une pétition de principe contre la philosophie de la ressemblance. Les philosophes de la ressemblance soutiennent que notre connaissance de ce que c'est pour quelque chose d'être rouge consiste simplement en la capacité de comparer tout objet particulier X avec certains objets standard, et de découvrir par ce moyen si X ressemble ou ne ressemble pas à ces objets standard aussi étroitement qu'ils se ressemblent entre eux. Il ne fait pas sens de parler de comparer les objets standard *avec eux-mêmes*, ou de demander si *eux* se ressemblent entre eux aussi étroitement qu'ils se ressemblent entre eux. Pourtant, c'est justement ce qu'il nous faudrait essayer de faire, si nous cherchions à dire « sous quel rapport » ils sont semblables. Dire qu'*eux* sont rouges, ou sont caractérisés par la rougeur, ne serait pas un énoncé informatif, mais une tautologie.

L'objection attire cependant notre attention sur un point important. Selon la philosophie des ressemblances, il ne peut y avoir une classe sans qu'il y ait des objets exemplaires pour en assurer la cohésion. Néanmoins, la même classe peut comprendre des ensembles d'exemplaires *alternatifs*. La classe des choses rouges, avons-nous dit, consiste en tout ce qui ressemble à la boîte aux lettres, à la tomate et à la brique aussi étroitement que celles-ci se ressemblent entre elles. Elle pourrait également être dite consister en tout ce qui ressemble à un certain morceau de cire à cacheter, à un certain visage rougissant et à un certain coucher de soleil aussi étroitement que *ceux-ci* se ressemblent entre eux. Dans ce cas, il fait effectivement sens de demander si la boîte aux lettres, la tomate et la brique sont rouges, ou sont caractérisées par la rougeur. Et la réponse : « Oui, elles le sont », n'est plus à présent tautologique. Nous n'essayons plus, absurde-ment, de les comparer avec elles-mêmes. Nous les comparons avec trois autres choses, et nous découvrons qu'elles ont effecti-vement toutes un degré de ressemblance suffisant avec ces autres choses. Mais parce qu'il y a (dans une certaine limite) des ensem-bles d'objets standard alternatifs pour une même classe, nous sommes amenés à supposer, faussement, qu'une classe peut exister sans objet standard aucun. Tel ou tel ensemble d'objets standard peut être destitué de sa position privilégiée sans détruire l'unité de la classe ; et nous supposons dès lors, par un procédé de généralisation illégitime, que la classe demeurerait quand même ce qu'elle est si tout privilège était entièrement aboli. Il doit y avoir *un* ensemble d'objets standard pour chaque classe, même si dans certaines limites il n'importe pas que tel ensemble d'objets possède ce statut plutôt qu'un autre.

Dans la philosophie des ressemblances, donc, aussi bien que dans la philosophie des universaux, il doit y avoir après tout quelque chose qui assure la cohésion de la classe, si on peut l'exprimer ainsi. Là où les deux philosophies diffèrent est dans leur conception de ce qu'est ce quelque chose. Dans la philosophie des universaux, ce qui assure la cohésion d'une classe est un universel, c'est-à-dire quelque chose qui appartient à un type ontologique différent de celui des membres. Dans la philosophie des ressemblances il n'est pas question de types ontologiques différents. Il y a seulement des objets particuliers, et il n'y a rien de « non-particulier » qui soit « en » eux, à la manière dont un universel est supposé être « dans » les particuliers qui sont ses instances. Ce qui assure la cohésion de la classe est un ensemble de membres nucléaires ou standard. Tout ce qui a un degré suffisant de ressemblance avec ceux-ci est par ce fait même un membre de la classe ; et « ressembler à ceux-ci de manière suffisante » veut dire « ressembler à ceux-ci aussi étroitement que ceux-ci se ressemblent entre eux ».

Ou encore, pour nous tourner un moment vers des considérations épistémologiques, c'est leur relation aux objets standard ou exemplaires qui permet à tous ces objets de satisfaire le même concept, par exemple le concept Rouge, et qui permet pareillement au même mot ou à un autre symbole, par exemple le mot « rouge », de s'appliquer à tous ces objets. Mais nous anticipons. La philosophie des ressemblances est une doctrine *ontologique*, bien qu'elle puisse être utilisée comme point de départ pour certaines théories épistémologiques (conceptualisme, imagisme et nominalisme), tout comme la philosophie des universaux peut être utilisée comme point de départ de l'épistémologie réaliste. La philosophie des ressemblances, si tant est qu'elle soit vraie, aurait pu être vraie quand bien même il n'y aurait eu aucun penseur ni aucun locuteur. Il se trouve qu'il y a des penseurs et aussi des locuteurs. Mais il peut y avoir de nombreuses classes dans le monde, qui existent effectivement (parce que les ressemblances requises se trouvent effectivement être là), bien qu'aucun esprit ne se soit trouvé avoir formé les concepts-de-classe correspondants, et qu'aucun locuteur n'ait acquis l'habitude d'utiliser les symboles-de-classe correspondants. Par conséquent, il n'y a rien de subjectiviste ni d'anthropocentrique dans la philosophie des ressemblances. Celle-ci nie qu'il y ait des universaux *in rebus*, mais elle affirme qu'il y a des ressemblances *inter res*. Certains objets sont véritablement aussi semblables aux objets A, B et C que ceux-ci le sont entre eux, que quelqu'un remarque ou non le fait. Connue ou non, exprimée ou non, la relation est là; tout comme dans la philosophie des universaux les objets sont des instances d'universaux qu'ils soient connus comme tels ou non. Sous ce rapport, ces philosophies sont toutes deux également « réalistes ».

Nous devons maintenant nous tourner vers la seconde des objections classiques adressées à la philosophie des ressemblances, une objection tellement familière que l'on peut presque la qualifier de célèbre. Elle concerne la ressemblance en tant que telle. N'est-il pas certain que la ressemblance est elle-même un universel, présent dans de nombreuses paires ou groupes d'objets ressemblants? Il s'agit, bien entendu, d'un universel de relation. Ses instances ne sont pas des objets individuels pris séparément, mais des complexes, et chacun de ces complexes est composé de deux objets ou plus. Dans leur tentative de se

« débarrasser des universaux », les philosophes de la ressemblance semblent concentrer leur attention sur les universaux de *qualité* (par exemple la rougeur, la couleur, la forme) et ne parlent que peu ou pas du tout des universaux de relation. D'où leur échec à remarquer que la ressemblance est elle-même un universel de cette sorte. Mais si nous sommes obligés d'admettre que la ressemblance, à tout le moins, est un authentique universel, une relation qui réapparaît littéralement dans plusieurs situations ou plusieurs complexes différents, quel motif avons-nous de nier qu'il existe également d'autres *universalia in rebus* ?

Il peut sembler audacieux de remettre en cause cet argument formidable, qui a convaincu nombre de gens illustres. Mais est-il aussi fort qu'il le paraît ? Les philosophes de la ressemblance peuvent très bien rétorquer que cet argument est circulaire eu égard à la question en jeu, qu'il présuppose simplement ce qu'il entend prouver. Car après tout, quelle est la raison donnée pour étayer l'affirmation cruciale selon laquelle la ressemblance est un universel ? Apparemment aucune. Il n'est pas suffisant de simplement dire « assurément, la ressemblance, à tout le moins, est un universel ». Une raison peut-elle être fournie ? Nous pourrions peut-être essayer d'en trouver une en considérant d'abord le côté linguistique de la question. Le mot « ressemblance », pourrions-nous dire, est un mot *abstrait*, comme les mots « rougeur » et « proximité » ; par conséquent, il doit représenter un universel ou un caractère (relationnel, bien entendu). Mais si c'est là l'argument, il paraît circulaire. Car si l'on décide de partir d'un point de vue linguistique, la question même qui est en jeu consiste à savoir si les mots abstraits et les termes généraux représentent effectivement des universaux. Et si l'argument doit s'avérer convaincant, il doit s'agir d'un argument à propos du nom « ressemblance » en particulier, ou à propos du verbe « ressembler » en particulier. La démonstration doit nous être faite qu'il est spécialement évident, d'une façon ou d'une autre, que *ce* mot (ou cette paire de mots) à tout le moins représente un universel, même si cela peut s'avérer moins évident en ce qui concerne les autres termes généraux.

Il sera peut-être allégué que l'évidence spéciale consiste en ceci, que même ceux qui essaient de se débarrasser des universaux doivent utiliser au moins *ce* terme général, ou des termes généraux équivalents comme « similaire » ou « semblable ». Certes, on ne peut parler dans un langage entièrement composé de noms propres et de démonstratifs. On ne peut rien dire du tout sans utiliser certains termes généraux. En tant qu'observation sur la nature du langage, ceci est parfaitement indiscutable. Mais la question est de savoir quelles sont les implications de cette observation. S'ensuit-il que parce que nous devons utiliser des termes généraux, il y ait par conséquent quelque chose de général *in rerum natura* que ces termes représentent ? C'est précisément le point en question. On ne peut simplement présumer que la réponse est : « oui ». Bien sûr, la philosophie des ressemblances reconnaît que nous utilisons effectivement des termes généraux, et qu'en tant que locuteurs nous ne pouvons éviter de les utiliser. Elle ne nie pas du tout ce fait. Mais elle nie la conclusion que la philosophie des universaux en tire – à savoir que, parce que nous utilisons des termes généraux, il doit exister *quelque chose de général* (des universaux) que ces termes signifient. Quelque chose a-t-il été fait pour montrer que la philosophie des ressemblances est ici dans son tort ? Rien du tout. La philosophie des universaux a simplement réitéré encore une fois le principe qui est à prouver, le principe que chaque terme général représente un universel ; en ajoutant – ce qui est évident – que *si* ce principe est vrai, le mot « ressemblance » en est une illustration. Bien sûr. Mais le principe *est-il* vrai ?

Si le philosophe des ressemblances est requis d'expliquer comment le terme général « ressemblance » est utilisé, ou quelle sorte de signification il a, il fera vraisemblablement remarquer qu'il y a des ressemblances de *différents ordres*. Deux chats, A et B, se ressemblent entre eux, et deux sons, C et D, se ressemblent aussi entre eux. Ces ressemblances sont des ressemblances de premier ordre. Mais il est également vrai que la situation des deux chats ressemble à la situation des deux sons, et ressemble aussi à plusieurs autres situations. Cette ressemblance est une ressemblance de second ordre. La situation A-B et la situation C-D sont en fait similaires, même si les constituants de l'une diffèrent des constituants de l'autre. En vertu de cette similitude de second ordre (une similitude *entre* similitudes de situations), nous pouvons appliquer le même terme général aux deux cas ; et le mot que nous nous trouvons à utiliser pour ce faire est le mot « ressemblance », dans un sens de second ordre. Il n'y a rien de fautif ni d'inintelligible dans la notion de ressemblance de second ordre. Ou si un tel reproche est formulé, nous pouvons répliquer avec l'argument *tu quoque* que l'universalité doit elle-même être un universel. Quand il est dit que « la félinité est un universel », le mot « universel » est lui-même un terme général, tout comme l'est « chat » quand nous disons « Minet est un chat ». Il doit donc y avoir d'après la philosophie des universaux un universel appelé « universalité » Et si c'est un universel, l'universalité doit par conséquent être une instance d'elle-même. Mais ceci est une contradiction. Car selon cette philosophie, tout ce qui est une *instance* d'un universel est *ipso facto* un particulier, et non un universel. Pour surmonter cette difficulté, la philosophie des universaux doit elle aussi introduire la notion de « différents ordres ». Le mot « universel », est-elle forcée de dire, représente un universel de second ordre, alors que « vert » ou « chat » ou « dans » représentent des universaux de premier ordre. Ceci équivaut à dire que l'expression « un universel », ou la fonction propositionnelle « ϕ est un universel », peuvent apparaître seulement dans un métalangage.

Ceci suggère une autre manière pour la philosophie des ressemblances de répondre à l'objection que « la ressemblance est elle-même un universel ». L'objection présuppose que la ressemblance est simplement une relation parmi d'autres : une relation du même type qu'« au-dessus de », ou « près de », ou « côte à côte avec ». Mais selon la philosophie des ressemblances, la ressemblance n'est pas simplement une relation parmi d'autres. En effet, d'après cette philosophie, il serait trompeur de même l'appeler « une relation ». La ressemblance est trop fondamentale pour être appelée ainsi. Car ce que nous appelons *ordinairement* « relations » (comme aussi ce que nous appelons « qualités ») sont elles-mêmes fondées sur des ressemblances, ou analysables en termes de ressemblances. Par exemple, la relation « être à l'intérieur de » est fondée sur la ressemblance entre le complexe Jonas-baleine, le complexe pièce-maison, le complexe allumette-boîte d'allumettes, etc. Qui plus est, la philosophie des universaux elle-même ne soutient pas vraiment que la ressemblance soit simplement une relation parmi d'autres, et en prétendant qu'elle l'est, elle abandonne l'un de ses propres principes fondamentaux ; en effet, elle abandonne le principe même que cet argument (selon lequel « la ressemblance est elle-même un universel ») est au bout du compte destiné à établir, à savoir le principe que toute ressemblance est dérivée. Dans la philosophie des universaux elle-même, la ressemblance a un statut tout à fait différent de celui de relations comme « côte à côte avec » ou « au-dessus de ». Ressembler est lié à *être une instance de* ... d'une manière dont les relations ordinaires ne le sont pas. Quand A ressemble à B et C, ceci est censé être une conséquence directe du fait que A, B et C sont tous des instances du même universel ; et cela non seulement quand A, B et C sont des objets individuels (auquel cas l'universel est un universel de qualité), mais également quand ils sont des complexes, de sorte que l'universel dont ils sont les instances est un universel de relation, comme «être à l'intérieur de». Si la ressemblance, dans la philosophie des universaux, doit même être appelée une relation, c'est une relation d'une sorte très spéciale, tout à fait différente de tout ce à quoi le mot «relation» est appliqué *ordinairement*. Nous devrions dire que c'est une relation «formelle» ou «métaphysique» (par opposition à une relation «naturelle» ou empirique), tout comme l'est la relation d'instanciation, si celle-ci peut même être appelée une relation.

C'en est assez pour ce qui regarde la réponse que la philosophie des ressemblances peut faire à l'argument célèbre selon lequel «la ressemblance est elle-même un universel». Premièrement, il peut être objecté que l'argument est circulaire, en présupposant simplement (ce qu'il lui faudrait prouver) que parce que «ressemblance» est effectivement un terme général, celui-ci doit représenter un universel. Deuxièmement, l'argument néglige le fait qu'il y a des ressemblances de différents ordres. Troisièmement, il traite la ressemblance comme une relation parmi d'autres, en principe analogue à «côte à côte avec» ou «au-dessus de», alors que la philosophie des ressemblances soutient qu'elle est trop fondamentale pour même être appelée une relation, au sens ordinaire du mot «relation». Quatrièmement, la philosophie des universaux elle-même reconnaît, à sa manière, que la ressemblance n'a *pas* le même statut que les autres relations, en dépit du fait qu'elle soutienne le contraire dans cet argument.

La philosophie des ressemblances a ainsi une réponse à opposer à ces deux objections classiques, celle qui a trait à «la ressemblance sous le rapport de» et celle que nous venons tout juste d'exposer, «que la ressemblance est elle-même un universel». Mais la philosophie des universaux a aussi une réponse à l'objection concernant les ressemblances inexactes, ainsi qu'au reproche d'ignorer les différents degrés d'intensité que les ressemblances peuvent avoir[1]. Nous devons examiner cette réponse si nous entendons faire justice aux deux parties.

La première étape est de distinguer entre caractères *déterminables* et *déterminés*. Les universaux ou les caractères, dit-on, ont différents degrés de détermination. Les adjectifs « déterminable » et « déterminé » sont trop fondamentaux pour être définis. Mais leur signification peut être illustrée. Ainsi le caractère d'être coloré est un déterminable, et le caractère d'être rouge est un déterminé de celui-ci. Être rouge est à son tour un sous-déterminable, ayant sous lui les déterminés être écarlate, être rouge brique, être rouge cerise, etc.. Être un mammifère est de même un caractère déterminable, cette fois fort complexe. Il y a plusieurs manières différentes d'être un mammifère. Être un chien, être une baleine, être un homme sont quelques-uns des déterminés de ce déterminable.

Or à chaque fois que deux objets se ressemblent entre eux avec une intensité moindre que maximale (c'est-à-dire à chaque fois qu'ils ont entre eux ce qui a été appelé une ressemblance « inexacte »), nous pouvons toujours dire que le même caractère *déterminable* les caractérise tous les deux, mais pas le même caractère déterminé. Deux objets peuvent avoir chacun une teinte différente de rouge. A est écarlate, et B est rouge brique. Ils se ressemblent entre eux assez étroitement, mais d'une manière qui est loin d'être exacte. La raison en est que le rouge lui-même est un caractère déterminable, un sous-déterminable tombant sous le déterminable supérieur couleur. Les deux objets ont effectivement ce caractère déterminable en commun, bien que chacun d'eux en possède une forme déterminée différente. Nous pouvons par conséquent continuer à soutenir que cette

1. Voir *supra*, p. 97-104.

ressemblance, quoiqu'inexacte, est dérivée, dépendante de la présence du même universel déterminable dans les deux objets.

Appliquons ces considérations aux deux exemples donnés aux pages 97 et 101. (1) les différents objets blancs ; (2) le sou et la pièce de six pence. Il peut à présent être soutenu que tous mes différents objets blancs – de la neige fraîchement tombée à une extrémité de la série jusqu'au nœud papillon sale à l'autre extrémité – ont effectivement un caractère *déterminable* en commun ; bien que « blanchâtre », plutôt que blanc, soit le terme approprié pour le décrire. « Blanc » peut être pris pour signifier blanc pur. Et blanc pur est seulement un déterminé du déterminable *blanchâtre*. Nous ne devrions certainement pas dire que tous les objets dans cette série sont blanc pur. Au plus, seule la neige fraîchement tombée est blanc pur, mais pas le morceau de craie, ni le bout de papier passablement maculé, ni le mouchoir plutôt sale, ni le nœud papillon très sale. Mais nous devrions reconnaître que tous ces objets sont « blanchâtres ».

Considérons à présent mon autre exemple, le sou et la pièce de six pence, qui se ressemblent par la forme, mais inexactement. Le sou avec sa tranche lisse et la pièce de six pence avec sa tranche striée (légèrement dentelée) ont des formes déterminées différentes. Comment se fait-il, dès lors, qu'ils se ressemblent malgré tout par la forme, quoiqu'inexactement, et que tous les deux soient appelés des « pièces de monnaie rondes » dans le parler ordinaire ? Parce que la même forme *déterminable* – nous pourrions la nommer de manière plus appropriée « rondâtre » – les caractérise tous les deux ; et elle caractérise également de nombreuses autres choses, par exemple des roues de bicyclette légèrement gondolées, des roues dentées aux dents pas trop larges, qui se ressemblent entre elles bien moins étroitement que le sou et la pièce de six pence ne le font.

Grâce à cet expédient, la philosophie des universaux peut maintenir sa thèse selon laquelle toutes les ressemblances, y compris les ressemblances inexactes, sont dérivées, et non pas ultimes, comme la philosophie des ressemblances voudrait qu'elles le soient. La ressemblance inexacte, sommes-nous conviés à dire, dépend ou est dérivée de la présence du même caractère *déterminable* dans un certain nombre d'objets; la ressemblance exacte (la ressemblance d'intensité maximale) dépend du fait qu'ils soient ou non caractérisés par le même caractère *déterminé*.

Peut-être ceci nous permettra-t-il également de nous passer de la notion de « degrés d'instanciation » mentionnée à la page 104 ci-dessus. Il n'était pas facile de voir ce que pouvait signifier, dans la philosophie des *universalia in rebus*, l'affirmation qu'un objet est une *meilleure* instance de tel ou tel universel qu'un autre, même si cette notion s'intègre assez bien dans la théorie platonicienne des *universalia ante rem*, de même que dans le conceptualisme. Il pourrait peut-être être suggéré à présent que les déterminés de certains déterminables, comme « blanchâtre », « rondâtre », sont ordonnés sériellement. Ainsi, les divers déterminés du blanchâtre qui caractérisent la plaque de neige, le morceau de craie, le papier, etc., peuvent être arrangés dans une série en commençant par le « blanc pur ». Après celui-ci vient le « blanc presque pur » (la couleur du morceau de craie), puis « plus loin du blanc pur » et puis « encore plus loin du blanc pur », jusqu'à ce nous arrivions à un caractère qui est aussi éloigné du blanc pur qu'il peut l'être sans cesser tout à fait d'être un déterminé du blanchâtre. Le système de notation ($\alpha+$, $\alpha-$, α, $\beta+$, etc.) que nous avions proposé pour attribuer aux instances la mention « bon » ou « mauvais » peut être utilisé à nouveau : seulement, il est appliqué cette fois-ci, non aux objets eux-mêmes, mais aux caractères déterminés par lesquels ils sont respectivement caractérisés.

Par conséquent, cette objection à la philosophie des universaux, selon laquelle elle ne peut faire place aux ressemblances inexactes (les ressemblances d'une intensité moindre que maximale), s'avère en définitive non décisive, malgré son apparence de prime abord si convaincante. Les faits sur lesquels cet argument attire notre attention sont bien entendu parfaitement authentiques, en même temps qu'importants. C'est par exemple un fait important concernant le langage que la plupart de nos termes généraux s'appliquent à des ensembles d'objets qui se ressemblent entre eux inexactement; et c'est un fait important concernant la pensée que les divers objets qui « satisfont » un concept donné, par exemple le concept de CORBEAU, n'ont pas besoin d'être exactement semblables. Néanmoins, cet argument ne réfute absolument pas la philosophie des universaux, comme il est souvent supposé le faire. Tout ce qu'il fait est d'indiquer ce qui manquait dans notre première formulation, assez rudimentaire, de cette philosophie. La philosophie des universaux serait certainement tout à fait inutilisable *sans* la distinction entre universaux déterminables et déterminés. La doctrine selon laquelle les universaux ou les caractères ont différents degrés de détermination est une partie indispensable de cette philosophie. Mais la distinction entre déterminables et déterminés est parfaitement consistante avec l'affirmation qu'il y a des caractères récurrents dans le monde, et avec la doctrine associée selon laquelle les ressemblances sont dérivées plutôt qu'ultimes. Il pourrait être en effet soutenu que le fait que les caractères récurrents diffèrent dans leur degré de détermination est aussi évident que le fait de la récurrence elle-même.

Il vaut la peine en terminant de répéter que les expressions « ressemblance inexacte » et « pas exactement semblable » sont parfois utilisées d'une autre manière, pour signifier la ressemblance *incomplète* ou *partielle*. Si A et B sont étroitement semblables sous un grand nombre de rapports, mais différents ou non étroitement semblables sous un ou deux rapports, nous disons parfois qu'ils sont très semblables mais pas exactement semblables. Par exemple, nous remarquons souvent, au sein de la même espèce d'oiseaux, de légères différences de taille ou de couleur entre deux spécimens, même s'ils se ressemblent étroitement de plusieurs manières. Il est évident que si l'expression « ressemblance exacte » est utilisée en *ce* sens, la philosophie des universaux n'a absolument aucun problème concernant les ressemblances inexactes. Nous n'avons qu'à dire que plusieurs universaux sont communs aux deux oiseaux, ou réapparaissent en chacun d'eux ; et que, par conséquent, les deux individus se ressemblent sous de nombreux rapports. Nous ajoutons ensuite que l'oiseau A est aussi une instance d'un certain universel ϕ, tandis que B n'est pas une instance de celui-ci, mais d'un certain autre universel ψ, et qu'il y a par conséquent un rapport sous lequel A et B ne sont *pas* semblables. (Il peut s'avérer, bien entendu, et dans cet exemple ce sera presque certainement le cas, que bien que ϕ et ψ soient des universaux déterminés différents, ils sont des déterminés du même universel déterminable, disons « tacheté »). Il ne faut pas oublier que chaque objet individuel est une instance de plusieurs universaux en même temps, et souvent d'un grand nombre en même temps. Lorsque nous le comparons avec un autre objet, nous pouvons découvrir facilement que certains universaux sont communs aux deux, tandis que d'autres universaux ne le sont pas. Ce serait une étrange mécompréhension de la philosophie des universaux de supposer que, dans cette philosophie, chaque particulier est censé être une instance de seulement *un* universel. Quand nous disons que quelque chose est un chat, nous disons que c'est une instance de plusieurs universaux conjointement, et pas uniquement d'un seul.

Notre exposé a été long et compliqué. Quelle conclusion devons-nous en tirer ? Il semblerait que ces deux philosophies, la philosophie des universaux ou des caractères (*universalia in rebus*[1]) d'une part, et la philosophie des ressemblances ultimes d'autre part, se valent l'une l'autre. En tout cas, il semblerait qu'elles se valent aussi longtemps qu'elles sont considérées comme des doctrines purement ontologiques, ce qui est la façon dont nous les avons considérées dans ce chapitre. Les deux semblent rendre compte des faits, quoique seulement lorsqu'elles sont formulées chacune avec suffisamment de soin. Qui plus est, elles rendent compte toutes les deux des *mêmes* faits. Ceci suggère fortement que ces deux doctrines constituent deux terminologies différentes (systématiquement différentes), deux manières systématiquement différentes de dire la même chose. Il ne s'ensuit pas que l'une et l'autre ne soient que futilités pompeuses et compliquées. Au contraire, la chose qu'elles expriment toutes les deux est de première importance, et nous avons effectivement besoin d'une manière de l'exprimer. Les efforts accomplis par chacune des parties afin de nous fournir une terminologie systématique pour l'exprimer n'ont pas été une perte de temps. Car s'il n'y avait aucun caractère récurrent, *ou* aucune ressemblance entre objets différents – quelle que soit la façon dont vous choisissiez de l'exprimer – il ne pourrait y avoir aucune connaissance conceptuelle, ni aucun usage de symboles généraux.

Mais s'il y a seulement une différence (systématique) de terminologie entre ces deux philosophies, être familier avec les deux est une bonne chose. Chacune d'entre elles peut présenter des particularités trompeuses ; aussi, quand nous risquons d'être induits en erreur par l'une d'entre elles, nous pouvons nous soustraire à ce danger en adoptant l'autre.

---

1. Il vaut peut-être la peine de rappeler au lecteur que l'expression « la philosophie des universaux », telle qu'elle a été utilisée dans ce chapitre, n'est *pas* entendue au sens de la doctrine platonicienne des *universalia ante rem*.

Le danger de la terminologie des universaux a déjà été exposé. Si nous ne sommes capables de philosopher qu'en employant cette terminologie, nous pouvons être amenés à considérer les universaux comme des *choses* ou des *entités*. Nous diminuons ce danger en utilisant à la place le terme « caractère »; ou en utilisant des expressions comme « être rouge », « être un chat », « être côte à côte avec… », plutôt que des substantifs comme « rougeur », « félinité », « contiguïté », qui ressemblent effectivement à des *noms* pour des entités; ou en utilisant la notation des fonctions propositionnelles, ϕx, $x\,\mathrm{R}\,y$, $\mathrm{R}\,(x, y, z)$, etc., où « x », « y » et « z » sont des variables. Mais peut-être n'évitons-nous pas complètement le danger, en particulier quand nous faisons des énoncés très généraux, comme nous sommes forcés de le faire en philosophie; par exemple, « les caractères sont divisés en deux sortes, qualités et relations », ou même « le caractère d'être rouge implique le caractère d'être coloré ». De tels énoncés peuvent nous induire en erreur, en nous conduisant à supposer qu'« il y a » des caractères au sens où « il y a » des chiens ou des planètes.

Nous pouvons éviter ces dangers en adoptant la terminologie des ressemblances, et en nous souvenant que tout ce qui peut être dit dans le langage des universaux ou des caractères peut aussi être dit (bien que de manière habituellement moins élégante) dans le langage des ressemblances.

Peut-être y a-t-il encore un autre danger. La philosophie des universaux peut tendre à nous faire penser que le monde est un endroit plus net et plus ordonné qu'il ne l'est. Est-il permis de le dire, il y a parfois chez ses adeptes un certain air d'infaillibilité ou d'omnicompétence, comme si la structure de base de l'univers était pour eux parfaitement claire, et que seuls quelques détails sans grande importance restaient à régler. La philosophie des ressemblances nous délivre de ce danger, en nous rappelant que la plupart des ressemblances auxquelles nous pensons et dont nous parlons ne sont absolument pas des ressemblances exactes. Ceci redonne à la pensée et au langage humain ce flou ou cette imprécision, cette absence de frontières rigides et fermes, qui leur sont propres, et qui sont même d'une certaine manière propres au monde lui-même.

D'un autre côté, la terminologie des ressemblances a aussi ses défauts. Elle est lourde, compliquée et difficile à manier. Qui plus est, elle a tendance à nous rendre trop préoccupés de l'inexactitude des ressemblances; et nous pouvons par conséquent en venir à oublier le fait extrêmement important qu'après tout elles *sont* des ressemblances, et que quelques-unes d'entre elles sont même fort étroites. Il y a une chose telle qu'accorder trop d'attention aux « cas marginaux ». Leur prêter attention est une vertu philosophique, mais s'en préoccuper exclusivement est un vice philosophique. Si tel est notre penchant, nous pouvons y échapper en adoptant la terminologie des universaux. Dans cette terminologie, souvenons-nous, il y a des caractères déterminables et pas seulement des caractères déterminés; de telle sorte que, même là où les objets se ressemblent entre eux inexactement, il y a toujours *récurrence*.

KEITH CAMPBELL

LE PROBLÈME DES UNIVERSAUX *

Le problème des universaux est un titre qui, bien qu'il corresponde au nom traditionnel de l'un des problèmes classiques de la philosophie, n'est pas très heureux. Car le problème auquel nous nous trouvons à présent confrontés serait mieux décrit comme celui de savoir s'il y a des universaux, ou même celui de montrer qu'il n'y en a pas en fait. La philosophie des tropes, en effet, est particulariste. Elle souscrit à la thèse de Locke selon laquelle toutes les choses sont toujours et seulement particulières. Elle nie qu'il y ait des éléments communs au sens littéral du terme présents dans tous les membres d'un groupe de particuliers ressemblants.

Certains auteurs rangent sous l'étiquette « nominaliste » tout rejet des universaux, mais cette pratique a pour effet de brouiller une distinction pourtant cruciale : les nominalismes ordinaires, en niant l'existence des universaux, nient l'existence des *propriétés*, excepté peut-être en tant qu'ombres de prédicats ou de classifications. Ils reconnaissent seulement les particuliers concrets et les ensembles : chez Quine, les points spatio-temporels sont également reconnus ; chez Goodman, en revanche, les

---

* Keith Campbell, *Abstract Particulars*, Oxford, Blackwell, 1990, p. 27-45. Traduction de Anne-Marie Boisvert et Claude Panaccio.

ensembles ne le sont même pas, et encore moins les propriétés[1].
Mais la théorie des tropes *affirme* de manière catégorique
l'existence des propriétés (qualités et relations). Elle soutient en
effet que *rien* n'existe *hormis* les propriétés (ou rien hormis les
propriétés et l'espace-temps). Elle insiste cependant sur le fait
que ces propriétés ne sont pas des universaux mais, au contraire,
des particuliers dont l'occurrence est unique et bien circonscrite.

Mise en place du problème

Les universaux sont introduits dans les analyses
ontologiques comme la seule manière, ou du moins la meilleure,
de résoudre un problème manifeste : celui d'expliquer la ressemblance entre les choses dans le monde, d'expliquer la récurrence
de caractères répétés.

Le monde n'est pas un chaos, où chaque aspect, à chaque
minute, serait doté d'un caractère unique. Il n'est pas non plus un
magma indifférencié. Le monde est un cosmos diversifié et
ordonné présentant des motifs récurrents.

Aucune ontologie sérieuse ne peut éluder ce fait très général ;
et aucune ontologie sérieuse ne peut éviter d'en proposer
une analyse de son cru. Ainsi les universaux sont-ils présentés
comme la solution à la question suivante : qu'est-ce qui, dans
la structure ontique de la réalité, permet d'expliquer ces cas
de ressemblance ordonnée à travers l'espace et de récurrence
à travers le temps que nous rencontrons régulièrement ? La
réponse donnée à cette question va comme suit : les objets
ressemblants, au moins dans les cas fondamentaux, se ressemblent les uns les autres en vertu de la présence dans tous ces

---

1. W. V. O. Quine, *Word and Object*, Massachusetts, Massachusetts Institute
of Technology and John Wiley, 1960, trad. fr., *Le mot et la chose*, Paris, Champs-
Flammarion, 1999 ; Nelson Goodman, *The Structure of Appearance*, 2ᵉ éd.,
Indianapolis, Bobbs-Merrill, 1966, trad. fr. coordonnée par J.-B. Rauzy, *La
Structure de l'apparence*, Paris, Vrin, 2004.

objets d'*exactement le même élément*, à savoir une propriété universelle, conférant à chacun d'eux cet aspect de leur nature sous lequel ils se ressemblent les uns les autres.

Cette question est d'abord exclusivement ontologique. Elle concerne les objets dans le monde et les propriétés qui leur sont communes. Le problème des universaux est une question sémantique seulement en second lieu. Il y a quelque chose *à propos du langage* qui a effectivement besoin d'être expliqué, à savoir, comment se fait-il qu'il soit possible d'utiliser correctement le même mot pour décrire une infinité de situations différentes ? Et si vous êtes un réaliste relativement aux universaux, ceux-ci se trouvant par conséquent à portée de main il vous sera possible d'y recourir afin de développer une sémantique des termes généraux : un terme général pourra être utilisé pour décrire chaque situation dans laquelle la propriété universelle que ce terme indique est présente. Puisqu'aucune restriction n'est imposée à l'instanciation multiple de l'universel, aucune objection ne peut s'élever contre l'usage multiple d'un terme général.

Mais cette question sémantique est secondaire et dérivée : si les universaux ne sont pas requis pour résoudre les problèmes ontiques de ressemblance et de récurrence, ils ne seront pas requis non plus pour ce qui constitue essentiellement un cas spécial de ce problème, à savoir le phénomène de ressemblance et de récurrence dans les usages des termes généraux dans un langage. De manière converse, même si nous réussissons à développer une sémantique pour les termes généraux qui évite de recourir aux universaux, ceci n'est pas en soi suffisant pour régler le problème dans son entier : les questions de ressemblance et de récurrence *dans des situations réelles* exigent d'être débattues.

Les questions distinguées

Supposons, à des fins d'illustration, que s'il existe des universaux, les couleurs en font partie, et que s'il existe des tropes, les cas de nuances de couleur variées en font partie.

Nous pouvons à présent poser deux questions très différentes à propos, disons, des choses rouges. Nous pouvons prendre *un* seul objet rouge et se demander à son sujet : en vertu de quoi cette chose est-elle rouge ? Nous appellerons cette question la *question A*.

Deuxièmement, nous pouvons nous demander au sujet de *deux* choses rouges quelconques : en vertu de quoi ces deux choses sont-elles toutes deux rouges ? Ceci sera la *question B*.

Les discussions portant sur le problème des universaux tiennent invariablement pour acquis que les deux questions doivent recevoir des réponses similaires. Les partisans du réalisme des universaux tiennent d'ailleurs leurs réponses toutes prêtes. La réponse à la question A est : c'est en vertu de la présence dans l'objet de l'universel rouge, que l'objet est rouge. Et la réponse à la question B va dans le même sens : c'est en vertu de la présence dans chacun de ces objets de l'universel rouge, qu'ils sont tous deux rouges.

Le fusionnement des questions A et B a pour résultat de faire apparaître la position réaliste comme bien plus inévitable qu'elle ne l'est en réalité.

Distinguons-les. Introduire des universaux pour résoudre le problème A est gratuit – à moins que nous *assumions* que la nature ou le caractère d'un objet ne peut jamais être particulier, ce qui est précisément le point en litige. Si nous adoptons une approche inspirée de la science pour résoudre la question A, nous chercherons une explication substantielle, habituellement formulée en termes de structure sous-jacente. En vertu de quoi cette chose est-elle rouge ? Cette question appelle des réponses du genre : en vertu de la réflexivité sélective de la surface à travers trois gammes d'ondes qui se chevauchent dans le spectre électromagnétique. Du moment que la caractéristique sur laquelle porte notre interrogation n'est pas constitutive mais dérivée, nous pouvons, en principe, apporter une réponse à notre question A au sujet d'une propriété en faisant référence à d'autres.

Ceci, bien sûr, ne fait que différer le jour maudit où notre question portera sur un caractère de base d'un objet. À ce niveau, il n'y a plus de réponse *substantielle* à proposer. Supposons que la charge électrique soit un caractère de base. Alors la réponse à la question A :

En vertu de quoi cet objet possède-t-il une charge électrique ? est :

En vertu du fait qu'il possède une charge électrique.

Cette réponse peut être étoffée si vous le désirez de la manière suivante : la présence à cet endroit d'une instance de charge électrique. En vertu de quoi *une charge* est-elle une charge ? En vertu du fait qu'elle est ce qu'elle est [1].

Il est primordial pour une vision tropiste du monde que les particuliers puissent être des natures, c'est-à-dire que quelque chose puisse *être* simplement un cas de charge, ou de couleur, etc. Les philosophes se méfient, et à juste titre, des réponses en apparence tautologiques aux questions – Platon décrit avec mépris de telles réponses comme des « réponses sûres, mais stupides » (*Phédon ou de l'âme*, 105C) – mais il importe de se souvenir que des réponses de ce genre font leur apparition à un point ou à un autre dans *tout* système. Le partisan du réalisme des universaux dispose d'une réponse apparemment substantielle à notre question A, même dans le cas des propriétés de base. Mais le plus bas niveau n'est pas loin. En vertu de quoi la présence de

---

1. Voir à ce sujet voir M. Devitt, « "Ostrich Nominalism" or "Mirage Nominalism" ? », *Pacific Philosophical Quarterly*, 61, 1980, p. 433-439.

l'universel *charge électrique* est-elle nécessaire et suffisante pour que quelque chose possède une charge ? En vertu du fait qu'il est ce qu'il est.

Ainsi l'existence de réponses vraies mais sans valeur informative dans une théorie ne constitue pas en elle-même un défaut de cette théorie. Toutes les théories comportent de telles réponses. Le réalisme des universaux introduit une étape supplémentaire dans les réponses aux questions A. La question est de savoir s'il s'agit là d'un ajout qui en vaut le prix, si les universaux ne sont pas autrement requis dans une ontologie.

La ressemblance et la seconde question

Tournons-nous maintenant vers la question B : en vertu de quoi divers objets sont-ils tous rouges (ou tous des lapins, ou n'importe quoi d'autre) ? C'est là que l'attrait intuitif du réalisme des universaux est à son plus fort. Toutes les choses rouges doivent avoir *quelque chose* en commun, elles partagent manifestement une nature commune, que nous reconnaissons et que nous exprimons grâce à un terme applicable de manière multiple, « rouge », qui s'applique également et pleinement à chacune d'elles. Chacun de ces objets est pleinement et complètement rouge. Donc la rougeur doit être un universel instanciable de manière multiple.

Malgré l'attrait de cette manœuvre, il n'y a en fait nul besoin d'introduire des universaux. Des tropes se ressemblant les uns les autres plus ou moins étroitement sont tout ce qu'il nous faut. En vertu de quoi deux objets sont-ils tous deux rouges ? En vertu du fait que chacun comporte un trope rouge. En vertu de quoi ces tropes sont-ils tous deux des tropes rouges ? En vertu de leur ressemblance, qui est ce qui fait d'eux des tropes du même genre. Leurs natures font de celui-ci le genre rouge, plutôt que le genre bleu ou oblong. C'est en vertu de la ressemblance des tropes en question qu'il est légitime d'utiliser des *tokens* de mots ressemblants, chacun constituant un cas de «rouge», pour décrire ces objets ou, plus spécifiquement, leurs tropes de couleur.

Ce qui est proposé ici est, bien entendu, une théorie de la ressemblance pour rendre compte de la ressemblance et de la récurrence, c'est-à-dire une analyse en termes de particuliers ressemblants, plutôt qu'en termes d'universaux identiques. Une telle théorie considère la ressemblance comme étant ultimement, dans les cas de base, inanalysable. Ici nous tenons pour acquis, comme manifestement correct, que la ressemblance est entièrement objective. Le monde est rempli d'une myriade de tropes. Ceux-ci se ressemblent les uns les autres plus ou moins étroitement, formant un nombre incalculable de familles aux liens plus ou moins lâches ou serrés, les *espèces naturelles*. Le genre humain est sensible à une petite portion seulement de ces nombreuses espèces naturelles, et gratifie d'une classification et d'un étiquetage une portion plus petite encore de celles-ci.

Ce processus donne lieu à des erreurs et à des attributions indues, de sorte qu'il y a bien dans les catégories sortales dont nous usons une part humaine. Mais pour ce qui est du gros des propriétés, des qualités premières et des relations, la ressemblance en général n'est nullement un artefact humain. Les dispositions classificatoires propres au genre humain ne sont pas ce qui décide, ni de quoi ressemble à quoi, ni du degré d'étroitesse de ces ressemblances. Des intérêts proprement humains certes s'immiscent dans l'*évaluation* de la ressemblance, et par suite dans l'établissement du degré de ressemblance entre des objets complexes qui possèdent plusieurs dimensions de ressemblance et de différence. Mais avec les tropes, dont la complexité est minimale, et en métaphysique, où les tropes sont tous de poids naturel égal, la ressemblance est un primitif objectif.

Les théories de la ressemblance doivent prendre garde aux questions auxquelles elles acceptent de répondre. À la question : quelle est la *nature commune* dans deux choses ressemblantes ? elles sont tenues de répliquer : elles n'ont aucune nature commune, seulement des natures ressemblantes. À la question : qu'est-ce que partager une propriété commune signifie pour les deux objets? la réponse doit être : il n'y a pas de tel partage, excepté sous la forme d'une appartenance commune à une espèce naturelle, et celle-ci n'est pas un universel mais une collection de tropes. À la question pressante : mais vous devez admettre qu'il y a *quelque chose d'identique* dans ces deux objets? la réponse doit être : non, il n'y a aucun élément numériquement identique présent dans les deux objets. Ce sont les similarités entre les objets qui créent cette illusion d'une caractéristique authentiquement commune.

Objections à une théorie de la ressemblance

Sauf dans le plus relâché des langages, les théories de la ressemblance ne sont pas des théories *des universaux*; elles sont des théories qui offrent des analyses de la situation réelle dans lesquelles les relations entre particuliers sont des *substituts* pour les universaux. Les théories de la ressemblance sont particularistes.

H. H. Price a proposé une théorie de ce type dans laquelle les espèces naturelles se groupent autour de *paradigmes*. Tous les objets qui ressemblent suffisamment aux paradigmes (et seulement ceux-là) appartiennent à l'espèce en question[1]. La définition quinienne en termes de paradigmes et de repoussoirs en est une proche parente[2], bien que la position de Quine ne soit pas sans équivoque sur la question du caractère anthropomorphique de la ressemblance.

---

1. H. H. Price, *Thinking and Experience*, 2ᵉ éd., Londres, Hutchinson, 1969.

2. W. V. O. Quine, *Ontological Relativity and Other Essays*, New York, Columbia University Press, 1969, p. 119, trad. fr., *Relativité de l'ontologie et autres essais*, Paris, Aubier-Montaigne, 1977; Aubier-Flammarion, 2008, p. 137.

La possibilité de cas uniques

La première objection, et la plus simple, aux théories de la ressemblance est traditionnellement la suivante : il aurait pu y avoir un monde avec un seul et unique cas de rougeur. Ce dernier aurait constitué un cas *sui generis*. Il n'aurait ressemblé à rien d'autre, qu'il s'agisse d'un paradigme ou d'autre chose, de manière appropriée. Pourtant il aurait quand même été rouge, n'est-il pas vrai ?

Oui, il aurait été rouge. Cette objection constitue un argument décisif contre toute proposition d'utiliser la théorie de la ressemblance pour répondre à la question A. La théorie de la ressemblance ne peut pas fournir une réponse correcte qui permette d'expliquer en vertu de quoi *une* chose est rouge. J'ai soutenu plus haut que la seule réponse correcte à cette question, dans un cas de base comme celui-ci, est celle qui ne nous éclaire en rien : à savoir, la nature (particulière) de cette chose.

Les problèmes de Carnap-Goodman

Carnap, dans *La Construction logique du monde*[1], a proposé de « construire » les universaux sous la forme de *cercles de similitude* entre particuliers. Les particuliers qu'il avait en tête étaient les objets concrets ordinaires. Chaque membre d'un cercle ressemblerait, non plus cette fois à un paradigme, mais à *chacun* des autres membres du cercle plus étroitement qu'aucun d'entre eux ne ressemblerait à n'importe quel non membre. Tous les membres du cercle sont également « standard » dans une telle construction.

Goodman, dans *La structure de l'apparence*, a soulevé deux objections de poids contre toute théorie de ce genre – la difficulté

---

1. R. Carnap, *Logische Aufbau der Welt*, Berlin, Weltkreis-Verlag, 1928 ; *La construction logique du monde*, trad. fr. par Th. Rivain et É. Schwartz, Paris, Vrin, 2002.

de la *coextension* et celle de la *communauté imparfaite*. Le problème de la coextension est le suivant : supposons que tous les pandas, et seulement eux, mangent du bambou. Le cercle des pandas et le cercle des mangeurs de bambous coïncideront dès lors l'un avec l'autre. Auquel cas, d'après la théorie, la propriété d'être un panda sera la même que la propriété d'être un mangeur de bambous, ce qui est absurde.

Le problème de la communauté imparfaite se pose de la manière suivante : les objets peuvent se ressembler les uns les autres à différents égards. Nous pouvons donc nous mettre à construire un cercle de similitude, en commençant par un carré en bois rouge, pour passer ensuite à un cercle en bois bleu, puis à un carré en métal bleu. Chacun de ces objets ressemble aux deux autres, et nous pouvons supposer qu'ils sont également semblables les uns aux autres là où leurs propriétés concordent. Cela choque pourtant l'intuition d'en conclure qu'une propriété déterminée correspond à ce cercle de similitude. Comme nous serions portés à le dire spontanément : mais ces trois-là n'ont rien en commun.

Notons que ces deux problèmes, de coextension et de communauté imparfaite, surgissent uniquement si les membres des cercles de similitude sont des particuliers concrets *complexes*. C'est parce que les objets complexes possèdent plusieurs qualités différentes que les pandas et les mangeurs de bambous peuvent coïncider. C'est seulement parce que les objets possèdent plusieurs propriétés que le problème de la communauté imparfaite peut être généré. Si les termes de la relation de ressemblance ne sont pas des objets ordinaires, mais des tropes, ces difficultés disparaissent. La conjonction de tropes équivalant à la panda-ité est restreinte. Elle n'inclut pas la conjonction de tropes du mangeur de bambous. Les membres du cercle du panda sont un groupe de tropes. Les membres du cercle du mangeur de bambous sont un autre groupe de tropes, tout à fait distinct du premier. Nous supposons que dans ce monde, comme il arrive effectivement, ces deux groupes de tropes disjoints sont régulièrement comprésents. Mais cela est sans conséquence. Être un panda ne se réduit pas pour autant à être un mangeur de bambous, ou vice-versa.

Ainsi, ce qui constitue un problème sérieux pour toute théorie de la ressemblance recourant à des particuliers concrets – à savoir, l'incapacité de distinguer des propriétés différentes bien que coextensives – ne se pose pas quand ce ne sont pas des particuliers concrets, mais des tropes, qui sont en cause.

De la même manière, si les membres de nos cercles de similitude sont des *tropes*, les tropes rouges formeront un groupe, les bleus un second, les tropes en bois un troisième, ceux en métal un quatrième, et ainsi de suite. Aucun cercle de similitude ne comportera de membres hybrides, et ce sont seulement de tels membres qui donnent lieu à la construction de cercles de similitude où se manifeste le problème de la communauté imparfaite. Une théorie tropiste de la ressemblance ne fabrique pas de ces fausses « propriétés » qui émergent des ressemblances entre particuliers concrets.

L'objection de Küng

Guido Küng[1] a développé une objection de régression à l'infini à l'encontre de la théorie de la ressemblance, et qui vaut peu importe que les termes de la comparaison soient des particuliers concrets ou abstraits.

Supposons que nous soyons en présence de trois éléments semblables, *a*, *b* et *c*, rouges tous les trois. Chacun d'entre eux ressemble donc aux deux autres. Nous pourrions illustrer la situation par un triangle, avec *a*, *b* et *c* à ses sommets, chacun

---

1. G. Küng, *Ontology and the Logistic Analysis of Language*, éd. revue, Dordrecht, Reidel, 1967.

étant relié aux deux autres par un côté représentant la relation de ressemblance qu'ils entretiennent entre eux.

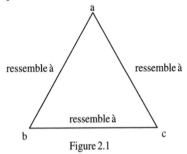

Figure 2.1

Mais toutes les propriétés ne sont pas des qualités monadiques. Les relations sont aussi des propriétés. En particulier, les relations de ressemblance doivent être reconnues comme telles. Si les cas de rouge sont des tropes, alors les cas de ressemblance en sont également. Ils entrent dès lors en relation les uns avec les autres. En particulier, les relations de ressemblance entre *a*, *b* et *c* sont elles-mêmes fort semblables : chacune est une ressemblance-de-couleur : plus que cela, chacune est une ressemblance-de-couleur-en-vertu-du-rouge-dans-les-termes.

Appelons ces cas de ressemblance *d*, *e* et *f*. Ils peuvent être reliés entre eux par des lignes représentant la ressemblance que chacun d'eux entretient avec les deux autres.

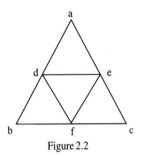

Figure 2.2

Mais pourquoi s'arrêter avec *d*, *e* et *f?* Les cas de ressemblance entre *eux* se ressembleront également les uns les autres, et ainsi de suite, *ad infinitum*. (Voir la figure 2.3)

Donc, suivant cet argument, le fait de recourir aux ressemblances entre particuliers, plutôt qu'à des universaux communs à ces mêmes particuliers, génère une régression à l'infini qui est soit vicieuse, soit, à tout le moins, fort peu économique.

La réponse à cette objection comporte trois points. Premièrement, la régression n'est pas vicieuse. Elle se poursuit dans une direction où la forme prend de plus en plus le pas sur la substance. En cela, elle est assez semblable à la manière dont on s'élève de l'espèce au genre puis à la famille, et ainsi de suite. Personne n'est troublé par la réflexion qu'adopter un chat comme animal domestique revient à accepter de s'occuper d'un félin, d'un placentaire,

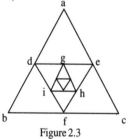

Figure 2.3

d'un mammifère, d'un vertébré, etc. Cette régression ne se poursuit pas éternellement, mais même si elle le faisait, il n'y aurait là pas matière à se tourmenter.

Dans une veine plus ou moins similaire, quiconque n'a pas encore célébré son centième anniversaire porte une infinité de caractéristiques, celles de ne pas encore avoir cent ans, pas encore cent un, pas encore cent deux, pas encore cent trois… Nous supportons de telles infinités avec sérénité, et la régression de la ressemblance n'est pas plus lourde.

Deuxièmement, si c'est un problème, c'en est un auquel le partisan du réalisme des universaux n'échappe pas. Ce dernier encourt le même blâme. Car les réalistes, comme tous les autres, doivent reconnaître que leurs universaux sont instanciés, et que c'est grâce à leur instanciation qu'ils «atteignent à la particularité» et possèdent une présence effective dans le monde réel.

Retournons donc à *a*, *b* et *c*. Ils comportent chacun du rouge et par conséquent chacun ressemble aux deux autres. Donc nous avons ici trois cas de ressemblance-de-couleur. Mais ces cas de ressemblance-de-couleur instancient *ressemble sous le rapport de la couleur, en particulier, le rouge*. Donc ils instancient chacun un universel et doivent par conséquent ressembler chacun aux deux autres. Nous voici maintenant avec trois instances de ressemblance supplémentaires, *d*, *e* et *f*. Et la régression est ainsi en bonne voie.

Par conséquent, si la régression constitue un problème sérieux pour la théorie de la ressemblance, la régression parallèle des universaux instanciés constitue un problème tout aussi sérieux pour le réalisme.

Mais en fait, troisièmement, je pense qu'il n'y a pas là de vrai sujet d'ennui pour aucun des deux[1]. Remarquons comment les derniers termes dans la régression doivent d'apparaître à un exercice de réflexion logique exécuté sans coup férir. Ces entités sont obtenues trop aisément. Une fois le premier trio accepté, tout le reste suit par une inévitabilité automatique. Et les derniers termes sont ce qu'ils sont exclusivement parce ce que les premiers sont ce qu'*ils* sont. Les derniers ne peuvent varier à moins que les premiers ne le fassent.

Vous aurez reconnu ce mode de dépendance : les derniers termes sont *survenants sur* les premiers. Dans le cas réaliste, les

---

1. Armstrong et moi-même en sommes tous les deux venus à cette conclusion, de manière indépendante autant que nous puissions le savoir.

termes de base sont les trois exemplifications de l'universel rougeur dans *a*, *b* et *c*. Ces exemplifications garantissent les ressemblances survenantes, qui constituent à leur tour la base des ressemblances survenantes entre ressemblances, et ainsi de suite.

Quant à la théorie de la ressemblance, si la ressemblance est vraiment primitive et infondée, les termes *d*, *e* et *f* seront le point de départ d'où découleront tous les termes survenants subséquents. Si, suivant la conception privilégiée dans le présent ouvrage, la ressemblance est une relation interne fondée dans les natures particulières des termes, alors les tropes rouges *a*, *b* et *c* généreront l'édifice des triplets de ressemblance survenante dans son entier.

D'une manière ou d'une autre, il y a à ce foisonnement de dépendances une base manifestement finie. Et je considère comme un principe cardinal en ontologie que *les « additions »* *à l'ontologie, quand elles sont survenantes, sont de pseudo-additions*. Aucun être nouveau n'est introduit. Pour le dire de manière métaphorique, l'engendrement lors de la Création d'êtres survenants n'exige de Dieu aucune action distincte et additionnelle. Laissons-Le créer les trois éléments *a*, *b* et *c*. Ceci suffira *de soi* à générer la régression de Küng.

Un fardeau survenant n'est donc pas un vrai fardeau du tout. C'est la raison pour laquelle nous sommes aussi peu troublés par le fait d'être simultanément moins vieux qu'un nombre infini d'âges différents.

Établir que quelque chose survient sur ce que nous avons déjà reconnu, c'est établir notre droit à l'inclure au nombre des expansions non véritablement ontiques. Ceci est un principe auquel il sera fait appel dans les chapitres subséquents.

J'en conclus que la régression de Küng ne possède nullement le pouvoir d'invalider une théorie qui se propose de répondre à la question B en faisant appel aux ressemblances entre tropes.

L'objection de Russell

Russell, dans ses *Problèmes de philosophie*[1], a allégué que la raison pour laquelle la théorie de la ressemblance a échoué dans sa tentative de se débarrasser des universaux est que la ressemblance elle-même devrait être reconnue comme un universel. Et si nous admettons un universel, pourquoi pas les autres? Le nombre d'éléments inclus dans une catégorie reconnue n'est pas la question la plus cruciale; c'est l'existence de la catégorie en elle-même qui est importante. Donald Williams a stigmatisé un tel intérêt à réduire le nombre des éléments dans une catégorie comme du grossier marchandage.

L'argument de Russell était que, pour en revenir au diagramme de Küng, *a*, *b* et *c* sont certes des particuliers, mais qu'il doit y avoir néanmoins la *même ressemblance* entre *a* et *b* qu'entre *a* et *c*, puisque *a*, *b* et *c* sont tous, par hypothèse, exactement de la même teinte de rouge. Mais alors, si nous retrouvons la même ressemblance entre ces deux paires d'éléments, c'est qu'il s'agit d'une entité instanciée de manière multiple, en un mot, d'un universel.

La seule manière de répondre à une telle allégation est de se montrer ferme. Nous devons rejeter l'affirmation selon laquelle, au sens qui importe, la même ressemblance existe entre *a* et *b* et entre *a* et *c*. Ce sont deux ressemblances différentes, bien que très similaires, et même exactement similaires. Et les ressemblances entre ressemblances sont de même des particuliers assortis, non des universaux. Dans la régression de Küng, les éléments sont des particuliers *jusqu'au bout*. Si nous insistons sur ce point, alors l'objection de Russell ne peut plus trouver preneur.

1. B. Russell, *Problems of Philosophy*, Londres, Hutchinson, 1912, trad. fr., *Problèmes de philosophie*, introd. et trad. par F. Rivenc. Paris, Payot, 1989.

La ressemblance en tant que relation dérivée

En un sens, la conception mise en avant dans le présent chapitre accorde à la ressemblance un statut dérivé – les ressemblances surviennent sur leurs termes. Mais en un autre sens la ressemblance est primitive : aucune définition permettant de l'éliminer n'est disponible. Cette conception peut cependant être contestée et l'a été en effet [1].

Afin d'être à même de proposer une explication des ressemblances des *universaux* les uns avec les autres, Armstrong (1978) avance la thèse que *la ressemblance est une identité partielle*. Deux particuliers *a* et *b* se ressemblent dans la mesure où ils partagent un constituant commun, qui peut être une propriété que *a* et *b* ont en commun ou une propriété de parties propres correspondantes de *a* et *b*. Deux universaux P et Q se ressemblent dans la mesure où ils sont tous deux des complexes avec un constituant universel commun. Une telle conception exige que nous admettions qu'il puisse y avoir des parties autres que les parties spatio-temporelles.

S'il nous faut de toute façon recourir au concept d'identité, comme il semble fort vraisemblable, il y a moyen de réaliser une économie dans l'analyse si la *ressemblance* est réductible à une *identité de partie*. Mais une telle réduction est possible seulement si l'analyse des propriétés et des relations en termes de ressemblance est fausse. Car l'analyse en termes de ressemblance nie spécifiquement *toute* identité de partie entre des particuliers ressemblants.

Ainsi, bien qu'Armstrong n'ait pas utilisé l'analyse de la ressemblance en termes d'identité partielle comme une objection à la théorie de la ressemblance, une telle analyse peut très

---

1. Voir David M. Armstrong, *Universals and Scientific Realism*, Cambridge, Cambridge University Press, 1978, vol. 2, p. 120 *sq.*

bien servir de base à une telle objection. À quel point celle-ci constitue-t-elle une objection sérieuse ?

Que la ressemblance exige ou non une analyse plus approfondie ou soit un concept primitif est en grande partie une question d'intuition philosophique, les arguments en faveur de l'une plutôt que de l'autre conception étant difficiles à trouver. Pour ma part, je juge peu convaincante l'affirmation selon laquelle la ressemblance nécessite ou admet une analyse.

Afin de guider nos intuitions touchant la ressemblance entre particuliers simples, considérons pour un moment le cas des complexes. Imaginons un collier somptueux et hors de prix. Il est composé d'une chaîne en or constellée de rubis, avec un magnifique diamant comme pendentif en son centre. Imaginons maintenant un autre collier, de format et d'aspect général à peu près semblables, mais composé d'une chaîne en argent constellée de perles. S'il arrivait que nous *transférions* le diamant du premier collier au second, en un sens clair et dépourvu d'ambiguïté le second collier ressemblerait plus étroitement à la suite de cette action à ce qu'était auparavant le premier. Ceci s'explique par le fait que nous aurions affaire à un cas non litigieux d'identité partielle. Le deuxième collier *maintenant* serait partiellement identique au premier collier *alors*, et en étant partiellement identique, ressemblerait au premier collier dans son état antérieur. L'identité partielle confère effectivement la similarité.

Mais supposons maintenant que notre magnifique diamant ait un jumeau, taillé et poli tout pareil au premier par les joailliers les plus habiles, de manière à ce que même les experts ne puissent pas les différencier avec fiabilité. Supposons également que le diamant *jumeau* soit attaché au collier d'argent et de perles. Il n'y donc pas d'identité partielle (de particuliers) entre nos deux colliers. Pourtant, qui dira qu'ils ne se ressemblent pas ? Ils ne se ressemblent peut-être pas *tout à fait* autant que dans le cas où un seul diamant se trouve transféré. Il n'empêche qu'ils se ressemblent, en vertu de la très grande *similarité*, non de l'identité, entre le diamant original et son jumeau. Dans la mesure où nos intuitions au sujet des particuliers complexes peuvent nous guider, l'identité partielle de particuliers (ordinaires) n'est *pas* essentielle pour les ressemblances entre les choses.

Considérons maintenant des éléments singuliers non complexes : supposons, pour les besoins de l'argument, que nos diamants soient en vérité des substances singulières. Pourquoi ne pourraient-*ils* pas se ressembler *du fait qu'ils ont des constituants similaires en commun*, plutôt qu'une quelconque réelle identité partielle ? Les deux colliers peuvent se ressembler du fait qu'ils contiennent des diamants, non pas identiques, mais similaires. J'affirme que les deux diamants peuvent se ressembler du fait qu'ils contiennent des tropes similaires et assortis. Une propriété authentiquement commune et universelle n'est pas requise.

L'analyse de la prédication

La conception classique de la substance et de la propriété universelle fournit les ressources nécessaires à une analyse facile de la prédication. Nous avons des phrases de la forme sujet/prédicat dans lesquelles les prédicats ont une ou plusieurs places et dans lesquelles, par conséquent, il y a un ou plusieurs termes singuliers déterminés en position de sujet. Ainsi :

Le chat est poilu.

Le chat est sur le paillasson.

Le chat est plus près du feu que du chien, etc.

Dans de telles phrases, les termes sujets réfèrent aux substances (ou quasi-substances), les termes prédicats réfèrent aux qualités universelles ou aux relations et les phrases affirment que la propriété à laquelle réfère le prédicat inhère aux substances auxquelles réfèrent le ou les sujets. Nous avons également des phrases quantifiées qui comportent des termes singuliers indéfinis et des pronoms en position sujet, comme

Un poisson nage.

Tous les oiseaux ne volent pas.

Les cochons sont plus intelligents que le bison.

De telles prédications gagnent à être traitées de manière canonique :

$(\exists x)$ (Poisson x & Nage x)

$\neg (\forall x)$ (Oiseau $x \supset$ Vole x)

$(\forall x)(\forall y)$ ((Cochon x & Bison y) $\supset$ Plus intelligent x, y)

Et l'analyse de la prédication est encore une fois chose aisée : les variables ont pour domaine les substances ou les quasi-substances, et les prédicats ont leurs extensions dans ce même domaine. Les phrases affirment que certaines ou toutes les substances dans le domaine des variables tombent sous les extensions appropriées circonscrites par les prédicats.

Si nous abandonnons l'ontologie bicatégorielle en faveur des tropes, ce genre de descriptions sémantiques élémentaires de la prédication ne nous est plus accessible. En ce qui concerne les prédications avec des termes singuliers déterminés en position de sujet, nous aurons besoin de distinguer les cas ordinaires de ceux qui sont en vérité plus fondamentaux.

Les cas ordinaires mettent en œuvre le vocabulaire des termes singuliers déterminés dont nous nous servons ordinairement : noms propres, descriptions définies et démonstratives, et pronoms référant eux-mêmes à des termes singuliers déterminés. *Tom*, *Dick* et *Harry*, *le tisserand*, *l'organiste* et *le boulanger*, par exemple, sont des termes singuliers déterminés ordinaires. Et ils ne réfèrent pas, bien entendu, à des tropes individuels. Ils réfèrent, d'après la philosophie des particuliers abstraits, à des *complexes-de-tropes*, c'est-à-dire à des collections indéfiniment multiples de tropes coprésents, qui ne sont pas tous, bien sûr, causalement indépendants les uns des autres.

Le rôle d'une prédication ordinaire, par conséquent, est d'affirmer (ou de nier) qu'un trope de l'espèce à laquelle réfère le prédicat est comprésent avec le (appartient au) complexe de tropes auquel réfèrent le ou les termes en position de sujet.

Les prédications quantifiées ordinaires comporteront des variables avec des complexes de tropes pour domaine, et des prédicats dont les extensions sont elles-mêmes, soit des complexes de tropes tels que les espèces naturelles *lapin* ou *poisson*, soit des ensembles de tropes correspondant à des adjectifs sortaux, comme *rouge* ou *tranchant*, soit encore des séquences de tropes impliquant des verbes comme *vole* et *nage*.

Les cas élémentaires de prédication seront plutôt inusités. Ici les variables ont pour valeurs les tropes considérés individuellement et les prédicats ont de tels tropes simples pour extensions : *Ceci est (un cas de)rouge*, et *Il y a une (ou il y a des cas de) charge électrique* appartiendront à cette espèce élémentaire.

Les tropes se présentent habituellement dans des complexes, donc nous devons être capables de dire à la fois qu'un certain trope est présent (une forme élémentaire de prédication) et qu'un certain complexe comprend un trope d'une certaine sorte (la forme plus usuelle).

Les tropes rouges sont des cas de rouge. Les tropes de charge électrique sont des cas de charge électrique. Il n'y a pas de problème du troisième homme, et pas de problème non plus touchant l'auto-prédication. Avec les universaux dans une ontologie, nous avons à la fois l'élément individuel, Socrate, qui est un homme, et l'universel, ici l'humanité, inhérent à Socrate, en vertu duquel il est un homme. Le problème classique se pose alors de savoir si l'humanité et l'homme Socrate entretiennent entre eux une ressemblance (l'humanité est-elle à un quelconque degré humaine ?). Car s'il en est ainsi, nous aurons besoin d'un deuxième universel (le « Troisième Homme »), inhérent à Socrate et à l'humanité, pour expliquer cette ressemblance. Une telle approche est menacée de régression à l'infini, comme Platon s'en était pleinement rendu compte.

D'un autre côté, si l'humanité n'entretient aucune ressemblance avec l'instanciation d'elle-même qui est Socrate, nous demeurons perplexes quant à savoir comment cela est possible, puisque Socrate *est* un cas d'humanité parce que l'humanité inhère à lui. Il est en effet difficile de voir comment quelque chose à laquelle l'humanité inhère pourrait ne ressembler d'aucune façon à l'humanité elle-même.

La réponse la plus prometteuse à cette question est que, bien que le substrat substantiel de Socrate ne contienne pas l'humanité et ne lui ressemble pas non plus, la substance complète Socrate contient, elle, l'humanité (l'humanité inhère à elle) et en cela ressemble à l'humanité. Il s'agit d'un cas unilatéral d'identité partielle (une partie non spatio-temporelle de Socrate est identique à l'humanité).

Mais si nous tolérons que deux éléments puissent ainsi se ressembler *malgré que cela ne soit pas en vertu de leur possession d'un universel commun*, la raison d'être d'une analyse réaliste de la ressemblance dans son entier s'en trouve sérieusement menacée.

Des difficultés de ce genre dans le réalisme des universaux sont souvent présentées comme le problème consistant à déterminer si un universel s'applique à lui-même (le problème de l'auto-prédication). La philosophie des tropes n'a pas de tel problème. Les tropes instancient des espèces et les prédicats s'appliquent *à la fois* aux tropes considérés individuellement et à tout complexe dont les tropes sont des constituants, sans danger de régression.

LES ENTITÉS ABSTRAITES

UNE ONTOLOGIE DU CONCRET

Les universaux ne sont pas la seule cible des nominalistes. Ils s'en sont pris à travers les âges à d'autres catégories de prétendues entités comme les privations, les quantités ou les relations. Dans ses versions les plus radicales, le nominalisme ne reconnaît comme réelles que les choses concrètes spatio-temporellement localisées. Le défi alors est de rendre compte de l'usage que nous faisons de nombreux termes qui ne renvoient pas de façon évidente à de telles choses. Wilfrid Sellars, par exemple, a proposé une interprétation métalinguistique sophistiquée de tout un groupe de termes singuliers abstraits comme «triangularité», «liberté» ou «animalité»[1]. Guillaume d'Ockham a soutenu que les termes relationnels comme «père» ou «paternité» ne renvoient en fait qu'aux *relata* de la relation et jamais à une tierce «petite chose» qui les unirait les uns aux autres[2]. Et nombreux sont ceux depuis Parménide qui ont remarqué que le bon usage d'un terme négatif comme «néant» ne requiert pas qu'il existe dans le monde des entités intrinsèquement négatives.

---

1. W. Sellars, «Abstract Entities», *The Review of Metaphysics*, 16, 1963, p. 627-671.

2. Voir à ce propos B. Beretta, *Ad aliquid: la relation chez Guillaume d'Occam*, Fribourg, Éditions universitaires, 1999.

Le discours des sciences formelles, de ce point de vue, s'est révélé particulièrement troublant pour les nominalistes. Prises au pied de la lettre, les mathématiques et la logique se présentent de prime abord comme parlant de nombres, de figures géométriques, de fonctions et d'autres objets apparentés qui ne sont pas manifestement identifiables à des individus concrets. Et l'importance même de ces disciplines pour l'ensemble du savoir interdit au philosophe de les prendre à la légère : le nominaliste conséquent qui veut faire l'économie des entités logico-mathématiques doit proposer là une explication plausible et détaillée. C'est à quoi se rapportent pour l'essentiel les textes réunis dans la présente section.

Nelson Goodman, notamment, s'est signalé dans la philosophie du xxᵉ siècle par sa redéfinition du nominalisme comme le refus d'admettre les *classes* – ou les *ensembles* – dans l'ontologie. Cela va au cœur du problème puisque les mathématiques modernes reposent en grande partie sur la théorie des ensembles. Animé par une conception de la philosophie comme « reconstruction » elle-même formelle des façons de voir de la vie courante ou de la science, Goodman oppose les systèmes « platonistes » qui prétendent faire référence à des ensembles (y compris à l'ensemble vide et à des ensembles d'ensembles) aux systèmes nominalistes, plus sobres, qui n'évoquent que des individus. Dans le texte traduit ici, il s'emploie à proposer un critère rigoureux de cette démarcation, qui tient à la façon dont chaque système « construit » des entités dérivées à partir d'un même stock d'objets de base : par l'appartenance ensembliste pour les systèmes platonistes, par les rapports de partie à tout – les rapports « méréologiques » – pour les systèmes nominalistes. Son désaveu sans compromis des premiers au profit des seconds tient essentiellement à ses yeux à une exigence d'intelligibilité.

Mais Goodman n'est pas le premier, loin de là, à contester l'existence des entités mathématiques. Même ce grand admirateur de l'arithmétique et de la géométrie qu'était René Descartes, à l'époque où la science moderne commençait à se mathématiser, refusait de supposer dans l'être des entités correspondantes et niait aux nombres, à l'espace et au lieu tout statut ontologique distinct de celui des substances matérielles singulières. Cette position s'exprime avec clarté dans ses *Principes de la philosophie*. Aux sections 58 et 59 de la Première partie déjà, il affirmait sans équivoque que les nombres n'existent pas « hors de notre pensée, non plus que toutes ces autres idées générales que dans l'École on comprend sous le nom d'universaux ». Le passage moins connu de la deuxième Partie qu'on lira ici (sections 8-18) explicite cette approche en soutenant que les grandeurs, les nombres, les espaces, les lieux et le vide ne diffèrent pas réellement des substances corporelles, mais seulement par la façon que nous avons de les considérer. Descartes s'inscrit ainsi en droite ligne dans une tradition nominaliste qui remonte à Guillaume d'Ockham au moins. Celui-ci en effet, autant sinon plus que par sa critique des universaux, avait étonné ses contemporains par son refus d'accorder aux quantités un statut ontologique spécial. Sa thèse à cet égard, qui préfigure nettement celle de Descartes, était que les points, les lignes, les surfaces, les volumes, les lieux et le vide ne sont pas dans la réalité distincts des substances et des qualités singulières et que les distinctions pertinentes dans ce genre de cas tiennent aux modes de signifier de certains termes plutôt qu'aux modes d'existence de certaines entités[1]. Il est difficile de croire que Descartes ait eu un accès direct aux écrits d'Ockham, mais les idées nominalistes sur ce point furent, de toute évidence, transmises jusqu'à lui par la

---

1. Sur la réduction ockhamiste des quantités, voir M. M. Adams, *William Ockham*, *op. cit.*, chap. 6, p. 169-213.

tradition scolastique et par l'enseignement des Jésuites en particulier.

Face aux mathématiques, Goodman et Descartes, donc, adoptent deux attitudes nominalistes différentes. Goodman veut éviter toute référence à des entités trop spéciales en substituant – pour les fins au moins de la philosophie – un langage nominaliste, basé sur les rapports de partie à tout, à celui de la théorie des ensembles. Descartes, au contraire, à la suite d'Ockham, ne trouve au discours des mathématiques rien de compromettant sur le plan ontologique et n'y voit qu'une façon particulière de référer aux réalités concrètes ordinaires. Une troisième approche encore, illustrée dans ce volume par un texte de Hartry Field, consiste à reconnaître, contre Descartes, que la vérité des discours mathématiques requerrait bel et bien l'existence d'entités spéciales comme des nombres ou des ensembles, mais à soutenir du même souffle que la vérité de ces discours n'est pas requise pour la science empirique. Les théories arithmétiques ou ensemblistes, de ce point de vue, sont littéralement fausses, mais il n'y a pas lieu, contrairement à ce que veut Goodman, de chercher à les remplacer par d'autres théories formelles, puisque l'intérêt des mathématiques en science ne tient pas à leur vérité mais à leur utilité pour faciliter les inférences : les théories mathématiques pour Field sont des fictions commodes. La tâche principale que se donne le philosophe nominaliste dans ces conditions est d'expliquer comment ces fictions peuvent être à la fois utiles et inoffensives.

Outre les nombres, les ensembles et les objets géométriques, des entités abstraites d'un autre genre ont souvent été tenues pour indispensables à la bonne compréhension des sciences formelles comme la logique ou la théorie sémantique. C'est ainsi qu'une grande partie des philosophes du langage et de l'esprit depuis Frege se sont crus obligés d'admettre l'existence de ce qu'ils appellent les *propositions*, qu'ils voient comme des unités extramentales et intemporelles, capables de servir à la fois de porteurs ultimes pour les valeurs de vérité, de sens pour les phrases et d'objets pour les croyances et pour la connaissance. On ne saurait expliquer sans cela, pensent-ils, comment des phrases de langues différentes peuvent avoir le *même* sens, ni comment des sujets pensants distincts peuvent avoir les *mêmes* croyances, ni à quoi s'appliquent en dernière analyse les principes d'inférence qui intéressent la logique. Les nominalistes, on s'en doute, sont en désaccord et contestent d'habitude la nécessité d'enrichir ainsi l'ontologie. Le débat sur ce point a été nourri au XXᵉ siècle et l'on en trouvera ici une présentation synthétique dans le texte de Paul Gochet. Celui-ci adopte sur la question une position nominaliste modérée, inspirée de Quine, qui tend au final à identifier les propositions à des classes de phrases. Cela suppose, contrairement au souhait de Goodman, que l'on soit prêt à recourir au langage ensembliste, mais Gochet y voit tout de même une économie ontologique significative conforme à l'esprit du nominalisme, en même temps qu'un important gain en rigueur et en fécondité explicative.

Le dernier texte de la présente section, enfin, celui de Ruth Barcan Marcus, examine une stratégie générale pour se dispenser des entités abstraites en tous genres : le recours à la *quantification substitutionnelle*. L'arrière-plan de la discussion lui est fourni par le critère d'engagement ontologique qu'avait proposé Quine au milieu du siècle dernier[1]. Un théoricien selon ce critère, qu'il soit scientifique ou philosophe, est engagé à reconnaître l'existence des entités qui doivent être les valeurs des variables de ses énoncés si ceux-ci doivent être vrais. Un mathématicien, par exemple, qui accepte un énoncé tel que « il y a un nombre *n* plus grand que 2 » est engagé *prima facie* à admettre l'existence

---

1. Voir notamment Quine, « On What There Is ».

des nombres puisque la valeur de la variable n doit être un nombre pour que l'énoncé en question soit vrai; et celui qui souscrit à la théorie formelle des ensembles est engagé *prima facie* à l'existence des ensembles puisque de nombreux énoncés de cette théorie ne sont vrais que si les valeurs de leurs variables sont effectivement des ensembles. Cette approche quinienne suppose que les théories en question soient formulées (ou puissent l'être) dans le langage de la logique des quantificateurs et que le quantificateur « existentiel » (« il existe un x tel que... ») se voie attribuer une véritable portée ontologique. C'est au nom de ce critère que Quine s'est – à regret – dissocié du nominalisme de Goodman dans les années cinquante parce qu'il lui paraissait nécessaire à la science contemporaine d'admettre comme vrais les énoncés quantifiés dont les variables aient des ensembles pour valeurs.

À cette interprétation « objectuelle » des quantificateurs, cependant, on peut opposer l'interprétation « substitutionnelle ». La variable alors n'est pas considérée comme devant avoir une « valeur » dans le monde extérieur, mais comme un marqueur de place pour une expression linguistique. Dans « il y a un n tel que n est plus grand que 2 », selon cette lecture, la variable n n'a pas de portée ontologique spéciale; elle indique seulement, avec l'aide du quantificateur, la place que doit pouvoir occuper une expression d'un certain type (une expression numérique dans le cas présent) pour former un énoncé vrai, par exemple : « 3 est plus grand que 2 » ou « 4 est plus grand que 2 », etc.; on dira alors que les expressions numériques « 3 » et « 4 » sont des *instances de substitution* acceptables pour la variable « n ». Ainsi comprise, la quantification est un procédé *syntaxique*, en lui-même onto-logiquement inoffensif. Ruth Marcus dans son article explore l'intérêt de cette interprétation pour l'élimination nominaliste des entités abstraites. Toute la question, fait-elle remarquer à juste titre, est de savoir où localiser le « dispositif référentiel » des langages que nous utilisons. L'interprétation substitutionnelle des quantificateurs ne permet pas à elle seule d'évacuer tout engagement ontologique à l'endroit des entités abstraites, mais elle déplace la question vers les instances de substitution. Si le quantificateur est substitutionnel, l'énoncé « il y a un *n* tel que *n* est plus grand que 2 » ne comporte pas par lui-même d'engagement ontologique à l'endroit des nombres, mais comme il requiert une instance de substitution qui soit une expression numérique (comme « 3 » ou « 4 »), la question est de savoir si une expression de ce genre a ou non une portée référentielle. La thèse de Marcus est que ce déplacement constitue un gain net pour le nominaliste parce que de nombreuses catégories d'expressions qui sont dans certains contextes des instances de substitution acceptables peuvent être légitimement interprétées comme non référentielles. L'interprétation substitutionnelle des quantificateurs contribue ainsi, pense-t-elle, à faire l'économie ontologique des sens frégéens, des propositions, des états de choses et vraisemblablement de nombreuses autres prétendues entités abstraites.

Nelson Goodman

UN MONDE D'INDIVIDUS *

Individus et classes

Le monde est pour moi, en tant que nominaliste, un monde d'individus. J'ai cependant appris à mes dépens combien une affirmation aussi simple peut engendrer de malentendus. Certains d'entre eux sont assurément imputables au caractère parfois lacunaire de mes propres explications à ce sujet. D'autres résultent du manque d'attention accordée à ces dernières. Les adversaires du nominalisme ont fait appel aux arguments les plus disparates et les plus divers afin de le discréditer. Je tenterai encore une fois dans les pages qui suivent de clarifier ce que j'entends par nominalisme et d'expliquer pourquoi je suis convaincu de la valeur de cette doctrine.

De telles dissensions peuvent s'expliquer en partie par le fait que le mot « individu » comporte un élément émotionnel. D'après un auteur[1], il s'agirait d'un terme « honorifique » ; et j'ai

 * Nelson Goodman, « A World of Individuals », dans *The Problem of Universals*, avec Alonzo Church et I. M. Bochenski, Notre Dame, Ind., University of Notre Dame Press, 1956, p. 13-31 ; repris dans Nelson Goodman, *Problems and Projects*, Indianapolis, Bobbs-Merrill, 1972, p. 155-172. Traduction de Anne-Marie Boisvert et Claude Panaccio.

essuyé déjà bien des critiques pour l'avoir appliqué à des choses considérées comme indignes de cette appellation. Il aurait peut-être été plus sage de ma part de faire usage d'un mot différent, ou encore d'un néologisme, afin de m'éviter de tels reproches. Je suis cependant toujours prêt à défendre le choix que j'ai fait du terme « individu », selon moi tout à fait conforme à la pratique courante qui consiste à adapter le langage ordinaire à des buts techniques. Dans certains cas, ce que je considère comme un individu peut en effet se trouver dépourvu de plusieurs des caractéristiques ordinairement associées au terme « individu », et ne pas être regardé comme un individu au sens usuel. Mais s'agissant du terme « classe », la situation est exactement comparable. Pour un profane, qui utilise ce terme dans son acception pré-logique, des enfants à l'école forment une classe, tout comme les personnes d'un niveau social donné, mais non pas Platon, cette feuille de papier et le Taj Mahal. Le terme « ensemble » dans l'usage ordinaire est peut-être encore davantage sujet à restrictions que le terme « classe ». Pourtant, pour un logicien, n'importe quelles choses peuvent à bon droit constituer une classe ou un ensemble. Il est aussi inadéquat d'alléguer qu'un tout ou un individu véritable ne peut être composé de parties même très dispersées et très différentes les unes des autres, qu'il le serait d'alléguer qu'une classe véritable ne peut être composée de membres très dispersés et très différents les uns des autres. Dans le cas des « individus » comme dans le cas des « classes », l'usage technique peut être explicité à l'aide d'un calcul, et la divergence par rapport à l'usage ordinaire dûment notée. Une classe au sens booléen du terme se passe très bien de

---

1. Victor Lowe, à la page 125 du compte rendu intitulé « Professor Goodman's Concept of an Individual », *Philosophical Review*, vol. 62 (1953), p. 117-126.

cohésion sociale; et un individu au sens où je l'entends se passe tout aussi bien d'intégration personnelle.

La phrase d'ouverture imprudente de mon article[1] écrit en collaboration avec Quine a généré pour sa part une méprise d'une autre sorte. Bien que cette phrase, qui proclamait d'entrée de jeu : «Nous ne croyons pas en des entités abstraites», ait été davantage entendue par Quine et moi-même comme une entrée en matière à dessein provocante que comme une doctrine arrêtée, et bien que nous ayons émis tous deux des réserves à son sujet pratiquement sur-le-champ[2], les critiques n'ont pas cessé de s'en donner à cœur joie depuis lors. Ni lui ni moi n'écririons la même phrase aujourd'hui, mais ni lui ni moi ne la changerions non plus au point d'affecter le contenu de l'article en question au-delà du premier paragraphe. Quine a récemment écrit qu'il «préférerait à présent considérer cette phrase comme un énoncé hypothétique des conditions requises pour la construction en cours [dans cet article]»[3]. Plutôt que de passer du catégorique à l'hypothétique je choisirais pour ma part de passer du vaguement général au plus spécifique. Je ne regarde pas l'abstraction comme un test suffisant ni nécessaire pour taxer quoi que ce soit d'incompréhensible; et en effet, la ligne de partage entre ce qui est ordinairement appelé «abstrait» et ce qui est ordinairement appelé «concret» m'apparaît comme vague et capricieuse. Le nominalisme selon moi consiste avant toute chose dans le refus de reconnaître les classes.

---

1. N. Goodman et W. V. O. Quine, «Steps Toward a Constructive Nominalism», *Problems and Projects*, Indianapolis, Bobbs-Merrill, 1972.
2. Voir le troisième paragraphe et la seconde note en bas de page de l'article en question.
3. W. V. O. Quine, *From a Logical Point of View*, Harvard University Press, 1953, p. 173-174, trad. fr. par S. Laugier (dir.), *Du point de vue logique*, Paris, Vrin, 2003, p. 236.

Le fait que cette révision pour l'essentiel ait été faite dans mon livre[1], paru quatre ans après mon article avec Quine, est souvent passé inaperçu. Un principe-clé de cette reformulation stipulait clairement qu'un nominaliste doit rejeter les classes comme incompréhensibles, mais demeure libre de prendre n'importe quoi pour individu. Certaines critiques mal fondées auraient pu être évitées si cette déclaration avait reçu davantage d'attention; mais j'ai bien peur que certains de mes adversaires se soient imaginés me faire une faveur en ne la prenant pas au sérieux. Des explications supplémentaires peuvent par conséquent s'avérer utiles.

Le nominalisme tel que je le conçois (et je ne parle pas ici au nom de Quine) n'entraîne pas l'exclusion des entités abstraites, des esprits, des pressentiments d'immortalité, ou de quoi que ce soit de cette sorte; mais il requiert seulement que ce qui est admis comme entité soit considérée comme un individu. Un philosophe, nominaliste ou pas, peut certes imposer des exigences très strictes concernant ce qu'il est prêt à admettre comme entité; mais de telles exigences, aussi valables et aussi étroitement associées soient-elles au nominalisme traditionnel, sont selon moi tout à fait indépendantes du nominalisme proprement dit. Le nominalisme tel que je l'entends exige seulement que toutes les entités admises, peu importe leur nature, soient traitées comme des individus. J'expliquerai ce que cela veut dire exactement dans les prochaines sections; mais il est d'ores et déjà permis de supposer que le fait de traiter les entités comme des individus

---

1. N. Goodman, *La structure de l'apparence*, *op. cit.*, voir chapitre II: « Le dispositif général », section 3 : « Nominalisme », en particulier p. 52. Incidemment (comme il a été expliqué dans le livre et par la suite dans le présent article), étant donné que tout système nominaliste peut être aisément traduit dans un système platoniste, il est possible de souscrire à la majorité des propos du livre dans pour autant souscrire au nominalisme. La plupart de mes critiques ont explicitement reconnu ce point.

dans un système équivaut à les prendre comme valeurs des variables du type le plus bas dans ce même système.

Incidemment, plusieurs de mes critiques se sont fourvoyés en rapprochant les uns des autres des passages empruntés à des parties différentes de *La structure de l'apparence* sans accorder suffisamment d'attention au contexte. Dans le chapitre VI, je traite du choix des éléments pour un système constructionnel, mais sans le faire dépendre de la pertinence qu'il peut y avoir à considérer certaines entités plutôt que telles autres comme des individus. Absolument tout ce que nous sommes prêts à reconnaître comme entité peut être considéré comme un individu. Mais en construisant un système, nous devons examiner avec soin quelles entités nous sommes prêts à reconnaître effectivement – ou mieux, quels termes nous sommes prêts à interpréter de manière dénotationnelle et quels termes nous préférons interpréter de manière syncatégorématique. Aussi importante que soit la question, le nominalisme n'a pas à la trancher. Je n'ai jamais affirmé que le nominalisme suffise à rendre un système acceptable. J'ai simplement affirmé que le platonisme suffit à le rendre inacceptable. Ce point sera discuté plus tard en détail.

Il est toutefois permis de se demander si le nominalisme tire bien à conséquence. Car si le nominaliste est libre de considérer tout ce qu'il lui plaît comme un individu, pourquoi ne pourrait-il pas considérer également une classe comme un individu ?

Tout ce qui peut être considéré comme une classe peut en effet l'être comme un individu, et pourtant une classe ne peut pas être considérée comme un individu. Une telle affirmation peut sembler paradoxale, aussi m'efforcerai-je de la clarifier au moyen d'une analogie. Supposons que dans un jeu donné un joueur doive commencer par déposer chacune des cartes qu'il détient dans sa main soit à sa gauche, soit à sa droite sur la table ; il peut mettre n'importe quelle carte de n'importe quel côté et aussi déplacer une carte d'un côté à l'autre s'il le désire.

Néanmoins, et bien qu'il demeure libre de mettre n'importe quelle carte de n'importe quel côté, jamais il ne se fera qu'il se retrouve avec une carte de gauche à sa droite ; car une carte est soit de gauche, si elle est placée à gauche, soit de droite, si elle est placée à droite. De la même manière, une table est soit un individu, soit la classe formée de ses pieds et de sa surface, soit encore celle de ses molécules-classes d'atomes, suivant la façon dont elle est considérée dans un système. Tout comme la Grande Ourse est soit un individu, soit une classe d'étoiles, dépendant du système utilisé. Nous pouvons certes considérer n'importe quoi comme un individu (et scrupules nominalistes mis à part, nous pouvons considérer n'importe quoi comme une classe) ; mais nous ne pouvons pas plus considérer une classe comme un individu que nous retrouver avec une carte de gauche à notre droite.

LE PRINCIPE DU NOMINALISME

Bref, bien que le nominaliste s'autorise à considérer n'importe quoi comme un individu, il refuse de considérer quoi que ce soit comme une classe. Mais quel est au juste le principe à la base de ce refus ? Dans *La structure de l'apparence* j'ai déclaré que, *grosso modo*, le nominaliste répugnait à distinguer des entités sans distinction de contenu ; et certains de mes critiques ont négligé la formulation plus explicite qui suivait presque immédiatement cette déclaration. Le nominaliste se refuse à admettre que deux entités différentes puissent être composées des mêmes entités. Supposons par exemple qu'un nominaliste et un platoniste entament chacun la construction de leur système avec les mêmes éléments atomiques minimaux[1] ; disons, aux

---

1. Un élément atomique – ou atome – d'un système est simplement un élément d'un système qui ne contient pas d'éléments plus petits que lui-même

seules fins de la comparaison, que ces atomes sont au nombre de cinq. Le nominaliste admet aussi tous les touts ou toutes les sommes individuelles constitués de ces atomes, avec pour résultat un univers comportant au maximum $2^5 - 1$, c'est-à-dire trente-et-une entités. Il ne peut en concocter davantage ; car peu importe quels sont les individus ajoutés les uns aux autres parmi ces trente-et-un, il en résultera toujours un individu déjà compris au nombre de ces mêmes trente-et-un. Nous pouvons supposer que notre platoniste pour sa part n'admet pas de sommes d'atomes, mais plutôt toutes les classes composées de ces derniers. Ce qui, sans compter la classe vide et les singletons, lui donne également trente-et-une entités. Cependant, le platoniste admet en plus toutes les classes de classes d'atomes, accueillant du coup au sein de son univers $2^{31} - 1$, c'est-à-dire plus de deux milliards d'entités additionnelles. Et il n'entend pas s'arrêter en si bon chemin. Il admet également toutes les classes de classes de classes d'atomes, et ainsi à l'infini, s'élevant peu à peu à travers un univers en expansion explosive jusqu'à un prodigieux et exubérant paradis platonicien. Il tire toutes ces entités supplémentaires de ses cinq entités originales par un tour de passe-passe qui lui permet de fabriquer deux entités distinctes ou davantage à partir d'exactement les mêmes entités. Et c'est ici précisément que le nominaliste trace une limite.

Dans le monde de ce dernier, si nous partons de deux entités distinctes quelconques et les décomposons chacune aussi avant que nous le voulons (en parties, en parties de parties, et ainsi de suite), nous finissons toujours par repérer une entité qui est contenue dans l'une mais pas dans l'autre de nos deux entités originales. Au contraire, le monde du platoniste comporte au moins deux entités différentes que nous pouvons ainsi

pour le système en question. Dépendant du système, un électron, une molécule ou même une planète peuvent être considérés comme des atomes.

décomposer (en membres, membres de membres, et ainsi de suite), mais de manière à obtenir exactement les mêmes entités à la fin. Par exemple, supposons que K ait deux membres : la classe de a et b, et la classe de c et d; et supposons que L ait aussi deux membres : la classe de a et c, et la classe de b et d. Dès lors, et bien que K et L soient des classes différentes, elles sont toutes les deux décomposables en a, b, c, et d. De plus, K est aussi décomposable en exactement les mêmes entités que la classe comprenant K et L comme membres. De tels exemples constituent des cas patents de ce que le nominaliste dénonce comme distinction d'entités sans distinction de contenu.

Du même coup, le lien entre nominalisme et extensionnalisme s'en trouve éclairé, l'un comme l'autre partageant en effet la même aversion envers la multiplication d'entités sans nécessité. L'extensionnalisme proscrit la composition, à l'aide de la relation d'appartenance, de plus d'une entité avec exactement les mêmes entités ; le nominalisme va plus loin, prohibant la composition de plus d'une entité avec exactement les mêmes entités à l'aide d'une chaîne de relations d'appartenance, quelle qu'elle soit. Pour l'extensionnaliste, deux entités sont identiques si elles sont composées des mêmes membres ; pour le nominaliste, deux entités sont identiques si elles sont composées de quelque manière que ce soit des mêmes entités. La restriction imposée par l'extensionnaliste à la génération d'entités constitue simplement un cas spécial de la restriction plus générale imposée par le nominaliste.

Le nominalisme décrit le monde comme étant composé d'individus. Afin d'expliquer le nominalisme, nous devons expliquer non pas ce que sont les individus mais plutôt *ce que c'est que de décrire le monde comme étant composé d'individus*. Décrire ainsi le monde c'est le décrire comme étant formé d'entités dont aucune n'est composée exactement des mêmes entités qu'une autre. Je viens tout juste d'expliquer ce que cela veut dire, mais une formulation un peu plus technique peut se révéler utile.

Supposons deux systèmes constructionnels, avec un atome ou davantage (mais pas nécessairement le même, ni le même nombre d'atomes). Les entités autres que les atomes sont générées dans le système I comme des classes, et dans le système II comme des sommes-individus. Effaçons toutes les différences purement notationnelles entre les deux systèmes. Nous pouvons supposer d'entrée de jeu que chaque système n'utilise qu'un seul type de variable[1]. Éliminons ensuite tous les signes révélateurs restants du système I à l'exception de « ε^* » (pour l'ancestrale propre d'« est un membre de ») par développement en termes de « ε^* »; et de la même manière éliminons tous les signes particuliers du système II hormis « $\ll$ » (pour « est une partie propre de ») par développement en termes de « $\ll$ ». Enfin, inscrivons « R » à la place de chaque occurrence de « ε^* » dans le systeme I, et à la place de chaque occurrence de « $\ll$ » dans le système II. Aucune distinction purement notationnelle entre les deux systèmes ne subsiste : et « R » dans chacun des deux est une relation non-réflexive, asymétrique et transitive. (Si le système I est un système unisortal [« one-sorted »] dans lequel « ε » n'est pas définissable en termes de « ε^* », nous tiendrons seulement compte des théorèmes concernant « ε^* »). Sera-t-il possible dans ces conditions de différencier les deux systèmes ?

Pour chaque système, x est un atome si et seulement si aucune entité n'est en relation R avec x[2]; et x est un atome de y (symbole : « Axy ») si et seulement si x est un atome et x est

---

[1]. Le but est de rendre les deux systèmes aussi semblables que possible, de manière à en isoler la différence la plus cruciale.

[2]. Toute classe vide du système I apparaîtra ainsi simplement comme un des atomes de I dans sa version déguisée, et ne laissera par conséquent aucune trace révélatrice.

identique à y ou en relation R avec celui-ci. Or, et contrairement à ce qui se passe dans un système platoniste, les entités sont les mêmes dans un système nominaliste si leur atomes sont les mêmes. Ainsi les deux systèmes déguisés seront distinguables l'un de l'autre du fait que le système nominaliste satisfait, tandis que le système platoniste viole, le principe suivant :

$$(x)(Axy \equiv Axz) \supset y = z^1.$$

Manifestement, le système I déguisé violera ce principe s'il reconnaît un nombre d'entités plus élevé que 2^n-1, où n est le nombre des atomes dans ce système ; ou encore, si I admet les classes-unités, puisque la classe-unité et son membre comporteront les mêmes atomes. Mais même si I est un système platoniste soumis à des restrictions telles qu'il devienne impossible de le distinguer de II d'aucune de ces deux manières, il sera néanmoins reconnaissable malgré son déguisement parce qu'il violera le principe énoncé ci-dessus. Et si I n'admet pas une telle diversité de classes, eh bien c'est qu'il n'est pas platoniste du tout, indépendamment de sa notation.

Cette démonstration permet à mon avis de disposer de l'accusation selon laquelle la distinction entre nominalisme et platonisme serait une simple question de notation[2], en même temps que de clarifier la maxime du nominaliste : « Aucune distinction d'entités sans distinction de contenu ». Dans un système nominaliste, jamais deux choses distinctes ne possèdent les mêmes atomes ; des choses différentes peuvent être générées seulement à partir d'atomes différents ; la non-identité entre

---

1. Les deux systèmes satisferont cependant le principe converse ; dans le nominalisme comme dans le platonisme, si x et y sont identiques alors ils possèdent les mêmes atomes.

2. Cette accusation a été formulée entre autres par Wang, à la page 416 de son article intitulé « What is an Individual ? », *Philosophical Review*, vol. 62 (1953), p. 413-420.

choses est à chaque fois réductible à la non-identité entre leurs atomes respectifs.

Il importe aussi de se demander si la distinction entre nominalisme et platonisme peut être exprimée de manière *purement* formelle. Dans l'exemple présenté ci-dessus, le problème était de trouver une manière de déterminer si un système donné était nominaliste ou platoniste, sachant que l'une des relations dans ce système était soit « ε^* », soit « $\ll$ ». Supposons maintenant que nous soyons confrontés à un système sans savoir comment en interpréter les prédicats ; ou mieux, supposons que les relations dans ce système soient seulement représentées à l'aide de diagrammes avec des flèches. Serons-nous en mesure de déterminer si le système en question est nominaliste ou platoniste ? La réponse est *non*. Nous avons besoin de savoir quelle relation est la relation « génératrice »[1] dans ce système – et donc quels éléments sont des atomes dans ce système. Considérons par exemple le diagramme suivant pour un système à une seule relation :

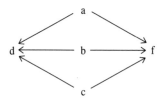

1. Une condition nécessaire mais non suffisante pour une relation génératrice dans un système est que le système comprenne un élément y ayant cette relation avec un autre élément x si et seulement si x est un élément non atomique du système. Étant donné la relation génératrice, les atomes sont toujours déterminés. Étant donné les atomes, la relation génératrice n'est pas toujours déterminée, mais dans certains cas tel que celui décrit ici elle peut l'être. (Voir plus loin l'appendice à la fin de cet article). La relation génératrice G d'un système est la relation qui s'établit entre deux éléments x et y du système si et seulement si x et y sont reliés l'un à l'autre par une séquence de paires telle que le premier élément de chaque paire est soit une partie propre, soit un membre du second élément.

Si nous savons que *a*, *b* et *c* sont les atomes de ce système, ou que la relation représentée ci-dessus est une relation génératrice, alors nous serons en mesure d'affirmer que le système est platoniste – puisque dans ce cas les éléments distincts *d* et *f* posséderont les mêmes atomes. D'un autre côté, si nous savons que *a*, *b*, *c*, *d* et *f* sont tous des atomes du système, alors nous serons en mesure d'affirmer que le système est nominaliste. Mais si nous ignorons quels sont les atomes ou si la relation est oui ou non une relation génératrice, nous ne pourrons pas dire si le système est platoniste ou nominaliste. Notons cependant qu'en l'absence de telles informations nous ne pourrons pas dire *non plus* si un système est oui ou non extensionnel. C'est ainsi que le système dans le diagramme sera extensionnel si la relation qui y est représentée est celle d'enfant à parent mais sûrement pas s'il s'agit d'une relation de membre à classe[1]. De peur que certains n'accueillent avec joie la prétendue chance de rejeter tant le qualificatif de « nominaliste » que celui d'« extensionnel » en arguant que ces termes ne constituent pas des caractérisations purement formelles du système, je m'empresserai de faire remarquer qu'aucune caractérisation d'aucun système n'est purement formelle en ce sens. Car si nous nous trouvons simplement face à un diagramme avec des flèches, sans aucune information regardant son interprétation, alors nous ne saurons même pas que les flèches représentent des relations ou que les lettres représentent des éléments. Nous ne pourrons rien dire du tout au sujet du système en question ou même *s'il y a* un système en question; le diagramme pourrait se révéler être un signe cabalistique ou encore un caractère complexe servant de nom

---

1. Il se trouve que le système représenté dans ce diagramme est extensionnel seulement s'il est nominaliste, bien qu'évidemment ceci ne soit pas vrai de tous les systèmes. Bien entendu, tout système est nominaliste seulement s'il est extensionnel.

propre à un élément singulier. Une classification appliquée à des systèmes symboliques ne devient signifiante que si au moins certaines restrictions sont imposées à l'interprétation des symboles. Le critère permettant de décréter qu'un système est ou non nominaliste est formel au même degré, d'ailleurs plutôt élevé, que le critère usuel pour l'extensionnalité.

Je me suis efforcé dans ce qui précède d'expliciter ma version du nominalisme. Pour le résumer rapidement, j'ai d'abord affirmé que le nominaliste insiste pour décrire le monde comme étant composé d'individus, que le fait de décrire le monde comme étant composé d'individus revient à le décrire comme étant composé d'entités dont aucune n'a le même contenu, et que ceci revient à son tour à le décrire au moyen d'un système dans lequel aucune entité distincte ne possède exactement les même atomes qu'une autre.

À présent, afin de justifier et de défendre ma conception du nominalisme telle que je viens de l'exposer, je désirerais examiner dans la section qui suit quelques-unes des objections les plus souvent formulées à son endroit.

OBJECTIONS ET RÉPONSES

a) *Objection* : Le nominalisme décrit ici n'est pas réellement le nominalisme au sens traditionnel du terme.

Réponse : Il ne fait nul doute qu'un bon nombre de thèses différentes peuvent être considérées à bon droit comme des descendantes aussi légitimes les unes que les autres du nominalisme d'antan. Je ne prétends par conséquent rien de plus ici que la chose suivante, à savoir que le principe que j'ai proposé constitue une formulation raisonnable de l'injonction traditionnelle à l'encontre de la multiplication des entités sans nécessité. Et je suis prêt à me soumettre au jugement du Père Bochenski sur ce point. S'il me refuse sa bénédiction, j'en serai seulement quitte pour renoncer à l'usage d'une étiquette qui ne fait d'ailleurs que susciter la critique.

b) *Objection* : Le principe du nominalisme tel que formulé ci-dessus est faux en tant que déclaration, et sans fondement en tant que stipulation ; car nous savons par expérience que des choses différentes *sont* souvent faites du même matériau, ou des mêmes particules, en des temps différents.

Réponse : L'expression « en des temps différents » cache ici un piège. Bien sûr, il arrive souvent que des figurines différentes soient constituées à l'aide d'un même morceau d'argile en des temps différents ; et bien sûr, il arrive souvent que les mêmes atomes se combinent en des produits différents en des temps différents. De la même manière, des pièces différentes sont pour ainsi dire souvent constituées du même immeuble en des lieux différents ; et les mêmes rues constituent parfois des intersections différentes en des lieux différents. Il est vrai que ces diffé-rentes pièces ou intersections sont constituées de parties (spatia-lement) différentes de l'immeuble ou des rues en question ; mais de même, les différentes figurines ou les différents produits sont constitués de parties (temporellement) différentes du morceau d'argile ou des atomes en question. Nous sommes libres de ne pas tenir compte de la dimension temporelle ou de n'importe quelle autre dimension, comme il nous plaira ; mais si nous devions faire abstraction de la divisibilité au point de vue spatial des immeubles ou des rues, nous ne pourrions plus parler de manière très cohérente du même immeuble, ou de la même rue, *en des lieux différents*. De manière similaire, si nous devions faire abstraction de leur divisibilité au point de vue temporel, nous ne pourrions plus parler de manière très cohérente du même morceau d'argile, ou des mêmes atomes, *en des temps différents*. L'expérience courante qui nous fait retrouver (les différentes parties temporelles d') un même morceau d'argile dans des figurines différentes ne peut p as plus servir à discréditer le principe du nominalisme que l'expérience aussi courante (des différentes parties spatiales) d'un même immeuble constituant différentes pièces.

Une variante de cette objection invoque l'exemple de paires ordonnées telles que *Washington*, *Lincoln* et *Lincoln*, *Washington* comme une claire illustration de la possibilité de composer des entités différentes à partir des mêmes individus[1]. Afin d'être pertinente, cette objection ne devrait bien entendu en aucun cas nécessiter pour sa validation que ces paires ordonnées soient définies d'abord de la manière dont le fait habituellement le logicien, c'est-à-dire comme des classes de classes distinctes; car la légitimité d'une telle génération multiple de classes à partir des mêmes individus est justement ce qui est en question ici. L'argument devrait plutôt être reformulé comme suit : quelle que soit la manière dont les paires ordonnées sont définies dans n'importe quel système formel, l'existence de telles paires démontre bien que des choses distinctes peuvent être composées des mêmes choses. Mais il est clair que cette affirmation n'est pas vraie. En général nous n'en conclurons pas plus que nous décrivons des entités composites différentes quand nous nommons deux personnes dans un ordre différent, que nous en conclurons qu'une maison considérée de haut en bas et la même maison considérée de bas en haut constituent des entités différentes, ou que la capitale du Massachusetts et la plus grande ville de la Nouvelle-Angleterre sont des choses différentes. Des récits différents de la bataille de Bull Run ne rapportent pas pour autant des événements différents. Une multiplicité de descriptions ne constitue pas, dans la vie courante, une preuve de la multiplicité correspondante des choses qu'elles décrivent.

---

1. Voir la page 110 de l'article de C. G. Hempel intitulé « Reflections on Nelson Goodman's *The Structure of Appearance* », *Philosophical Review*, vol. 62 (1953), p. 108-116.

Je ne vois ainsi dans l'expérience courante rien qui permette de mettre en échec le principe du nominalisme.

c) *Objection* : L'observance dudit principe n'est pas une garantie suffisante du bien-fondé ou du caractère sensé d'un système philosophique ; car il demeure toujours possible d'élever n'importe quoi ou presque à la dignité d'atomes admis dans ce système.

Réponse : Certes. Le nominalisme ne garantit pas plus le bien-fondé au point de vue philosophique que le refus d'avaler du poison ne garantit la santé physique. Nous devons observer par-dessus le marché de nombreuses règles supplémentaires pour parvenir à la santé tant philosophique que physique. Et effectivement, dans certains cas, un système modérément platoniste avec une ontologie atomique saine peut se révéler un moindre mal si la seule autre option est celle d'un système nominaliste prenant pour atomes de monstrueuses absurdités – tout comme une très petite dose de poison peut être moins dommageable qu'une balle dans la tête.

Le nominalisme est une condition nécessaire plutôt que suffisante pour un système philosophique acceptable. Pour nous assurer de bien construire celui-ci, il nous faut d'abord exercer le soin le plus scrupuleux dans le choix de nos matériaux bruts. Un philosophe peut très bien se laisser guider, en choisissant les atomes pour son système, par des attitudes ou des principes associés au nominalisme par tempérament ou tradition ; mais il demeure que de tels principes sont indépendants du nominalisme tel que je l'ai défini. Le nominalisme n'offre pas une protection à toute épreuve et il ne nous empêchera pas d'entreprendre notre construction avec des atomes choisis en dépit du bon sens. Il nous empêchera cependant de fabriquer des entités aberrantes avec des atomes choisis avec discernement en usant des trucs platonistes habituels. En d'autres termes, le nominalisme est une règle de restriction à la construction, qui ne sélectionnera pas nos matériaux de base à notre place et ne nous aidera pas à produire de bons résultats avec des matériaux de mauvaise qualité, mais qui nous aidera certainement à ne pas produire de mauvais résultats avec des matériaux de bonne qualité.

d) *Objection* : Se conformer à la règle du nominalisme en générant à partir des individus des touts, plutôt que des classes, coûte aussi cher que cela rapporte, car cela équivaut souvent à forcer l'imagination à accepter au nombre des individus des agrégats composés d'éléments hétérogènes ou éparpillés, agrégats qui ne sont dans la pratique jamais reconnus comme des unités singulières et sont aussi incompréhensibles sinon davantage que les classes peuvent l'être [1].

Réponse : Cette objection constitue peut-être le grief le plus fréquent contre le nominalisme, à savoir que ses adeptes se serviraient d'une analogie de plus en plus forcée, au point d'en devenir désespérée, afin d'étendre l'application de termes tels que « partie », « tout » et « individu » au-delà du domaine des choses bien délimitées et continues au point de vue spatio-temporel. Je crois pourtant que, comme je l'ai suggéré plus tôt, cette objection peut recevoir une réponse nette et sans appel. La terminologie utilisée dans un système n'a pas d'incidence sur la classification du système en question comme nominaliste ou platoniste suivant le critère que j'ai exposé plus haut. Tant et aussi longtemps qu'un système n'admet pas en son sein deux entités distinctes composées exactement des mêmes atomes, il peut être considéré comme nominaliste, et ce, peu importe que la relation génératrice en jeu dans ce système s'appelle « ε », « ε » ou simplement « R », ou que les valeurs de ses variables se

---

1. Cette objection est formulée, par exemple, par Lowe dans l'article cité plus haut à la note 1 de la page 158 ; et également par Quine à la page 559 de son compte rendu de *S A* dans *Journal of Philosophy*, vol. 48 (1951), p. 556-563.

nomment « classes », « individus » ou simplement « entités ». Les mots et les symboles utilisés dans un système n'en font pas un système platoniste ; il devient platoniste seulement quand il admet des entités différentes avec exactement les mêmes atomes.

Par conséquent un système nominaliste ne défie pas davantage l'imagination qu'un système platoniste. Car l'appareil théorique du nominaliste constitue simplement une partie de l'appareil théorique du platoniste. Il est possible de projeter un système nominaliste dans un système platoniste. Un système nominaliste est un système platoniste où certaines restrictions spécifiques s'appliquent.

En conclusion, quelles que puissent être les nouvelles charges contre le nominalisme, du moins cette objection préférée entre toutes mérite d'être enfin mise au rancart.

e) *Objection* : Le nominalisme est trivial pour un finitiste et inutile pour un non-finitiste, puisque tout système avec une ontologie finie est facilement transformable en un système nominaliste alors qu'un système avec une ontologie infinie répugne à tout nominaliste bon teint.

Réponse : Considérons d'abord le dernier point. Il est peu probable qu'un nominaliste soit un non-finitiste, un peu à la façon dont il est peu probable qu'un maçon soit un danseur de ballet. La chose est tout au plus incongrue, elle n'en est pas pour autant impossible. Il est évident que, d'après le critère du nominalisme énoncé plus haut, certains systèmes avec des ontologies infinies sont nominalistes, et certains systèmes avec des ontologies finies sont platonistes.

Mais alors, soutient Hao Wang[1], un système platoniste finitiste peut être aisément « nominalisé ». Sans prétendre

1. Voir plus haut l'article cité p. 166 n. 2.

qu'une méthode évidente pour cette entreprise de transformation soit à portée de main, Wang évoque néanmoins une méthode ingénieuse dont l'invention revient à Quine[1]. Supposons à présent pour un moment qu'en effet cette méthode se révèle tout à fait adéquate. Cela voudrait-il dire que le programme nominaliste en deviendrait pour autant inutile et trivial? Au contraire, cela voudrait dire qu'une partie importante du programme nominaliste pourrait être considérée comme accomplie. Le nominaliste, après tout, est à la recherche d'une traduction nominaliste pour tout ce qui lui semble bon à sauver. Plus il réussira à trouver des façons de remplacer les constructions platonistes par des constructions nominalistes, moins il rencontrera de cas où il aura à se méfier de l'appareil théorique du platoniste; car il demeure libre d'utiliser sans scrupule ce qu'il sait par ailleurs comment éliminer. Aussi, quand Wang dit: «Vous voyez bien que ces manifestations de platonisme sont en définitive inoffensives», il fait complètement fi des efforts du nominaliste auquel on doit pourtant le succès de cette campagne d'assainissement. On pourrait tout aussi bien dire que le programme d'éradication de la variole aux États-Unis aura été inutile parce qu'il n'y a plus de cas de variole. Dans un sens, bien sûr, tout programme mené à terme est trivial – au sens où, justement, le but de tout programme est de se rendre lui-même caduc.

Il faut cependant rappeler que, malheureusement, le programme nominaliste n'a pas été aussi complètement réalisé pour tous les systèmes finis. Quine, après avoir présenté sa méthode, s'est empressé d'en souligner de manière explicite les défauts rédhibitoires. Ainsi la méthode en question ne pourra jamais être utilisée dans le cas d'un système avec une ontologie embrassant l'univers dans son entier; car il faudrait un nombre

---

1. Voir l'article de Quine intitulé «On Universals», *Journal of Symbolic Logic*, vol. 12 (1947), p. 78-84.

plus élevé d'inscriptions pour écrire même un seul énoncé universellement quantifié qu'il n'y a de choses dans l'univers. Cette méthode constitue donc de l'avis de Quine lui-même une tentative intéressante mais en fin de compte infructueuse, qu'il abandonne incontinent.

Par conséquent, la présentation que fait Wang de la méthode de Quine est incorrecte ; et même s'il avait raison sur les faits, la conclusion qu'il s'efforce d'en tirer serait quand même erronée.

f) *Objection* : Le nominalisme est impossible à mener à bien.

Réponse : Cette objection fait pendant au reproche de trivialité que l'on vient d'examiner. Déclarer un programme impossible jusqu'à ce qu'il soit complété, le déclarer trivial après, voilà contre lui une défense à toute épreuve. Dans les sciences formelles il est certes prouvé que certains problèmes ne peuvent pas être résolus – par exemple, la trisection des angles à l'aide seulement d'une règle et d'un compas. Mais il n'existe aucun semblant de preuve qui permettrait de démontrer l'impossibilité du nominalisme en tant que programme. Et certaines parties de ce programme que l'on a déjà mentionnées avec assurance comme impossibles à accomplir ont été récemment menées à bien, notamment le traitement nominaliste et même finitiste de la majeure partie des mathématiques classiques, y compris des définitions générales pour « preuve » et « théorème »[1].

Et même si la pleine réalisation du programme nominaliste doit à la fin s'avérer impossible, il ne s'ensuit pas que les efforts déployés en ce sens auront été vains. L'impossibilité de pouvoir opérer la trisection des angles à l'aide d'une règle et d'un compas ne nous conduit ni à douter de la valeur de la géométrie euclidienne, ni à conclure qu'Euclide s'est montré trop parcimonieux dans le choix de ses outils.

---

1. Dans l'article conjoint cité ci-dessus, p. 159, n. 1.

En fin de compte, même si le nominaliste se montre incapable de vivre tout à fait selon ses moyens, il continuera néanmoins d'essayer aussi longtemps qu'il pourra. Avant de se résoudre au chapardage, il entend être vraiment sûr d'abord qu'il lui faut voler, et combien.

g) *Objection* : Le nominalisme risque d'entraver le développement des mathématiques et des autres sciences en les privant de méthodes qui leur ont permis et continuent de leur permettre de parvenir à certains de leurs résultats les plus importants[1].

Réponse : Pas du tout. Le nominaliste n'entend pas imposer de restrictions au scientifique. Ce dernier demeure libre d'utiliser un mode de construction platoniste pour les classes, d'admettre les nombres complexes, de lire l'avenir dans les entrailles, bref, de recourir à n'importe quelle ineptie s'il la juge propice à l'obtention des résultats qu'il recherche. Mais le produit de son travail devient ensuite du matériau brut pour le philosophe, dont la tâche est de faire sens de tout cela, c'est-à-dire de clarifier, de simplifier, d'expliquer, d'interpréter les résultats du scientifique dans des termes qui soient compréhensibles. Pour le dire de manière imagée, le scientifique gère l'entreprise mais le philosophe tient la comptabilité. Le nominalisme est une limite que le philosophe s'impose à lui-même, simplement parce qu'il estime qu'il lui est impossible autrement de faire vraiment sens des matériaux qui lui sont proposés. Il doit

---

1. Voir par exemple la dernière page de l'article de Carnap, « Empirism, Semantics and Ontology », *Revue internationale de philosophie*, 4 (1950), p. 20-40 (repris dans *Semantics and the Philosophy of Language*, ss la dir. de L. Linsky, University of Illinois Press, 1952, p. 202-228, trad. fr. par F. Rivenc et Ph. de Rouilhan dans *Signification et nécessité*, Paris, Gallimard, 1997, p. 313-335.

digérer ce qu'on lui sert avant de pouvoir l'assimiler; mais il ne s'attend pas à ce que tout soit digéré d'avance.

Au demeurant, les avantages pour un scientifique d'un appareil théorique foisonnant et compliqué sont facilement surestimés. La pauvreté des moyens est souvent génératrice de clarté et de progrès en science comme en philosophie. D'ailleurs, certains scientifiques – œuvrant par exemple en linguistique structurale[1] – ont tenu à s'imposer à eux-mêmes toutes les restrictions du nominalisme afin d'éviter la confusion et l'aveuglement. La politique du «tous les coups sont permis» peut paraître exaltante, mais elle peut parfois devenir une vraie source d'embrouilles.

h) *Objection*: Le nominalisme est bigot. En adoptant ou en rejetant un appareil conceptuel ou un système formel, nous devrions être motivés, non par une prétendue intuition de ses mérites et de ses défauts intrinsèques, mais seulement par les résultats que nous sommes en mesure d'obtenir grâce à lui. Les langages et les systèmes formels sont des instruments, et ceux-ci doivent être évalués d'après leur plus ou moins bonne performance. Le philosophe ne doit pas se desservir lui-même en répudiant sur la base de préjugés ou de dogmes ce qui pourrait lui être utile.

Réponse: C'est un point sur lequel Carnap a fortement insisté[2], et qui semble aussi avoir persuadé Quine de renoncer de manière plus ou moins définitive au nominalisme. Mais assurément le nominaliste n'entend pas exclure quoi que ce soit qui pourrait servir la tâche de la philosophie. Ses adversaires semblent penser que cette tâche consiste à faire des prédictions

1. En particulier, Z. Harris et N. Chomsky. Voir par exemple l'article de ce dernier, intitulé «Systems of Syntactic Analysis», *Journal of Symbolic Logic*, vol. 18 (1953), p. 242-256.

2. Dans l'article cité ci-dessus p. 177 n. 1.

correctes et à contrôler la nature. De tels objectifs comptent certainement au nombre des préoccupations majeures de la vie quotidienne, de la technologie et de la science; mais ils ne constituent pas le but premier de la philosophie – pas plus, à mon avis, que celui de la science dans ses aspects les plus philosophiques. Il va sans dire qu'un système capable de prédire correctement les événements futurs mais rendant compte des événements passés de manière erronée serait rapidement abandonné par tout théoricien de la science ou par tout philosophe le moindrement sensé. Mais même si une description à la fois fidèle et exhaustive des faits passés, présents et futurs pouvait être produite, cela n'empêcherait pas le travail du philosophe de demeurer inachevé. Comme je le disais à l'instant, sa tâche est de faire des liens, de systématiser, d'interpréter, d'expliquer. Il est mû non par des besoins pratiques mais par le seul désir (non pratique) de comprendre. Lui aussi jugera un système sur son plus ou moins bon fonctionnement; mais un système fonctionne pour lui seulement s'il arrive à clarifier ce qu'il faut clarifier. Le nominaliste évite délibérément d'employer les outils théoriques du platoniste, justement parce qu'il estime que leur usage contrarie le dessein de la philosophie plutôt qu'il ne le sert. Une histoire claire ne peut être racontée dans un langage inintelligible.

Le nominaliste ne peut démontrer la nécessité des restrictions qu'il s'impose à lui-même. Il adopte le principe du nominalisme en gros dans le même esprit que plusieurs y compris lui-même adoptent le principe d'extensionnalité, ou que les philosophes de la logique en général adoptent le principe de contradiction. Aucun de ces principes n'est prouvable; tous sont stipulés comme des prérequis au bien-fondé d'un système philosophique. Habituellement, si un philosophe choisit de les adopter, c'est qu'en conscience il ne peut faire autrement. Cela ne veut pas dire qu'il doive s'interdire à tout jamais de changer d'idée. Si le néo-pragmatiste insiste avec assez de force, je pourrai même lui concéder le fait que je puisse un jour renoncer au principe de contradiction dans l'intérêt d'obtenir de meilleurs résultats – encore que si je devais renoncer à ce principe, je me demande en quoi pourrait bien consister dans ces conditions la différence entre obtenir des résultats et ne pas en obtenir. Mais je suis prêt à faire cette concession, uniquement cependant si le pragmatiste me concède en retour que nous puissions un jour aller jusqu'à renoncer également à sa «loi de l'obtention de résultats à tout prix». À moins qu'il n'entende faire une exception pour cette loi parce qu'elle résumerait l'essence de l'esprit humain?

Carnap s'élève avec éloquence contre ce qu'il considère comme de l'étroitesse d'esprit en philosophie, avec pour finir cette exhortation : « *Soyons circonspects quand il s'agit de faire des assertions, et critiques quand il s'agit de les examiner, mais tolérants quand il s'agit d'autoriser des formes linguistiques* »; Quine abonde dans le même sens, en soutenant que «l'attitude qui s'impose est la tolérance assortie d'un esprit expérimental »[1]. Bien que je répugne à jouer ici les trouble-fête, il y a des limites à ma tolérance de la tolérance. J'admire l'homme d'État tolérant à l'égard des opinions politiques qui divergent des siennes; ou la personne tolérante envers tout ce qui touche aux différences de race et d'éducation; mais je n'admire pas le comptable tolérant des erreurs dans ses additions, le logicien dans ses démonstrations, ou le musicien dans sa musique. Dans tous les domaines d'activité, une performance pour être satisfaisante exige dans certaines matières des soins méticuleux; et en philosophie l'une de ces matières est celle du choix d'un appareil théorique pour un système ou d'une « forme linguistique ». Par conséquent, en lieu

---

1. *Du point de vue logique* (voir ci-dessus p. 159 n. 3), p. 47.

et place de l'exhortation de Carnap, je proposerai plutôt celle-ci :
« *Soyons, en tant que philosophes, excessivement pointilleux quand il s'agit de choisir des formes linguistiques* ».

Les choix qui résulteront de l'application de cette consigne varieront avec le philosophe. Mais s'il fallait que cette considération soit une bonne raison pour justifier d'opter plutôt pour l'indifférence, alors les variations de goûts et de croyances seraient de bonnes raisons pour justifier l'indifférence en matière de qualité en art ou de vérité en science.

AU REVOIR [1]

J'ai exposé dans ce qui précède ma version du nominalisme, et riposté aux objections qui lui reprochaient de ne pas être du nominalisme, d'être faux ou sans fondement, d'être trop faible, d'être trop fort, d'être trivial, d'être impossible, de gêner le développement de la science, d'être bigot. Pourtant je suis loin de présumer au terme de cet article avoir répondu à toutes les critiques susceptibles d'être adressées au nominalisme dans le futur, ou même à toutes celles qui lui ont été déjà faites par le passé. Le nominalisme génère peu d'entités mais soulève des objections à n'en plus finir. On le regarde comme un vandale intellectuel ; et toutes les bonnes gens du voisinage montent à l'assaut pour défendre contre lui l'héritage familial. Mais le nominaliste peut poursuivre malgré tout sa besogne sans broncher ; car sa position est virtuellement inexpugnable. Chacun des outils qu'il utilise, chacun des pas qu'il fait, sont assurés de trouver grâce aux yeux de ses adversaires ; il n'exécute aucun mouvement qui ne soit entièrement légitime et conforme aux normes platonistes. Aussi, quand le nominaliste et le platoniste

---

1. En français dans le texte. NDLT

se disent « au revoir »[1], du seul nominaliste peut-on s'attendre qu'il respecte sans tricher la recommandation familière souvent entendue lors d'une séparation : « Ne fais rien que je ne ferais pas ».

APPENDICE [2]

Un système est nominaliste, au sens précis que je viens de définir, si aucune de ses entités n'est générée à partir d'exactement les mêmes atomes qu'une autre. Afin d'appliquer ce test, nous avons besoin de savoir quelle relation du système est sa relation « génératrice », et donc quels sont les atomes de ce système, c'est-à-dire quelles sont les entités du système qui n'appartiennent pas au domaine converse de la relation génératrice en question. La relation génératrice du système est l'ancestrale de la somme logique de la relation de partie propre et de la relation d'appartenance en jeu dans le système.

L'intérêt du critère du nominalisme tel que je l'ai présenté réside avant toute chose dans son indépendance par rapport à la notation. Il devient loisible dans ces conditions d'utiliser le signe « ε », de parler de classes, et de se retrouver quand même avec un système nominaliste, pourvu que de sévères restrictions sur les classes qui y sont admises soient observées. Cependant personne ne pourra échapper à l'accusation de platonisme si ces restrictions sont violées, même en utilisant un autre signe, disons « R », à la place de « ε ».

Étant donné que les classes de relations génératrices sont définies par référence à des relations particulières – de partie propre et d'appartenance – le critère du nominalisme ne peut pas être considéré comme purement formel. Avant de pouvoir

---

1. En français dans le texte. NDLT

2. Cet appendice a été d'abord publié sous la forme d'une note intitulée « On Relations that Generate », *Philosophical Studies*, 9 (1958), p. 65-66.

appliquer ce critère, il est nécessaire de savoir laquelle des relations du système est la relation génératrice (s'il y en une). Mais cette information est aussi indispensable pour déterminer si un système est ou non extensionnel. En conséquence de quoi, le critère du nominalisme n'est pas moins formel que celui de l'extensionnalisme. Et en effet, le nominalisme tel que je le définis peut à bon droit être appelé « hyper-extensionnalisme »[1].

Tout ceci constitue une reformulation de ce que j'espère avoir exprimé de manière claire dans l'article qui précède. Mais le professeur Hempel[2], supposant que j'utilise le terme de « relation génératrice » dans un sens beaucoup plus large que je ne le fais, m'a reproché de ne pas en offrir de définition claire et a proposé la relation de parent à enfant comme exemple de relation génératrice. Cette relation ne remplit pas plus les critères que j'ai mis en place pour une relation génératrice que ne le fait celle d'enfant à parent mentionnée dans mon article. Par conséquent, Hempel a tort d'affirmer que le système qu'il décrit, avec la relation parent-enfant comme seule relation, serait platoniste suivant mon critère. Un tel système ne possède pas de relation génératrice, il ne comporte en fait d'entités que des atomes, il est donc nominaliste.

---

1. Je suis redevable au professeur Quine de ce terme tout à fait approprié.

2. *Journal of Symbolic Logic*, vol. 22 (1957), p. 206-207.

RENÉ DESCARTES

SUR LE NOMBRE, L'ESPACE ET LE VIDE [*]

*Que la grandeur ne diffère de ce qui est grand, ni le nombre
des choses nombrées, que par notre pensée.*

[…] la grandeur ne diffère de ce qui est grand et le nombre de
ce qui est nombré, que par notre pensée; c'est-à-dire qu'encore
que nous puissions penser à ce qui est de la nature d'une chose
étendue qui est comprise en un espace de dix pieds, sans prendre
garde à cette mesure de dix pieds, à cause que cette chose est de
même nature en chacune de ses parties comme dans le tout; et
que nous puissions penser à un nombre de dix, ou bien à une
grandeur continue de dix pieds, sans penser à une telle chose, à
cause que l'idée que nous avons du nombre de dix est la même,
soit que nous considérions un nombre de dix pieds ou quelque
autre dizaine; et que nous puissions même concevoir une
grandeur continue de dix pieds sans faire réflexion sur telle ou
telle chose, bien que nous ne puissions la concevoir sans quelque
chose d'étendu; toutefois il est évident qu'on ne saurait ôter
aucune partie d'une telle grandeur, ou d'une telle extension,
qu'on ne retranche par même moyen tout autant de la chose; et

---

[*] René Descartes, *Les principes de la philosophie*, II, articles 8-18.
Traduction de Claude Picot (1647).

réciproquement, qu'on ne saurait retrancher de la chose, qu'on n'ôte par même moyen tout autant de la grandeur ou de l'extension.

Que la substance corporelle ne peut être clairement conçue sans son extension.

Si quelques-uns s'expliquent autrement sur ce sujet, je ne pense pourtant pas qu'ils conçoivent autre chose que ce que je viens de dire. Car lorsqu'ils distinguent la substance d'avec l'extension et la grandeur ou ils n'entendent rien par le mot de substance, ou ils forment seulement en leur esprit une idée confuse de la substance immatérielle, qu'ils attribuent faussement à la substance matérielle, et laissent à l'extension la véritable idée de cette substance matérielle, qu'ils nomment accident, si improprement qu'il est aisé de connaître que leurs paroles n'ont point de rapport avec leurs pensées.

Ce que c'est que l'espace ou le lieu intérieur.

L'espace, ou le lieu intérieur, et le corps qui est compris en cet espace, ne sont différents aussi que par notre pensée. Car, en effet, la même étendue en longueur, largeur et profondeur, qui constitue l'espace, constitue le corps ; et la différence qui est entre eux ne consiste qu'en ce que nous attribuons au corps une étendue particulière, que nous concevons changer de place avec lui toutes fois et quantes qu'il est transporté, et que nous en attribuons à l'espace une si générale et si vague, qu'après avoir ôté d'un certain espace le corps qui l'occupait, nous ne pensons pas avoir aussi transporté l'étendue de cet espace, à cause qu'il nous semble que la même étendue y demeure toujours, pendant qu'il est de même grandeur, de même figure, et qu'il n'a point changé de situation au regard des corps de dehors par lesquels nous le déterminons.

En quel sens on peut dire qu'il n'est point différent du corps
      qu'il contient.

Mais il sera aisé de connaître que la même étendue qui constitue la nature du corps, constitue aussi la nature de l'espace, en sorte qu'ils ne diffèrent entre eux que comme la nature du genre ou de l'espèce diffère de la nature de l'individu, si, pour mieux discerner quelle est la véritable idée que nous avons du corps, nous prenons pour exemple une pierre et en ôtons tout ce que nous saurons ne point appartenir à la nature du corps. Ôtons-en donc premièrement la dureté, parce que, si on réduisait cette pierre en poudre, elle n'aurait plus de dureté, et ne laisserait pas pour cela d'être un corps; ôtons-en aussi la couleur, parce que nous avons pu voir quelquefois des pierres si transparentes qu'elles n'avaient point de couleur; ôtons-en le froid, la chaleur, et toutes les autres qualités de ce genre, parce que nous ne pensons point qu'elles soient dans la pierre, ou bien que cette pierre change de nature parce qu'elle nous semble tantôt chaude et tantôt froide. Après avoir ainsi examiné cette pierre, nous trouverons que la véritable idée que nous en avons consiste en cela seul que nous apercevons distinctement qu'elle est une substance étendue en longueur, largeur et profondeur : or, cela même est compris en l'idée que nous avons de l'espace, non seulement de celui qui est plein de corps, mais encore de celui qu'on appelle vide.

Et en quel sens il est différent.

Il est vrai qu'il y a de la différence en notre façon de penser; car si on a ôté une pierre de l'espace ou du lieu où elle était, nous entendons qu'on en a ôté l'étendue de cette pierre, parce que nous les jugeons inséparables l'une de l'autre; et toutefois nous pensons que la même étendue du lieu où était cette pierre est demeurée, nonobstant que le lieu qu'elle occupait auparavant ait été rempli de bois, ou d'eau, ou d'air, ou de quelque autre corps, ou que même il paraisse vide, parce que nous prenons l'étendue en général, et qu'il nous semble que la même peut être commune aux pierres, au bois, à l'eau, à l'air, et à tous les autres corps, et aussi au vide, s'il y en a, pourvu qu'elle soit de même grandeur, de même figure qu'auparavant, et qu'elle conserve une même situation à l'égard des corps de dehors qui déterminent cet espace.

Ce que c'est que le lieu extérieur.

Dont la raison est que les mots de lieu et d'espace ne signifient rien qui diffère véritablement du corps que nous disons être en quelque lieu, et nous marquent seulement sa grandeur, sa figure, et comment il est situé entre les autres corps. Car il faut, pour déterminer cette situation, en remarquer quelques autres que nous considérons comme immobiles ; mais, selon que ceux que nous considérons ainsi sont divers, nous pouvons dire qu'une même chose en même temps change de lieu et n'en change point. Par exemple, si nous considérons un homme assis à la poupe d'un vaisseau que le vent emporte hors du port, et ne prenons garde qu'à ce vaisseau, il nous semblera que cet homme ne change point de lieu, parce que nous voyons qu'il demeure toujours en une même situation à l'égard des parties du vaisseau sur lequel il est ; et si nous prenons garde aux terres voisines, il nous semblera aussi que cet homme change incessamment de lieu, parce qu'il s'éloigne de celles-ci, et qu'il approche de quelques autres ; si, outre cela, nous supposons que la terre tourne sur son essieu, et qu'elle fait précisément autant de chemin du couchant au levant comme ce vaisseau en fait du levant au couchant, il nous semblera derechef que celui qui est assis à la poupe ne change point de lieu, parce que nous déterminons ce lieu par quelques points immobiles que nous imaginerons être au ciel. Mais si nous pensons qu'on ne saurait rencontrer en tout l'univers aucun point qui soit véritablement immobile (car on connaîtra par ce qui suit que cela peut être démontré), nous conclurons qu'il n'y a point de lieu d'aucune chose au monde qui soit ferme et arrêté, sinon en tant que nous l'arrêtons en notre pensée.

Quelle différence il y a entre le lieu et l'espace.

Toutefois le lieu et l'espace sont différents en leurs noms, parce que le lieu nous marque plus expressément la situation que la grandeur ou la figure ; et qu'au contraire nous pensons plutôt à celles-ci, lorsqu'on nous parle de l'espace. Car nous disons qu'une chose est entrée en la place d'une autre, bien qu'elle n'en ait exactement ni la grandeur ni la figure, et n'entendons point qu'elle occupe pour cela le même espace qu'occupait cette autre chose ; et lorsque la situation est changée, nous disons que le lieu est aussi changé, quoiqu'il soit de même grandeur et de même figure qu'auparavant. De sorte que, si nous disons qu'une chose est en tel lieu, nous entendons seulement qu'elle est située de telle façon à l'égard de quelques autres choses ; mais si nous ajoutons qu'elle occupe un tel espace ou un tel lieu, nous entendons, outre cela, qu'elle est de telle grandeur et de telle figure qu'elle peut les remplir tout justement.

Comment la superficie qui environne un corps peut être prise
pour son lieu extérieur.

Ainsi nous ne distinguons jamais l'espace d'avec l'étendue en longueur, largeur et profondeur ; mais nous considérons quelquefois le lieu comme s'il était en la chose qui est placée, et quelquefois aussi comme s'il en était dehors. L'intérieur ne diffère en aucune façon de l'espace ; mais nous prenons quelquefois l'extérieur ou pour la superficie qui environne immédiatement la chose qui est placée (et il est à remarquer que, par la superficie, on ne doit entendre aucune partie du corps qui environne, mais seulement l'extrémité qui est entre le corps qui environne et celui qui est environné, qui n'est rien qu'un mode ou une façon), ou bien pour la superficie en général, qui n'est point partie d'un corps plutôt que d'un autre, et qui semble toujours la même, tant qu'elle est de même grandeur et de même figure. Car, encore que nous voyions que le corps qui environne un autre corps, passe ailleurs avec sa superficie, nous n'avons pas coutume de dire que celui qui en était environné ait pour cela changé de place, lorsqu'il demeure en la même situation à l'égard des autres corps que nous considérons comme immobiles. Ainsi nous disons qu'un bateau qui est emporté par le cours d'une rivière, mais qui est repoussé par le vent d'une force si égale qu'il ne change point de situation à l'égard des rivages, demeure en même lieu, bien que nous voyions que toute la superficie qui l'environne change incessamment.

Qu'il ne peut y avoir aucun vide au sens que les philosophes prennent ce mot.

Pour ce qui est du vide, au sens que les philosophes prennent ce mot, à savoir, pour un espace où il n'y a point de substance, il est évident qu'il n'y a point d'espace en l'univers qui soit tel, parce que l'extension de l'espace ou du lieu intérieur n'est point différente de l'extension du corps. Et comme, de cela seul qu'un corps est étendu en longueur, largeur et profondeur, nous avons raison de conclure qu'il est une substance, à cause que nous concevons qu'il n'est pas possible que ce qui n'est rien ait de l'extension, nous devons conclure de même de l'espace qu'on suppose vide : à savoir, que, puisqu'il y a en lui de l'extension, il y a nécessairement aussi de la substance.

Que le mot de vide pris selon l'usage ordinaire n'exclut point toute sorte de corps.

Mais lorsque nous prenons ce mot selon l'usage ordinaire, et que nous disons qu'un lieu est vide, il est constant que nous ne voulons pas dire qu'il n'y a rien du tout en ce lieu ou en cet espace, mais seulement qu'il n'y a rien de ce que nous présumons y devoir être. Ainsi, parce qu'une cruche est faite pour tenir de l'eau, nous disons qu'elle est vide lorsqu'elle ne contient que de l'air ; et s'il n'y a point de poisson dans un vivier, nous disons qu'il n'y a rien dedans, quoiqu'il soit plein d'eau ; ainsi nous disons qu'un vaisseau est vide, lorsque au lieu des marchandises dont on le charge d'ordinaire, on ne l'a chargé que de sable, afin qu'il pût résister à l'impétuosité du vent ; et c'est en ce même sens que nous disons qu'un espace est vide, lorsqu'il ne contient rien qui nous soit sensible, encore qu'il contienne une matière créée et une substance étendue. Car nous ne considérons ordinairement les corps qui sont proches de nous, qu'en tant qu'ils causent dans les organes de nos sens des impressions si fortes que nous pouvons les sentir. Et si, au lieu de nous souvenir de ce que nous devons entendre par ces mots de vide ou de rien, nous pensions par après qu'un tel espace, où nos sens ne nous font rien apercevoir, ne contient aucune chose créée, nous tomberions en une erreur aussi grossière que si, à cause qu'on dit ordinairement qu'une cruche est vide, dans laquelle il n'y a que de l'air, nous jugions que l'air qu'elle contient n'est pas une chose ou une substance.

Comment on peut corriger la fausse opinion dont on est préoccupé touchant le vide.

Nous avons presque tous été préoccupés de cette erreur dès le commencement de notre vie, parce que, voyant qu'il n'y a point de liaison nécessaire entre le vase et le corps qu'il contient, il nous a semblé que Dieu pourrait ôter tout le corps qui est contenu dans un vase, et conserver ce vase en son même état, sans qu'il fût besoin qu'aucun autre corps succédât en la place de celui qu'il aurait ôté. Mais, afin que nous puissions maintenant corriger une si fausse opinion, nous remarquerons qu'il n'y a point de liaison

physique; et en développant des théories physiques, on doit utiliser les mathématiques; et on trouve de nombreuses références à, et des quantifications sur, les nombres, les fonctions, les ensembles et les choses de ce genre en mathématique. Il semblerait donc que le nominalisme ne soit pas une position qui puisse être raisonnablement maintenue.

Il y a à première vue plusieurs manières de résoudre ce problème. La manière qui s'est révélée la plus populaire parmi les philosophes d'orientation nominaliste a été d'essayer de *réinterpréter* les mathématiques – de les réinterpréter de façon à ce que les termes et les quantificateurs ne fassent pas référence aux entités abstraites (nombres, fonctions, etc.) mais seulement aux entités d'une autre sorte, disons les objets physiques, ou les expressions linguistiques, ou les constructions mentales.

Mon approche est différente : je ne propose pas de réinterpréter une quelconque partie des mathématiques classiques; à la place, je propose de montrer que les mathématiques en jeu dans l'application au monde physique n'incluent rien qui, même à première vue, contienne des références à (ou des quantifications sur) des entités abstraites comme des nombres, des fonctions, ou des ensembles. À l'égard de la partie des mathématiques qui fait référence à (ou quantifie sur) des entités abstraites – et ceci inclut virtuellement toutes les mathématiques conventionnelles –, j'adopte une attitude fictionnaliste, c'est-à-dire que je ne vois aucune raison de considérer cette partie des mathématiques comme *vraie*.

La plupart des philosophes actuels se sont montrés hostiles aux interprétations fictionnalistes des mathématiques, et ce pour de bonnes raisons. Se contenter *seulement* de défendre le fictionnalisme à propos d'une portion des mathématiques, sans montrer que cette partie des mathématiques est superflue dans les applications, c'est faire preuve d'hypocrisie intellectuelle : on est en effet alors simplement en train de revenir, dans les moments philosophiques, sur ce que l'on affirme lorsque l'on fait de la science, sans proposer une formulation autre de la science qui s'accorde avec la philosophie qu'on défend. Cette objection (de Quine) au fictionnalisme à l'égard des mathématiques ne peut être réduite que si l'on montre qu'il y a une formulation autre de la science qui ne requiert l'usage d'aucune partie des mathématiques référant à, ou quantifiant sur, des entités abstraites. Je crois qu'une telle formulation est possible ; en conséquence, je peux, sans hypocrisie intellectuelle, nier qu'il y ait des entités abstraites.

La tâche consistant à montrer qu'on peut reformuler toute la science de façon à ce que plus rien ne réfère à, ou ne quantifie sur, des entités abstraites est évidemment une tâche extrêmement large ; mon but dans cette monographie est seulement d'illustrer ce que je crois être une nouvelle stratégie permettant la réalisation de ce but, de rendre à la fois le but et la stratégie attrayants et prometteurs. Ma tentative pour rendre la stratégie prometteuse prend au final la forme suivante : je montre, au chapitre 8, comment, dans le contexte de certaines théories physiques (les théories de champs dans un espace-temps de courbure nulle), il est possible de développer un équivalent du calcul différentiel à plusieurs variables réelles qui ne quantifie ni sur les nombres réels, ni sur les fonctions ou les autres choses de ce genre. Bien que je ne développe pas cet équivalent du calcul différentiel complètement (par exemple, je ne discute pas l'intégration), l'esquisse que j'en dresse est suffisante pour montrer comment une version nominaliste de la théorie newtonienne de la gravitation peut être développée. Cette version nominaliste de la théorie de la gravitation a toutes les conséquences, nominalistiquement énonçables, des versions platonistes (c'est-à-dire non nominalistes) usuelles de la théorie. De plus, je crois que la reformulation nominaliste est mathématiquement attrayante, et qu'il y a des raisons autres qu'ontologiques de la préférer aux formulations platonistes usuelles.

Je dois admettre que la formulation de la théorie gravitationnelle à laquelle j'aboutis ne satisfera pas tous les nominalistes; j'utilise de nombreux dispositifs que certains nominalistes trouveraient discutables. En particulier, les nominalistes qui ont des tendances finitistes ou opérationnalistes n'apprécieront pas la façon dont je formule les théories physiques, parce que mes formulations ne sont pas plus finitistes ou opérationnalistes que les formulations platonistes usuelles de ces théories. Pour illustrer la distinction que j'ai à l'esprit entre, d'une part, les préoccupations nominalistes, et, de l'autre, les préoccupations finitistes et opérationalistes, considérons un exemple. Certains pourraient critiquer l'assertion selon laquelle entre deux points d'un rayon lumineux (ou d'un électron, si les électrons ont un diamètre non nul) il y a un troisième point, sur la base du fait que cela les engagerait à admettre l'existence d'une infinité de points sur le rayon lumineux (ou sur l'électron), ou sur la base du fait que cela n'est, en aucun sens très direct, vérifiable. Mais ces raisons de critiquer l'assertion ne sont pas des raisons nominalistes au sens où j'utilise le terme « nominaliste », elles ne concernent pas la nature des entités postulées (à savoir les parties du rayon lumineux ou de l'électron), mais les hypothèses structurelles faites sur elles (à savoir qu'il y en a un nombre infini sur une extension finie). Je ne suis pas très impressionné par les préoccupations finitistes ou opérationnalistes, et en conséquence je ne présenterai pas d'excuse pour avoir posé, dans ce qui suit, des hypothèses structurelles assez fortes sur les entités fondamentales de la physique gravitationnelle. Ce n'est pas que je n'éprouve aucune sympathie du tout à l'égard du programme consistant à réduire les hypothèses structurelles faites sur les entités postulées dans les théories physiques – ce programme serait intéressant, s'il pouvait être mené à bien. Mais, autant que

je le sache, il ne l'a pas été, et ce même dans le cadre des formulations platonistes de la physique ; dit autrement, il n'existe aucune
physique platoniste usant d'un système mathématique moins
riche que les nombres réels pour représenter les positions des
parties d'un rayon lumineux ou d'un électron. En conséquence,
même si je mets un point d'honneur à ne faire aucune hypothèse
structurelle sur les entités plus forte que celles faites dans les
théories platonistes usuelles, je ne me sentirai par ailleurs nullement forcé de réduire mes hypothèses structurelles à un niveau
plus bas que le niveau platoniste. La réduction des hypothèses
structurelles n'est tout simplement pas ma préoccupation […]

J'aimerais préciser dès maintenant que rien, dans cette
monographie, ne doit être tenu pour un argument positif en
faveur du nominalisme. Mon but est plutôt de tenter de contrer
les arguments les plus sérieux qui aient été proposés à l'encontre
de la position nominaliste. Il me semble que les seuls arguments
non circulaires contre la sorte de nominalisme esquissé ici (c'est-
à-dire, les seuls arguments non circulaires *pour* la conception
selon laquelle les mathématiques sont formées de *vérités*) sont
fondés sur l'applicabilité des mathématiques au monde physique. Noter que je ne dis pas que la seule façon de défendre qu'*un
axiome mathématique donné* est vrai doit se baser sur *son* application au monde physique – ce serait incorrect. Par exemple,
si on accorde que les axiomes élémentaires de la théorie des
ensembles sont vrais, on peut, avec au moins un certain degré de
plausibilité, défendre la vérité de l'axiome concernant les cardi-
naux inaccessibles en se fondant sur l'accord entre cet axiome et
la conception générale des ensembles sous-jacente aux axiomes
plus élémentaires. Plus généralement, si on accorde que le
concept de vérité s'applique de façon non triviale à au moins
une partie des mathématiques pures (ou, pour être plus précis, si
on accorde qu'il y a au moins un certain nombre d'assertions
purement mathématiques incluant des énoncés existentiels qui

sont vrais), alors on doit accorder qu'il y a des entités mathématiques. De ceci, on peut conclure qu'il doit y avoir un certain nombre de faits concernant ces entités, et que ces faits ne sont probablement pas tous en lien avec des applications connues au monde physique; il est donc plausible de défendre l'idée que des considérations autres que l'application au monde physique, par exemple, des considérations de simplicité et de cohérence à l'intérieur des mathématiques, constituent des raisons valides pour accepter comme vrais certains axiomes mathématiques proposés, et rejeter comme faux les autres. Tout cela est très bien, mais n'a d'importance *qu'une fois* établie l'hypothèse selon laquelle le concept de vérité s'applique de façon non triviale à une *certaine* partie des mathématiques, et cette hypothèse, le nominaliste n'est pas prêt à l'accepter.

Il ne fait aucun doute que les axiomes relatifs aux nombres réels, disons, sont importants et qu'ils ne sont pas arbitraires – une explication de leur caractère non arbitraire, basée sur leur applicabilité au monde physique mais compatible avec le nominalisme, sera donnée dans les chapitres 1-3. Le présent point est simplement de dire que, de l'importance et du caractère non arbitraire de ces axiomes, il ne suit pas de façon évidente que ces axiomes soient vrais, c'est-à-dire qu'il ne suit pas de façon évidente qu'il y ait des entités mathématiques que ces axiomes décrivent correctement. L'existence de telles entités peut apparaître, à la fin, comme une conclusion raisonnable à tirer de l'importance et du caractère non arbitraire des axiomes, mais cela requiert un argument. Lorsque la discussion est portée à ce niveau, je crois qu'il devient clair qu'il n'y a qu'un seul argument sérieux en faveur de l'existence d'entités mathématiques: c'est l'argument de Quine selon lequel on a besoin de postuler des entités de ce genre afin d'effectuer les inférences ordinaires à propos du monde physique et de faire de la science[1]. En conséquence, il me semble que si je peux saper cet argument en faveur de l'existence des entités mathématiques, alors la thèse qu'il y a de telles entités apparaîtra comme un dogme injustifiable.

Le fait que je ne cherche pas à fournir un argument positif en faveur du nominalisme, mais à saper le seul argument disponible en faveur du platonisme doit être gardé à l'esprit lorsqu'est abordée une question méthodologique importante. Bien que j'embrasse, dans cette monographie, le point de vue nominaliste, je vais employer des méthodes d'argumentation platonistes : je prouverai, par exemple, à la manière des *platonistes* et non à la façon des nominalistes, qu'une certaine théorie nominaliste de la gravitation a toutes les conséquences nominalistiquement énonçables de la formulation platoniste usuelle de la théorie newtonienne de la gravitation. On pourrait penser qu'il y a quelque chose qui ne va pas dans cette façon d'user des méthodes platonistes de preuve dans un argument en faveur du nominalisme. Mais cela, en réalité, ne fait guère problème : si je réussis à prouver de façon *platoniste* que les entités abstraites ne sont pas nécessaires dans les inférences ordinaires sur le monde physique ou la science, alors quiconque voudra *défendre* le platonisme ne pourra plus compter sur l'argument quinien selon lequel l'existence des entités abstraites est une hypothèse indispensable. La monographie montre que n'importe quel argument de ce genre contredirait la position platoniste que l'on cherche à soutenir. L'aspirant platoniste, donc, sera forcé soit d'accepter

---

1. La présentation la plus complète de l'argument quinien n'est en réalité pas donnée par Quine mais par Putnam, (cf. *The Philosophy of Logic*, New York, Harper, 1971, particulièrement chap. V à VIII). Certains des arguments que je ne prends pas au sérieux (par exemple l'argument selon lequel nous avons besoin de postuler des entités mathématiques afin de rendre compte des intuitions mathématiques) font l'objet d'une bonne analyse dans le chapitre 2 de Chihara, *Ontology and the Vicious Circle Principle*, Ithaca, Cornell University Press, 1973.

les objets abstraits sans argument, soit d'en appeler à d'autres arguments en faveur du platonisme, arguments qui selon moi ne sont pas très convaincants. Le résultat est donc (si j'ai raison dans mon évaluation négative de ces arguments de rechange en faveur du platonisme) que le platonisme est placé dans une position instable : il implique sa propre injustifiabilité.

Il se pourrait, bien entendu, que mon évaluation négative des arguments de rechange en faveur du platonisme soit incorrecte. De façon assez intéressante, le platoniste qui base sa défense du platonisme sur un argument de rechange de cette sorte peut même accueillir ce que j'ai à dire avec bienveillance ; car, indépendamment des considérations nominalistes, je crois que ce que je propose ici constitue une description attrayante de la façon dont les mathématiques sont appliquées au monde physique. Ceci, je pense, contraste nettement avec de nombreuses autres doctrines nominalistes, celles par exemple qui réinterprètent les énoncés mathématiques en termes d'énoncés portant sur les entités linguistiques ou sur les constructions mentales. Les doctrines nominalistes de ce genre ne font rien pour éclairer la façon dont les mathématiques sont appliquées au monde physique.

POURQUOI L'UTILITÉ DES ENTITÉS MATHÉMATIQUES DIFFÈRE DE L'UTILITÉ DES ENTITÉS THÉORIQUES [= CHAPITRE 1]

Personne ne peut raisonnablement nier que l'invocation d'entités mathématiques est, dans certains contextes, utile. La question se pose de savoir si l'utilité des énoncés d'existence mathématiques nous donne quelques raisons de croire que ces énoncés d'existence sont vrais. Je prétends qu'en répondant à cette question, on doit distinguer deux façons distinctes pour des énoncés d'existence d'être utiles ; j'accorde que si ces énoncés étaient utiles selon un des modes, il y aurait alors en effet lieu de penser qu'ils sont vrais ; mais je prétends que la manière la plus évidente pour les énoncés d'existence mathématiques d'être utiles est complètement différente, et je défendrai l'idée que l'utilité de ces énoncés à cet égard ne donne absolument aucune raison de croire que ces énoncés sont vrais.

De façon plus explicite, je défendrai l'idée que l'utilité des entités mathématiques n'est structurellement pas équivalente à l'utilité des entités théoriques en physique. L'utilité des entités théoriques consiste en deux faits :

a) elles jouent un rôle dans de puissantes théories dont nous pouvons déduire un large éventail de phénomènes ; et

b) aucune autre théorie expliquant ces phénomènes sans admettre des entités similaires n'est connue ou ne semble en quelque façon plausible.

[Le lecteur non charitable peut discuter (b) : si n'importe quel groupe d'énoncés compte comme une « théorie » et que n'importe quelle déduction à partir d'une « théorie » compte comme une explication, alors il y a clairement des choix de rechange pour les théories usuelles des particules subatomiques : par exemple, prenez comme « théorie » l'ensemble T* de toutes les conséquences de T qui ne contiennent pas de référence à des particules subatomiques (T étant une des théories usuelles qui contient des références à des particules subatomiques) ; ou, si une « théorie » récursivement axiomatisée est souhaitée, soit T** la réaxiomatisation craigéenne de la théorie T* que l'on vient de décrire. Comme je ne connais aucune condition formelle qui interdirait une telle manœuvre, aussi étrange soit-elle, laissez-moi simplement dire que, par « théorie », j'entends *théorie raisonnablement attrayante* ; les « théories » comme T* et T** sont évidemment inintéressantes, puisqu'elles ne constituent absolument pas une avancée vers une explication des phénomènes en question en termes d'un petit nombre de principes de base]. Le résultat de (a) et de (b) est que les particules subatomiques sont *théoriquement indispensables* ; et je crois que ceci constitue un argument aussi solide que l'on puisse souhaiter en faveur de leur existence. Or, plus tard dans cette monographie, je vais défendre l'idée que les entités mathématiques ne sont pas théoriquement indispensables : bien qu'elles jouent véritablement un rôle dans les théories puissantes de la physique moderne, il est possible d'élaborer des reformulations attrayantes de ces théories dans lesquelles les entités mathématiques ne jouent aucun rôle. Si ceci est correct, alors il est possible d'adhérer en toute sécurité à une conception fictionnaliste des mathématiques, car adhérer à une telle conception n'implique plus de se priver d'une théorie qui explique les phénomènes physiques et que nous pouvons considérer comme littéralement vraie.

Mais je réserve la tâche consistant à argumenter en faveur de la non-nécessité théorique des entités mathématiques à plus tard. Ce que je veux faire à présent est de présenter une explication, *compatible avec* la non-nécessité théorique des entités mathématiques, des raisons pour lesquelles il est utile de recourir à des énoncés d'existence mathématiques dans certains contextes.

L'explication des raisons pour lesquelles les entités mathématiques sont utiles met en jeu une caractéristique des mathématiques qui n'est pas partagée par les théories physiques qui postulent des inobservables. Pour le dire d'une façon un peu vague pour le moment : si on prend n'importe quel groupe d'assertions N nominalistiquement énoncées, et si on lui ajoute une théorie mathématique S, on n'obtiendra aucune conclusion nominalistiquement énonçable qu'on n'obtiendrait pas à partir de N seul. L'équivalent pour les théories postulant des particules subatomiques n'est bien évidemment pas vrai : si T est une théorie un tant soit peu intéressante qui met en jeu des particules subatomiques, alors il y aura de nombreux exemples d'ensemble P d'assertions complètement macroscopiques, qui, en conjonction avec T, conduiront à des conclusions macroscopiques auxquelles elles ne conduiraient pas en son absence ; si ce n'était pas le cas, les théories sur les particules subatomiques ne pourraient jamais être testées.

Je formulerai ces thèses de façon plus précise dans un moment, mais j'aimerais d'abord dire que cette thèse sur les mathématiques serait presque complètement triviale si les mathématiques consistaient seulement en des théories comme la théorie des nombres ou la théorie *pure* des ensembles, c'est-à-dire la théorie des ensembles dans laquelle aucune place n'est faite à des ensembles dont les membres ne sont pas eux-mêmes des ensembles. Mais ces théories n'ont par elles-mêmes aucun intérêt du point de vue des mathématiques appliquées, car il n'est possible d'aucune manière de les appliquer au monde physique. Autrement dit, elles ne peuvent nous aider d'aucune manière, même à première vue, à nous permettre de déduire des conséquences nominalistiquement énonçables à partir de prémisses nominalistiquement énonçables. Afin de pouvoir appliquer des entités abstraites quelconques au monde physique, nous avons besoin d'entités abstraites *impures*, par exemple des fonctions qui appliquent des objets physiques sur des entités abstraites pures. Les entités abstraites impures de ce genre servent de pont entre les entités abstraites pures et les objets physiques ; sans le pont, les objets purs seraient sans emploi. En conséquence, si nous concevons les fonctions comme des ensembles d'une certaine sorte, alors les théories mathématiques que nous avons à considérer doivent inclure au moins une dose minimale de théorie des ensembles avec *urelements* (un *urelement* étant une entité qui n'est pas un ensemble mais peut être membre d'ensembles). En réalité, afin d'être suffisamment puissante pour la plupart de ses usages, la théorie mathématique doit se distinguer de la théorie pure des ensembles non seulement en laissant place à la possibilité d'*urelements*, mais en devant encore autoriser que du vocabulaire non mathématique apparaisse dans les axiomes de compréhension (c'est-à-dire dans les instances du schéma

d'axiome de séparation ou de remplacement). Ainsi, les « lois-
ponts » doivent inclure les lois qui mettent en jeu à la fois du
vocabulaire mathématique et du vocabulaire physique.

Quelque chose d'un peu équivalent se produit dans la
théorie des particules subatomiques. Une telle théorie peut être
artificiellement formulée de façon à ce qu'aucun élément du
vocabulaire non logique[1] appliqué aux objets physiques observables ne soit appliqué aux particules subatomiques ; formuler
les théories physiques de cette manière me semble, en général,
dénué d'intérêt, mais, afin de poursuivre l'analogie avec le cas
mathématique le plus loin possible, supposons qu'une telle
reformulation soit faite. Si elle est faite, et si nous supposons
que T est une théorie physique énoncée entièrement à l'aide de
ce vocabulaire, alors, bien évidemment, il *sera* vrai que, si nous
ajoutons T à une collection d'assertions macroscopiques P, nous
ne pourrons dériver aucun résultat concernant les observables
qui n'était pas déjà dérivable. Mais ceci se produit pour une
raison complètement inintéressante : c'est parce que la théorie T
par elle-même n'est pas, même à première vue, utile pour la
déduction de propositions concernant les observables à partir
d'autres propositions concernant les observables. Afin de la
rendre utile, même à première vue, nous devons ajouter des
« lois-ponts », des lois qui connectent les entités et/ou le vocabulaire de la théorie physique (artificiellement formulée) avec
les observables et les propriétés par lesquelles nous les décrivons. Jusqu'à présent, donc, l'analogie avec le cas mathématique
tient. *Mais il y a une différence fondamentale entre les deux cas,
et cette différence tient à la nature des lois-ponts*. Dans le cas des
particules subatomiques, la théorie T, interprétée maintenant de
façon à inclure les lois-ponts (et peut-être également des hypothèses concernant les conditions initiales), peut être appliquée à

---

1. Compter « = » comme faisant partie du vocabulaire logique.

des groupes de prémisses concernant les observables de façon à ce qu'elle conduise à des propositions véritablement nouvelles concernant les observables, propositions qui ne seraient pas dérivables sans T. Mais dans le cas mathématique la situation est très différente : ici, si nous prenons une théorie mathématique qui inclut les lois-ponts (c'est-à-dire qui inclut les assertions d'existence de fonctions allant des objets physiques vers les « purs » objets abstraits, incluant peut-être aussi des assertions obtenues par un principe de compréhension qui mélange vocabulaire mathématique et physique), alors ces mathématiques seront applicables au monde, c'est-à-dire qu'elles seront utiles en nous permettant de tirer des conséquences nominalistiquement énonçables de prémisses nominalistiquement énonçables ; *mais ici, à la différence de ce qui se passe en physique, les conclusions auxquelles nous parvenons par ce biais ne sont pas véritablement nouvelles, elles sont déjà dérivables d'une façon plus alambiquée à partir des prémisses, sans recourir aux entités mathématiques.*

Cette thèse, à la différence de celle que je défendrai plus tard à propos de la non-nécessité théorique des entités mathématiques, est quasiment de l'ordre du fait indéniable, mais son importance doit être soulignée. Expliquons donc d'abord ce point d'une façon plus précise que je ne l'ai fait.

Un premier pas dans ce sens serait de dire que pour toute théorie mathématique S et tout groupe d'assertions nominalistes N, N+S est une extension conservative de N. Cette formulation n'est cependant pas totalement correcte, et le point vaut la peine d'être exprimé de façon exacte. Le problème avec cette formulation est que, puisque N est une théorie nominaliste, elle peut dire des choses qui *excluent* l'existence d'entités abstraites, et par conséquent N+S peut très bien s'avérer inconsistante. Mais il est facile de voir comment régler ce problème : premièrement, introduisons un prédicat à une place « M(x) » voulant dire, intuitivement, « x est une entité mathématique » ; deuxièmement, pour n'importe quelle assertion nominalistiquement énoncée A, posons que A* est l'assertion qui résulte de la restriction de chaque quantificateur de A par la formule « non $M(x_i)$ » (pour la variable appropriée « x_i ») [1] ; et troisièmement, pour n'importe quel groupe d'assertions N nominalistiquement énoncées, posons que N* consiste en toutes les assertions A* pour A dans N. N* est donc une version « agnostique » de N : par exemple, si N dit que tous les objets obéissent aux lois de Newton, alors N* dit que tous les objets *non mathématiques* obéissent aux lois de Newton, mais en laissant place à la possibilité qu'il y ait des objets mathématiques qui ne leur obéissent pas. (En réalité, N* est sous un certain rapport trop *agnostique* : en logique ordinaire, on fait par commodité l'hypothèse qu'il y a au moins une chose dans l'univers, et dans le contexte d'une théorie comme N, cela signifie qu'il y a au moins une chose non mathématique. Ainsi, c'est réellement N*+« $\exists x \sim M(x)$ » qui donne le contenu agnostique de N). Qu'une telle mise au point doive être faite concernant notre théorie mathématique S dépend de la façon dont nous considérons S. Si S est simplement la théorie des ensembles avec *urelements*, aucune restriction sur les variables n'est nécessaire, puisque la théorie se présente déjà comme concernant aussi bien les choses qui ne sont pas des ensembles que les ensembles : nous avons seulement besoin de relier la notion d'ensemble telle qu'elle est utilisée ici avec notre prédicat « M », en ajoutant l'axiome « $\forall x(\text{Ensemble}(x) \rightarrow M(x))$ ». Si de plus la théorie mathématique inclut des parties comme la théorie des nombres, considérées comme des disciplines indépendantes non réduites à la théorie des ensembles, alors nous

---

1. C'est-à-dire remplaçons chaque quantification de la forme « $\forall x_i (\ldots)$ » par « $\forall x_i (\text{si non } M(x_i) \text{ alors } \ldots)$ », et chaque quantification de forme « $\exists x_i (\ldots)$ » par « $\exists x_i (\text{non } M(x_i) \text{ et} \ldots)$ ».

devons restreindre toutes les variables de ces théories par un nouveau prédicat « Nombre », et ajouter les axiomes « $(\forall x(\text{Nombre}(x) \to M(x))$ » et « $\exists x(\text{Nombre}(x))$ ». Mais tout le monde s'accorde sans doute sur le fait que les théories mathématiques doivent effectivement être écrites de cette manière (c'est-à-dire, personne, vraisemblablement, ne croit que toutes les entités sont mathématiques), et je n'introduirai donc aucune notation spéciale pour la version modifiée de S, je supposerai que S est écrite dans cette forme depuis le début. (L'hypothèse analogue pour N serait inappropriée : le nominaliste veut asserter non pas N*, mais la thèse plus forte N).

Une fois ces points fastidieux réglés, je peux à présent formuler de façon exacte la thèse émise à la fin de l'avant dernier paragraphe.

Principe C (pour « conservatif ») : soit A une assertion nominalistiquement énonçable[1] quelconque, et N un groupe quelconque d'assertions de ce genre ; et soit S une théorie mathématique quelconque. Alors A* n'est pas une conséquence de N*+S+« $\exists x \sim M(x)$ » à moins que A soit une conséquence de N.

Pourquoi devrions-nous croire en ce principe ? Eh bien, ce dernier suit[2] d'un principe légèrement plus fort qui est peut-être un peu plus évident :

---

1. Le contenu formel de l'assertion que N est « nominalistiquement énonçable », est simplement que l'intersection du vocabulaire non logique de N et de la théorie mathématique à introduire est vide. (Rappelons que « = » compte comme logique). C'est tout ce que nous avons besoin d'introduire dans « nominalistiquement énonçable » pour que le principe C soit *vrai*. Pour que le principe C ait de l'*intérêt*, nous devons en outre supposer que l'ontologie attendue de N n'inclut aucune entité qui tombe dans l'extension du prédicat « M » de S ; car si cette condition était violée, alors N*+S ne correspondrait pas à la manière « attendue » de combiner N et S.

2. Preuve : supposons que N*+S+($\exists x \sim M(x)$) implique A*. Alors N*+S implique A* v $\forall x(\sim M(x) \to x \neq x)$; c'est-à-dire, cela implique B*, où B* est A v $\forall x(x \neq x)$. Appliquant le principe C', nous obtenons que N* implique B*, et en

Principe C': soit A une assertion nominalistiquement énonçable quelconque, et N un groupe quelconque d'assertions de ce genre. Alors A* n'est pas une conséquence de N*+S à moins qu'il soit une conséquence de N* seul.

Ceci est à son tour équivalent (en supposant la logique sous-jacente compacte) à quelque chose qui semble encore plus évident :

Principe C'': soit A une assertion nominalistiquement énonçable quelconque. Alors A* n'est pas une conséquence de S à moins qu'elle soit logiquement vraie.

Or je considère comme parfaitement évident le fait que nos théories mathématiques satisfont le Principe C''. Après tout, ces théories sont communément considérées comme étant « vraies dans tous les mondes possibles » et comme étant « vraies *a priori* »; et, bien que ces façons de caractériser les mathématiques soient contestées, il est difficile d'imaginer comment une personne informée pourrait considérer nos théories mathématiques ainsi si ces théories impliquaient des résultats concernant des entités concrètes qui ne seraient pas logiquement vrais. Le même argument peut être employé pour justifier directement le Principe C', en évitant ainsi la référence à l'hypothèse de compacité : si les mathématiques prises avec un groupe N* d'assertions nominalistes impliquaient une assertion A* qui n'était pas une conséquence logique de N* seul, alors la vérité de la théorie mathématique dépendrait du fait que le groupe logiquement consistant d'assertions N*+~A* n'est pas vrai.

---

conséquence que N*+($\exists x \sim M(x)$) implique A*. De ceci, il suit clairement que N implique A.

Le principe C' ne suit pas complètement du principe C, car une théorie S pourrait impliquer qu'il y a des objets non mathématiques sans rien impliquer d'autre sur le domaine non mathématique (en particulier, elle pourrait ne pas impliquer qu'il y ait au moins deux objets non mathématiques – ce qui violerait le principe C aussi bien que le principe C').

Mais il semblerait qu'il doive être possible, et/ou non *a priori* faux, qu'un tel groupe consistant d'assertions concernant les seuls objets concrets soit vrai ; s'il en était ainsi, alors l'échec du Principe C montrerait que les mathématiques ne peuvent être « vraies dans tous les mondes possibles » et/ou « vraies *a priori* ». Le fait que de si nombreuses personnes pensent qu'elles ont ces caractéristiques semble indiquer qu'elles satisfont effectivement le Principe C'et en conséquence le Principe C.

Cet argument n'est pas concluant : les mathématiques standards *pourraient* se révéler non conservatives (c'est-à-dire ne pas satisfaire le Principe C), car elles pourraient en théorie se révéler inconsistantes, et si elles sont inconsistantes, elles ne sont certainement pas conservatives. Nous serions cependant extrêmement surpris par l'existence d'une preuve de l'inconsistance des mathématiques standards, et nous l'interpréterions comme une indication de ce que les mathématiques standards ont besoin d'être révisées. De même, il serait extrêmement surprenant que nous découvrions que les mathématiques standards impliquent qu'il y a au moins 10^6 objets non mathématiques dans l'univers, ou que la Commune de Paris a été vaincue ; et si des découvertes de ce genre étaient faites, tous les rationalistes, à l'exception des plus obstinés, considéreraient cela comme une indication que les mathématiques standards ont besoin d'être révisées. *Les bonnes* mathématiques *sont* conservatives ; découvrir que nos mathématiques usuelles ne sont pas conservatives reviendrait à découvrir qu'elles ne sont pas bonnes.

De fait, comme certains arguments mathématiques dans l'appendice de ce chapitre le montrent, l'écart entre la thèse de consistance et la thèse complète de conservativité est, dans le cas des mathématiques, extrêmement étroit. En réalité, pour la théorie *pure* des ensembles, ou pour la théorie des ensembles qui fait une place aux ensembles impurs mais interdit au vocabulaire empirique d'apparaître dans les axiomes de compréhension, la

conservativité de la théorie suit de sa seule consistance. Pour la
théorie complète des ensembles, ce n'est pas tout à fait vrai ; mais
une grande partie du contenu de la thèse de conservativité pour la
théorie complète des ensembles (probablement la seule partie de
son contenu qui importe dans l'application) suit de la seule
consistance de la théorie des ensembles (et davantage encore suit
d'hypothèses légèrement plus fortes, comme l'ω-consistance de
la théorie complète des ensembles). Ces thèses sont démontrées
dans l'appendice à ce chapitre. Dans tous les cas, je pense que
les deux paragraphes précédents montrent que le même genre
de raisons quasi-inductives que nous avons de croire à la
consistance des mathématiques vaut également pour la conservativité. Comme nous l'avons vu plus haut, ceci veut dire qu'il y
a une différence marquée entre les théories mathématiques et
les théories physiques concernant les entités inobservables :
les théories physiques concernant les inobservables ne sont
certainement pas conservatives, elles donnent naissance à des
conclusions véritablement nouvelles à propos des observables.

　　Ce que les faits concernant les mathématiques ici soulignés
montrent est que même quelqu'un qui ne croit pas à l'existence
des entités mathématiques est libre d'employer des énoncés
d'existence mathématiques dans un certain contexte limité :
il peut les employer librement dans la déduction de conséquences nominalistiquement énoncées à partir de prémisses
nominalistiquement énoncées. Et il peut le faire non pas parce
qu'il pense que ces prémisses interposées sont vraies, mais parce
qu'il sait qu'elles préservent la vérité au sein des propositions
nominalistiquement énoncées.

　　Ce point ne vise pas, bien entendu, à permettre l'usage des
énoncés d'existence mathématiques dans les systèmes axioma-
tiques des sciences particulières : un *tel* usage des mathématiques reste, pour le nominaliste, illégitime. (Ou, plus exactement, un nominaliste devrait traiter un tel usage des mathéma-

tiques comme un expédient temporaire, auquel nous nous laissons aller lorsque nous ne savons pas comment axiomatiser correctement la science, et que nous devrions essayer d'éliminer). Le point sur lequel je suis en train de mettre l'accent a cependant la conséquence qu'*une fois qu'un tel système axiomatique nominaliste est disponible*, le nominaliste est libre d'utiliser les mathématiques qu'il veut pour déduire des conséquences, aussi longtemps que les mathématiques qu'il emploie satisfont le Principe C.

Donc, si l'on ignore pour un temps le rôle qu'ont les mathématiques dans l'axiomatisation des sciences, alors tout se passe comme si la satisfaction du Principe C était la propriété réellement essentielle des théories mathématiques. Le fait que les théories mathématiques aient cette propriété est sans doute une des raisons de l'assertion du platoniste selon laquelle ces théories sont « vraies dans tous les mondes possibles ». Il ne me semble pas, cependant, que la satisfaction du Principe C fournisse une quelconque raison pour considérer une théorie comme étant, en quelque sens que ce soit, vraie (même dans le monde actuel). Certainement, des spéculations de ce genre, typiques du platonisme extrême, comme celle de savoir si l'hypothèse du continu est « réellement vraie », paraissent perdre toute pertinence une fois que l'on reconnaît la conservativité comme la condition essentielle des théories mathématiques : les preuves usuelles de consistance relative de Gödel et Cohen concernant la théorie des ensembles plus l'hypothèse du continu et la théorie des ensembles plus la négation de l'hypothèse du continu sont facilement transformées en preuves de *conservativité* relative. En d'autres mots, en supposant que la théorie des ensembles standards satisfait le Principe C, alors la théorie des ensembles standards plus l'hypothèse du continu et la théorie des ensembles plus la négation de cette même hypothèse le satisfont aussi ; il s'ensuit donc que les *deux théories peuvent être utilisées sans dommage dans la déduction de conséquences concernant les entités concrètes à partir de théories nominalistes.* La remarque à propos de l'hypothèse du continu vaut aussi bien pour des assertions mathématiques moins recherchées. Même les axiomes standards de la théorie des nombres peuvent être modifiés sans mettre en danger le Principe C ; il en va pareillement pour les axiomes standards de l'analyse. Ce qui rend les théories mathématiques que nous acceptons meilleures que leurs solutions de rechange n'est pas qu'elles soient vraies et que celles en lesquelles nous pourrions les transformer ne le soient pas, mais plutôt qu'elles sont plus *utiles* : elles nous aident mieux à tirer des conséquences des théories nominalistes auxquelles nous nous intéressons. Si le monde était différent, nous nous intéresserions à d'autres théories nominalistes, et dans ce cas, certaines des solutions de rechange à nos théories mathématiques favorites pourraient être plus utiles que les théories que nous acceptons aujourd'hui. Les mathématiques sont ainsi, en un sens, empiriques, mais elles le sont seulement dans le sens plutôt pickwickien selon lequel la question de savoir quelle est la théorie mathématique la plus utile est empirique. C'est cependant aussi dans le même sens pickwickien que les axiomes mathématiques sont *a priori* : ils ne sont pas vrais *a priori*, car ils ne sont pas vrais du tout.

La conception ici exposée ressemble beaucoup à la conception des mathématiques du positivisme logique. Une différence, probablement purement verbale, est que les positivistes décrivaient habituellement les mathématiques pures comme étant analytiquement vraies, alors que je les ai décrites comme n'étant pas vraies du tout ; cette différence est probablement avant tout verbale, étant donnée leur assimilation d'« analytique » à « dénué de contenu factuel ». Une différence bien plus fondamentale est que ce qui inquiétait les positivistes dans les mathématiques n'était pas tant le fait qu'elles postulent certaines entités que leur caractère apparemment non empirique, et ceci était un problème non seulement pour les mathématiques, mais également pour la logique. D'où leur décision de considérer la *logique* comme analytique et vide de contenu, dans le même sens exactement que les *mathématiques*. Je crois que cela les a empêchés de donner une explication claire de ce en quoi consiste le « vide de contenu » propre aux mathématiques (ou à cette partie des mathématiques qui quantifie sur des entités abstraites). L'idée d'appeler une assertion logique ou mathématique « vide de contenu » était censée signifier que la conclusion à laquelle on arrivait par un raisonnement logique ou mathématique était en quelque sorte « implicitement contenue dans » les prémisses : de cette façon, la conclusion d'un tel raisonnement « n'était pas véritablement nouvelle ». Malheureusement, aucune explication claire de l'idée que la conclusion était « contenue implicitement dans » les prémisses n'était jamais donnée, et je ne crois pas qu'une telle explication soit possible. Dans ce chapitre, j'ai tenté de montrer comment en abandonnant (ou en réservant pour un traitement séparé) la thèse que la *logique* (et cette partie des maths qui *ne* fait *pas* référence à des entités abstraites) ne conduit pas à des conclusions véritablement nouvelles, nous pouvions donner un sens clair et précis à l'idée que les *mathématiques* ne conduisent pas à des conclusions véritablement nouvelles : plus précisément, nous pouvons montrer que la partie des maths qui, elle, fait référence à des entités mathématiques peut être appliquée sans engendrer aucune conclusion véritablement nouvelle concernant les entités non mathématiques.

Paul Gochet

VERS UNE THÉORIE NOMINALISTE
DE LA PROPOSITION *

Importance du sujet

En 1900, dans *A Critical Exposition of the Philosophy of Leibniz,* on trouve sous la plume de Russell l'affirmation suivante

> Que toute saine philosophie devrait commencer par une analyse des propositions, voilà une vérité trop évidente peut-être pour exiger une preuve[1].

Quarante ans plus tard, l'intérêt pour les problèmes que suscite cette notion n'a pas décru. C.-J. Ducasse écrit dans le *Journal of Philosophy* :

> Il n'y a peut-être aucune question plus fondamentale pour la théorie de la connaissance que celle de la nature des

---

* Paul Gochet, *Esquisse d'une théorie nominaliste de la proposition*, Paris, Armand Colin, 1972, Introduction, p. 5-19. Aux fins de la brièveté, quelques notes en bas de page ont été abrégées ou laissées de côté.

1. B. Russell, *A Critical Exposition ...*, Cambridge University Press, 1900, trad. fr. J. et R. Ray, *La philosophie de Leibniz. Exposé critique*, Préf. Lévy-Bruhl, Paris, Alcan, 1908, p. 9.

propositions et de leurs relations aux jugements, aux phrases, aux faits et aux inférences [1].

Aujourd'hui, l'abondance des publications sur le sujet prouve que l'intérêt n'a pas décru. Un des problèmes soulevés par la proposition, le problème de savoir si ce sont les propositions, les énoncés ou les phrases qui sont, en premier lieu, les porteurs du vrai ou du faux, passe même aux yeux de Bar-Hillel pour « l'un des sujets les plus importants que la philosophie du langage de l'avenir aura à discuter » [2].

La situation a été fort bien résumée par Ph. Devaux qui écrit dans son *Russell* (1967) :

> Depuis Peano et Schröder, plus fidèles, il est vrai, à la logique des classes de Boole, le statut logique et épistémologique de la proposition ainsi que son analyse, n'ont cessé de faire l'objet de controverses philosophiques fécondes. Et singulièrement, précise-t-il, depuis l'établissement de la logique symbolique contemporaine, dons les linéaments fondamentaux ont été tracés par Russell et Whitehead [3].

RÔLES DU CONCEPT DE PROPOSITION

Le concept de proposition occupe une position centrale en *logique*. Il sert même à définir cette discipline. « Si nous utilisons, écrit Strawson, le mot "proposition" comme nom général pour désigner ce que nous introduisons ou spécifions par les

1. C.J. Ducasse, « Propositions, Opinions, Sentences and Facts », *Journal of Philosophy*, vol. 37, 1940, p. 701.

2. J. Bar-Hillel, « Universal Semantics and Philosophy of Language », édité par J. Puhvel, *Substance and Structure of Language*, Berkeley and Los Angeles, University of California Press, 1969, p. 16-17.

3. Ph. Devaux, *Bertrand Russell ou la Paix dans la vérité*, Paris, Seghers, 1967, p. 59.

conjonctions "que", "si ... ou si ...", "si ... alors ..." lorsque nous garnissons d'un contenu les formes *p*, *q*..., alors la logique, c'est la théorie générale de la proposition ».

La *théorie de la connaissance* a également besoin de ce concept pour définir son objet ou tout au moins l'un de ses objets, puisque le mot connaissance peut s'entendre dans deux sens au moins. Comme l'a dit Russell, en effet :

> 1. Il est appliqué à la sorte de connaissance qui est opposée à l'erreur (…) et c'est ce sens qui s'applique à nos croyances et à nos convictions, c'est-à-dire à nos *jugements* (…) 2. dans sa seconde acception, le mot "connaître" s'applique à notre savoir concernant les *choses*, et nous pouvons dire "prendre conscience"[1].

La proposition est devenue un sujet de controverses *ontologiques* dès le moment où les philosophes lui ont conféré le statut d'entité indépendante. Ce que firent Bolzano dans sa *Wissenschaftslehre* de 1837 (il y parle de *Satz an sich*) et Moore dans « The Nature of Judgment » (1899), article dans lequel on peut voir le manifeste du néo-réalisme britannique.

Dans cet essai, Moore croyant qu'il est nécessaire de réifier les significations pour garantir l'indépendance de la vérité par rapport au sujet pensant, développe une conception franchement platonisante de la proposition, et fait de celle-ci le centre de gravité de l'ontologie : « L'existence elle-même est un concept, écrit-il, (…) la vérité ne peut être définie par référence à l'existence, mais l'existence seulement par référence à la vérité… ».

Dans le cadre de la *psychologie philosophique*, la proposition est une pièce maîtresse de la théorie de l'intentionnalité. Selon cette théorie, les actes mentaux (croyance, jugement, crainte,

---

1. B. Russell, *Problèmes de philosophie*, trad. fr. par S.-M. Guillemin, Paris, Payot, p. 51. C'est nous qui soulignons « jugements ».

amour) seraient tous braqués sur un objet. Si dans le cas de la connaissance on peut assigner aux faits le rôle d'objet, dans le cas de la croyance, qui peut être fausse, cette solution est exclue et l'on demandera aux propositions de les remplacer dans cet office.

Enfin, la proposition est invoquée à titre de signification des phrases dans le cadre de la *théorie de la signification*. Lorsqu'on traduit un texte d'une langue dans une autre, la forme linguistique change, mais le contenu demeure. La proposition serait cet *invariant* qui survit à la traduction des phrases.

Les philosophes qui ont cherché à définir la proposition et à déterminer son statut ontologique ne se sont, en général [1] préoccupés que d'un des rôles dévolus au concept de proposition. Les nombreuses ramifications que le concept de proposition étend dans tous les secteurs de la philosophie et l'enchevêtrement des problèmes qu'il soulève incitent à penser qu'un traitement d'ensemble est impérieusement nécessaire. On peut augurer que cette tâche sera difficile, mais ce genre de difficulté est courant en philosophie. Si cette discipline est si ardue, écrit Montefiore, «c'est (...) parce que presque toujours elle exige de garder simultanément à l'esprit un grand nombre de points et elle réclame la capacité de suivre un argument soutenu et systématique» [2].

Dans le cas présent, la difficulté est, hélas, encore aggravée par le fait que beaucoup de contributions à la solution des problèmes de la proposition sont l'œuvre de philosophes de

---

1. Les études suivantes sont plus synthétiques : A Church, «Propositions and Sentences», *The Problem of Universals*, University of N.D. Press, 1956, p. 1-12. G. Ryle, «The Theory of Meaning», *British Philosophy in the Mid-Century*, ed. C.A. Mace, Londres, 1957, p. 239-264. J. Teichmann, «Propositions», *Ph. R.*, 1961, p. 500-517.

2. A. Montefiore, *A Modern Introduction to Moral Philosophy*, London, Routledge and Kegan, 1958, p. 1.

l'école analytique. Or ces philosophes, par souci de rigueur scientifique et par crainte de généraliser prématurément, se livrent volontiers à des travaux de micro-analyse, au demeurant fort utiles, mais assez réfractaires à la synthèse. Aussi les matériaux qu'ils nous faudra rassembler pour édifier une théorie de la proposition sont-ils très dispersés.

Cet éparpillement rend d'autant plus opportune l'élaboration d'une théorie qui fournirait l'occasion de dresser un bilan de l'immense labeur analytique accompli pendant trois quarts de siècle sur un thème particulièrement représentatif. Or le problème de la proposition s'y prête bien, car il est comme un *observatoire privilégié* d'où l'on peut contempler l'ensemble de la philosophie de la signification, mesurer ce qui a été fait et voir ce qui reste à faire et ce qui se prépare.

Nous ne nous assignons cependant pas pour tâche de faire une synthèse exhaustive. Une théorie, en effet, n'est pas une compilation. Elle vise à la *cohérence* et doit opérer certains *choix* pour sauvegarder celle-ci. Mais que faut-il entendre au juste ici par « théorie » ?

COMMENT CONCEVOIR UNE THÉORIE DE LA PROPOSITION ?

Nous prenons le mot « théorie » dans le sens que Castañeda lui donne :

> Une théorie, qu'elle soit philosophique ou scientifique. *n'est pas* le genre de chose qui se dégage (*comes out*) comme la conclusion d'une preuve (…) Une théorie philosophique est un point de vue déployé dans l'organisation délibérément systématique et harmonieuse de faits philosophiques qui causaient au début de la perplexité, et cela de manière telle que les perplexités initiales s'évanouissent. Mais une théorie est susceptible de réfutation concluante si l'on montre qu'elle ne sera pas capable

de couvrir certains faits, c'est-à-dire de "sauver les apparences" comme disaient les philosophes grecs [1].

La *cohésion* interne d'une théorie ne consiste donc pas simplement dans la *cohérence*, c'est-à-dire dans l'absence de contradiction. Il ne suffit pas, pour construire une théorie, de juxtaposer les solutions fragmentaires et d'éliminer celles qui se révèlent incompatibles, comme le croient les partisans de l'éclectisme.

Une théorie ne mérite ce nom que lorsqu'elle est en mesure de résoudre par elle-même, c'est-à-dire *sans l'apport extérieur de solutions ad hoc*, des problèmes multiples pour lesquels elle n'avait pas été spécialement façonnée. C'est pourquoi, la meilleure manière de *confirmer* une théorie, c'est de susciter activement des problèmes qui sont de son ressort et de voir comment elle les résout. C'est ce qu'affirmait déjà Russell dans *On Denoting* (1905) :

> Une théorie logique peut être mise à l'épreuve, écrit-il, en lui imposant de résoudre certains puzzles et c'est un dessein salutaire quand on réfléchit sur la logique d'emmagasiner en esprit autant de puzzles que possible puisqu'ils servent aux mêmes fins que les expérimentations en physique [2].

Dans cet esprit, nous montrerons qu'une *même* conception de la proposition peut donner une réponse à des questions aussi *différentes* que les trois questions suivantes choisies parmi beaucoup d'autres :

1) Comment des phrases qui ont *même* valeur de vérité peuvent-elles être vraies de choses *différentes* ?

---

1. H.N. Castañeda, « Ethics and Logic : Stevensonian Emotivism Revisited », *Journal of Philosophy*, 1967, p. 673-674.

2. B. Russell, « De la dénotation », trad. fr. par Ph. Devaux, *L'Âge de la Science*, 1970, fasc. 3, p. 177.

2) Comment les phrases *fausses* peuvent-elles avoir néanmoins une signification et même une *référence* ?

3) Comment pouvons-nous donner *immédiatement* une signification à des phrases que nous n'avons jamais entendues antérieurement (problème de la productivité du langage) ?

On ne peut guère contester que cette *identité de solution* face à une *multiplicité* de problèmes confère une *cohésion réelle* à notre théorie. La coïncidence n'est-elle pas, en effet, la forme la plus aiguë de la convergence ?

Quelle méthode employer ?

Les problèmes que nous allons traiter se rattachent presque tous, de près ou de loin, à un problème philosophique traditionnel : le problème des universaux. On n'aborde plus aujourd'hui ce problème comme on le faisait autrefois. Des exigences méthodologiques nouvelles se sont imposées aux philosophes qui l'affrontent, exigences que W. Stegmüller a fort clairement formulées dans *Main Currents in Contemporary German, British and American Philosophy*.

Comme ces exigences doivent guider notre recherche, il n'est pas inutile que nous rappelions ici en quoi elles consistent :

> Nous ne pouvons plus nous contenter d'arguments a priori pour ou contre l'une ou l'autre vue, écrit Stegmüller. Il y a une question ultérieure que nous devons mettre au-dessus de tout : c'est la question de savoir si un point de vue déterminé sur la question est compatible avec la conservation du contenu total de la science contemporaine, et ne détruit pas celle-ci en tout ou en partie. *Le fait que le point de vue anti-platonisant ne puisse être réfuté, ne suffit pas à prouver qu'il est acceptable* – au moins si nous concédons qu'on a le droit d'exiger *qu'une solution au problème des universaux (…) ne puisse conduire à un tel appauvrissement de notre système de concepts et de jugements*

que des sciences de base doivent être non seulement reformulées, mais abandonnées [1].

Le souci de nous conformer à ces exigences légitimes nous fera, par exemple, écarter comme inacceptables certaines formes extrêmes de nominalisme qui nous obligeraient à renoncer à la *théorie des ensembles*. La question est plus délicate lorsqu'il y a conflit entre une certaine solution du problème des universaux et une science qui n'est pas une science de base. Un conflit de ce genre oppose le nominalisme modéré ou extensionnalisme, à la logique intensionnelle. Les scrupules nominalistes ne conduisent-ils pas à une attitude « malthusienne » dommageable pour la science ? Nous devrons nous poser la question.

Le rôle que nous ferons, quant à nous, jouer à la science sera plus grand encore que celui que Stegmüller lui confère. Nous invoquerons, en effet, les données et les théories scientifiques, non seulement pour *écarter* des positions philosophiques, mais aussi pour en *fonder* d'autres. Nous méditerons moins sur la réalité brute ou quotidienne que sur « la réalité que montre la science », pour reprendre l'heureuse expression inscrite au frontispice de la revue *L'Âge de la Science*.

Les sciences auxquelles nous nous référons constamment, sont la logique symbolique et surtout la linguistique, spéciale-ment la sémantique structurale et la grammaire générative trans-formationnelle. Par là, nous nous séparons aussi bien des ana-lystes du langage naturel (Strawson, Hampshire) que des théo-riciens des langages formalisés (Tarski, Carnap). Ni les uns, ni les autres, en effet, n'ont cru nécessaire de consulter les linguistes.

---

1. W. Stegmüller, *Main Currents in Contemporary German, British and American Philosophy*, Dordrecht, D. Reidel, 1969, 4e éd., p. 54.

Dans « Philosophie analytique et Linguistique moderne »[1], H. Hubien a sévèrement critiqué cette omission chez les premiers. Bar-Hillel a fait le même reproche aux seconds dans « Do Natural Languages Contain Paradoxes? »[2]. Le fait que la linguistique n'offrait guère de ressources aux philosophes au moment où les auteurs incriminés manifestaient envers la linguistique scientifique l'indifférence qu'on leur reproche aujourd'hui, explique d'ailleurs, en partie, leur attitude, comme le remarque justement Hubien.

L'un des plus clairvoyants parmi ces philosophes a d'ailleurs prévu l'avènement d'une véritable science du langage. Dans *Ifs and Cans* (1956), c'est-à-dire un an avant que Chomsky n'inaugure la linguistique transformationnelle, Austin écrivait ces paroles prophétiques :

> N'est-il pas possible que le siècle prochain voie la naissance, grâce au travail combiné des philosophes, des grammairiens, et des praticiens des autres disciplines traitant du langage, d'une *science du langage*, authentique et générale ?[3]

Si notre travail contribue si peu que ce soit à hâter ce regroupement des acquisitions de la logique formalisée, de l'analyse du langage et de la linguistique dans le cadre d'une théorie unifiée, notre but aura été atteint.

1. H. Hubien, « Philosophie analytique et Linguistique moderne », *Dialectica*, 1968, p. 96.

2. J. Bar-Hillel, « Do Natural Languages Contain Paradoxes? », *Studium generale*, 1966, p. 393.

3. J. L. Austin, *Ifs and Cans*, Proceed. of the British Acad., vol XLII, London, Oxford University Press, 1956, p. 131-132.

LES MÉRITES DU NOMINALISME

La perspective nominaliste dans laquelle nous allons conduire notre recherche réclame une justification. Nous la donnerons en montrant que le choix du nominalisme tel que nous le concevons obéit à des impératifs de *rigueur* et de *fécondité*.

Notre nominalisme ne repose pas sur une prévention contre les abstractions analogue à la prévention de certains empiristes contre les entités inobservables. Nous n'écartons pas *toutes* les abstractions, nous ne refusons d'admettre que celles qui ne sont pas *explicatives*, celles qui sont accréditées *praeter necessitatem*.

Le nominalisme auquel nous souscrivons dès le départ est le *nominalisme méthodique* par opposition au *nominalisme doctrinal*. Nous adhérons, en effet, au principe fondamental du « nominalisme méthodique » de Russell, c'est-à-dire à la loi de parcimonie que M. Vuillemin caractérise en ces termes dans *Leçons sur la première philosophie de Russell* (1968) :

> Tout ce qui peut être construit logiquement – à partir des notions logiques primitives – n'est pas réel. Si, dans un système d'entités tenues pour primitives, l'analyse montre qu'on peut construire logiquement certaines de ces entités à partie d'autres, elles doivent être éliminées de l'inventaire de la réalité. Le réel, c'est donc ce qui résiste à l'analyse logique conduite conformément au principe de parcimonie. Tel est le rôle objectif de la loi. Elle est la mesure inversement proportionnelle de la réalité [1].

Ce principe a été quelquefois critiqué, mais les objections qu'on lui adresse sont le résultat de malentendus. Il en est un que nous voudrions dissiper sur-le-champ.

---

1. J. Vuillemin, *Leçons sur la première philosophie de Russell*, Paris. A. Colin, 1966, p. 266.

Dans « Names and Descriptions » (1962), Sir A.J. Ayer montre que l'on peut éliminer du *langage* les noms propres et conclut de là qu'on peut se passer de la catégorie *ontologique* de substance. Cette inférence repose évidemment sur une adhésion implicite à la loi de parcimonie. Or M. Dopp a contesté l'argument d'Ayer et imputé à ce dernier une adhésion implicite au parallélisme ontologico-grammatical qu'Aristote déjà aurait réduit à néant grâce à sa théorie de l'abstraction :

> Nous nous demandons, écrit Dopp, comment une analyse du langage (…) peut nous livrer des lumières sur la nature ontologique des constituants derniers de la réalité. Pourquoi à des catégories distinctes de mots du langage (ou d'"idées" de la pensée humaine) doivent nécessairement correspondre des catégories distinctes d'éléments "constituant" le réel ? C'est précisément ce qu'entendait nier la théorie aristotélicienne de l'abstraction [1].

L'objection que Dopp adresse à Ayer nous paraît résulter de la méconnaissance d'une asymétrie importante que nous voudrions mettre en lumière. Dopp attaque indifféremment les philosophes qui tirent des conclusions ontologiques de la *nécessité d'introduire* certains signes et ceux qui le font de la *possibilité* d'en *supprimer*. Or, selon nous, la première inférence est illégitime, mais non la seconde. Et, c'est uniquement de la seconde qu'Ayer a besoin.

La *nécessité d'introduire* une certaine catégorie de signes ne prouve pas l'*existence* d'entités ontologiques correspondantes. Cette nécessité peut, en effet, résulter d'une *servitude* interne au langage, d'une contrainte purement syntaxique. L'usage positif de l'hypothèse du parallélisme onto-logico-grammatical n'est

---

1. J. Dopp, « Thinking and Meaning », Entretiens de l'I.I. Ph., 1962, *L. et A.*, 1962, p. 207.

donc pas valide. En revanche, la *possibilité* de *supprimer* une certaine catégorie de signes a des implications ontologiques. Certes, elle ne prouve pas l'*inexistence* des entités ontologiques corrélées aux signes éliminés, mais elle a néanmoins un effet dialectique qui n'est nullement négligeable : elle déplace le *fardeau de la preuve*. C'est désormais au philosophe qui pose des entités telles que les *substances* ou les *propositions* qu'incombera l'obligation de se justifier.

L'objection de M. Dopp écartée, il reste à produire des raisons positives d'adhérer à la loi de parcimonie. Qu'il nous suffise, à cette fin, de rappeler l'argument de Wittgenstein, argument que M. Vuillemin a opportunément rapproché de la loi de parcimonie :

> Le rasoir d'Occam n'est naturellement pas une règle arbitraire, ou une règle justifiée par son succès pratique : elle dit que des unités de signes *non nécessaires* ne signifient rien. Des signes qui remplissent *une seule* fin sont logiquement équivalents ; ceux qui n'en remplissent *aucune*, sont logiquement sans signification (5.47321) [1].

Le nominalisme auquel nous adhérons au départ, c'est le *nominalisme méthodique*. Celui auquel nous aboutirons est un *nominalisme doctrinal*. Le premier est une *règle* rationnellement fondée sur des considérations dialectiques (charge de la preuve) et méthodologiques (réquisits d'une bonne explication). Le second est une *théorie* dans laquelle on s'efforce de résoudre les problèmes en les transférant systématiquement sur le registre du langage. *Cette distinction entre les deux nominalismes doit être soulignée car c'est sur elle que nous fonderions notre défense si l'on nous reprochait d'avoir présupposé le nominalisme au lieu de le démontrer et commis une pétition de principe.*

---

1. J. Vuillemin, *Leçons sur la première philosophie de Russell, op. cit.*, p. 266.

Remarquons qu'il y a lieu également de dissocier le concept de *nominalisme* de celui de *réductionnisme*. Tout nominalisme n'est pas nécessairement réducteur. L'«escalade» linguistique serait *réductrice* si le langage humain était un phénomène simple. Mais il est au contraire d'une extrême complexité. «Le langage quotidien, écrit Wittgenstein dans le *Tractatus*, est une partie de l'organisme et n'est pas moins compliqué que lui (4.002)».

Les découvertes d'Austin et de Chomsky sont venues corroborer cette affirmation. Austin a montré que certaines actions (promettre, léguer, etc.) ne pouvaient s'accomplir que par le truchement du langage conçu comme une institution sociale. Il a dû forger toute une terminologie pour décrire ces modes de discours qui avaient échappé à la sagacité des grammairiens et des psychologues. Et cela tient au fait qu'ils servent à exécuter des actions *sui generis*. On ne peut les analyser avec l'aide des concepts de la physique, de la psychologie ou d'aucune autre science existante.

Chomsky, d'autre part, a découvert qu'on ne peut rendre compte de la compétence linguistique sans poser certains principes dont

> il est tout à fait impossible de fournir une explication en termes d'«habitudes», de «dispositions», d'«analogies»[1].

Aussi affirme-t-il que

> l'idée selon laquelle le langage humain serait simplement un exemple plus complexe de quelque chose que l'on trouverait partout dans le monde animal semble n'avoir aucune solidité[2].

---

1. N. Chomsky, *Le langage et la Pensée*, Paris, Payot, 1970, p. 72.
2. *Ibid.*, p. 106.

Dans le même ordre d'idées que ces deux auteurs, nous montrerons qu'on ne peut apporter une solution au problème que pose la possibilité pour les phrases fausses d'avoir un sens, sans employer certains concepts qui appartiennent, *de manière irréductible*, à la théorie du langage. Si les philosophes ont achoppé tant de fois sur ce problème, cela tient au fait qu'ils ont voulu le résoudre à peu de frais. Il arrive, en effet parfois, comme Bachelard l'a montré dans *Le Nouvel esprit scientifique* (1939), que la complexité soit payante et la simplicité ruineuse.

LES DIFFÉRENTES VARIÉTÉS DE NOMINALISME

Il existe plusieurs variétés de nominalisme. Celui que nous défendons s'apparente à celui de Quine. Il s'agit d'un nominalisme modéré auquel convient aussi le nom d'«extensionnalisme». Pour en indiquer plus clairement la portée doctrinale, nous le situerons par rapport au nominalisme radical de Goodman et à l'intensionnalisme de Carnap et de Church.

A) LE NOMINALISME DE GOODMAN. « Le nominalisme, comme je le conçois, écrit Goodman dans "A World of Individuals" (1956), n'enveloppe pas l'exclusion des entités abstraites, des esprits, des signes de l'immortalité (…) mais il requiert que tout ce qui est admis comme une entité (comme un être) soit un individu » [1]. Goodman rejette donc les classes, les propriétés et, ce qui nous intéresse davantage, les propositions. Pour saisir la portée exacte du nominalisme de Quine auquel s'apparente celui que nous défendrons, il importe de le distinguer soigneusement du nominalisme de Goodman. Ce dernier n'admet que les individus et les agrégats d'individus.

---

[1] I. M. Bochenski, A. Church, N. Goodman, *The Problem of Universals*, *op. cit.*, p. 17.

La différence entre l'agrégat, que l'on appelle parfois « totalité méréologique », et la classe est la suivante : Tandis que deux agrégats ne diffèrent que si l'un au moins des objets assemblés par eux diffère, des classes peuvent différer sans que leurs membres ne le fassent. En d'autres termes, la *manière de grouper* les éléments d'une classe suffit à engendrer des classes distinctes, tandis que pour engendrer des agrégats distincts il faut faire davantage, il faut introduire une différence de contenu dans les agrégats que l'on veut différencier. Et cette différence de contenu doit être conçue strictement. Dire que deux agrégats diffèrent parce qu'ils contiennent des morceaux différents d'un même tout n'est pas une affirmation exacte, si la différence tient uniquement au morcellement. C'en est une au contraire si la différence entre les deux agrégats tient à la présence, dans un de ces agrégats, d'un objet qui ne se retrouve en aucune façon dans l'autre quel que soit le principe de découpage.

Ainsi, par exemple, l'agrégat formé par A joint à l'agrégat constitué par B et C *se confond* avec l'agrégat constitué par A, B et C. En d'autres termes, $(A (B, C)) = (A, B, C)$. De même l'agrégat constitué par tous les corps humains se confond avec l'agrégat constitué par toutes les cellules de ces êtres. Au contraire, la classe qui a comme membres A et la classe $\{B, C\}$ diffère de la classe qui a comme membres A, B et C.

$$\{A\{B, C\}\} \neq \{A, B, C\}$$

Et la classe des corps humains diffère de la classe de leurs cellules.

Le raison pour laquelle Goodman rejette les classes, c'est qu'elles *prolifèrent* indéfiniment. Ce n'est pas le cas des agrégats. Une formule précise et *stable* lie le nombre des agrégats à celui de leurs constituants. Pour n individus, il y a $2^n - 1$ agrégats possibles. On notera que Goodman a un précurseur en la personne de Leśniewski. Ce dernier dès 1914 développa une méréologie, c'est-à-dire une théorie des totalités destinée à éviter les antinomies de la théorie des classes. Küng illustre par l'exemple suivant l'originalité de la méréologie à l'égard du calcul des classes :

> Tandis qu'une sphère, la classe de ses moitiés et la classe de ses quarts seront normalement regardées comme trois entités distinctes, elles se confondent dans la vue de Leśniewski (lorsqu'on entend les classes comme des totalités concrètes) [1].

B) L'EXTENSIONNALISME de Quine est moins radical que le nominalisme de Goodman. Quine tolère les classes dans son *ontologie*. Ce qu'il rejette, ce sont les entités intensionnelles telles que les concepts ou les propositions. Pour saisir la portée de son nominalisme, un exemple n'est pas superflu. Considérons un nom commun tel que « homme ». Aristote lui reconnaîtrait une extension : la *classe* des hommes et une intension (compréhension), le *concept* d'humanité. Quine accepte évidemment la distinction de *logique*, mais il refuse d'accorder, comme le font certains logiciens, une portée *ontologique* à celle-ci. Quine est prêt à assumer l'*existence* des classes, aussi certains donnent-ils à sa doctrine le nom de platonisme extensionnaliste, mais il conteste celle des concepts. Il croit qu'il existe des classes ou au moins qu'il faut assumer des *classes* pour faire des mathématiques, mais il se refuse à assumer l'existence des concepts et des *propositions*.

La raison du scrupule de Quine, c'est que nous disposons d'un *critère d'identification pour détecter quand deux classes sont identiques*, à savoir le principe d'abstraction : deux classes sont identiques quand elles ont tous leurs membres en commun.

---

1. G. Küng, *Ontology and the Logistic Analysis of Language*, trad. fr. de E.C.U. Mays, rev. éd. Reidel, 1967, p. 106.

En revanche, nous manquons d'un tel critère pour les entités intensionnelles.

Un exemple fera ressortir le contraste ente classe et concept, et la disgrâce dont souffrent ces derniers sur le plan de l'identification. Considérons la *classe* ou l'ensemble qui a pour membres les fondateurs de Plymouth. Elle est identique à la classe ou à l'ensemble qui a pour membres les passagers du *Mayflower* en vertu du principe d'extensionnalité pour les classes, ou principes d'abstraction, qui énonce que

$$(\alpha = \beta) \equiv (x)(x \,\varepsilon\, \alpha \equiv x \,\varepsilon\, \beta)\,[1].$$

De même, la classe des humains est identique à la classe des bipèdes sans plumes. Ce principe ne vaut pas pour les entités intensionnelles. La propriété d'humanité ne se confond pas avec celle de bipède sans plumes même si tous les hommes et eux seuls sont des bipèdes sans plumes. Pour nous en convaincre, rappelons-nous qu'il n'est pas vrai que la propriété de verdeur et la propriété de rotondité se confondraient si, par hasard, tous les objets verts et rien qu'eux étaient ronds.

$$\neg\,[(x)(\Phi x \equiv \Psi x) \supset (\Phi = \Psi)]\,[2]$$

Mais quand deux propriétés se confondent-elles? Dirons-nous, par exemple, que deux entités intensionnelles coïncident lorsque les expressions qui les désignent sont analytiquement équivalentes? Mais, en vertu du fait – relevé par Quine – que l'expression "Fx & p" où "p" est une proposition contingente vraie, n'est pas analytiquement équivalente à l'expression "Fx",

---

1. C'est-à-dire : la classe α est identique a la classe β si et seulement si, pour tous les x, x est membre de α si et seulement s'il est membre de β.

2. Il n'est pas vrai que la propriété d'être Φ soit identique à celle d'être Ψ si et seulement si tous les êtres qui possèdent la première possèdent la seconde et réciproquement.

ces deux fonctions propositionnelles devront être considérées comme désignant des entités distinctes. Nous pouvons, dès lors, multiplier *arbitrairement* les entités intensionnelles par simple conjonction et créer des distinctions qui ne correspondent à aucune différence de sens.

L'extensionnalisme peut être envisagé comme une *version affaiblie* du nominalisme et réciproquement le nominalisme est une forme aiguë de l'extensionnalisme. Ces deux doctrines ont en commun la crainte de *multiplier sans raison valable* le nombre des entités abstraites. C'est ce que Goodman exprime très clairement en ces termes :

> L'extensionnalisme empêche la composition de plus d'une entité à partir des mêmes entités par la relation d'appartenance. Le nominalisme va plus loin, il bloque la formation de plus d'une entité à partir des mêmes entités par n'importe quelle chaîne d'appartenance [1].

Pour un nominaliste de la « tendance Goodman » l'appartenance de l'appartenance *s'aplatit* en appartenance d'où l'agrégat de l'agrégat se confond avec l'agrégat initial. Ce qui n'est pas le cas selon un nominaliste de la « tendance Quine ».

Remarquons aussi combien le nominalisme de Quine est éloigné de l'idée qu'on se fait habituellement du nominalisme. Loin de réduire les universaux à des mots, Quine reconnaît l'existence d'universaux non susceptibles d'être nommés. « Nous sommes en mesure, écrit-il, d'assumer l'existence d'entités qui ne peuvent nullement être nommées individuellement avec les ressources de notre langage; tels que les nombres réels qui, selon la théorie classique, constituent une infinité plus

---

1. *A World of Individuals*, *op. cit.*, p. 19.

grande que la totalité des noms constructibles dans le langage » [1].
Il y a donc place dans l'ontologie de Quine pour les ensembles
infinis non dénombrables auxquels Cantor nous donne accès par
l'argument de la diagonale. Est-ce encore du nominalisme?
N'est-ce pas plutôt du platonisme mal classé par son auteur?
Nous ne le croyons pas. Il y a, en effet, des *voies d'accès scienti-*
fiques et non métaphysiques à ces universaux. L'argument de la
diagonale n'est pas à confondre avec la dialectique ascendante.

C) Carnap développe dans *Meaning and Necessity* (1947)
une théorie des universaux que l'on est en droit d'appeler un
intensionnalisme.

Nous avons dit plus haut que le principe d'extensionnalité
n'avait pas cours pour les entités intensionnelles, en d'autres
termes que

$$\neg [(\Phi, \Psi)(\Phi = \Psi) \equiv (f\Phi \equiv f\Psi)]$$

Carnap propose un substitut au principe d'extensionnalité,
substitut que l'on pourrait appeler, par analogie, du nom de
« principe d'intensionnalité », et aux termes duquel deux
concepts sont identiques si et seulement si tous les objets qui
exemplifient le premier exemplifient *nécessairement* le second
et réciproquement.

Ce qui s'écrit:

$$\Phi = \Psi \equiv (x)(\Phi x \leftrightarrow \Psi x)$$
ou
$$\Phi = \Psi \equiv \Box(x)(\Phi x \equiv \Psi x)\,[2]$$
ou
$$\Phi = \Psi \equiv \text{'}(x)(\Phi x \equiv \Psi x)\text{'} \text{ est L-vrai}$$
ou encore
$$\Phi = \Psi \equiv \text{'}(x)(\Phi x \equiv \Psi x)\text{'} \text{ est un énoncé analytique.}$$

---

1. V.W. Quine, « Carnap's Views on Ontology », 1951, *The Ways of Paradox
and other Essays*, N.Y., Random House, 1966, p. 128.

2. "↔" est ici le signe de la bi-implication stricte, "□" est l'opérateur modal
signifiant « nécessairement ».

Par exemple, le concept de célibataire est identique à celui de non marié parce que tous les célibataires et rien qu'eux sont nécessairement non mariés, en d'autres termes, parce que la bi-implication qui lie "*x* est célibataire" à "*x* est non marié" est une implication *stricte* et non une implication *matérielle* comme la bi-implication qui unit "*x* est un passager du *Mayflower*" à "*x* est un fondateur de Plymouth". *Mutatis mutandis*, deux phrases expriment la même proposition lorsqu'elles sont L-équivalentes et – ajoute Carnap – intensionnellement isomorphes.

Certains appellent cette doctrine du nom de «platonisme intensionnaliste». Cette appellation qui ne convient peut-être pas tout à fait à la position de Carnap convient à celle de Church. Ce dernier défend une conception franchement réaliste de la proposition dans sa notice de l'*Encyclopedia Britannica*. «Pour atteindre certains buts, écrit-il, on a besoin d'une notion plus abstraite de la proposition, indépendante à la fois de n'importe quelle expression particulière en mots et de n'importe quel acte psychologique de jugement ou de conception – Ce n'est pas la phrase déclarative particulière qui est requise, mais le contenu de signification qui est commun à la phrase et à sa traduction dans n'importe quel langage – Ce n'est pas le jugement particulier, mais le contenu objectif du jugement qui est capable d'être la propriété de plusieurs»[1].

On peut résumer les trois positions principales sur le problème des universaux au moyen du tableau très suggestif que Küng présente dans *Ontology and the Logistic Analysis of Language* (1967)[2].

---

1. A. Church, «Proposition», *Encyclopedia Britannica*, U.S.A. 1965, vol. 18, p. 560.

2. G. Küng, *Ontology and the Logistic Analysis of Language*, trad. par E.C.U. Mays, Dordrecht, Reidel, 1967, p. 139.

POINTS DE VUE ONTOLOGIQUES ET GENRES DE LANGAGE

*Exemples qui indiquent la capacité discriminatoire
des doctrines*

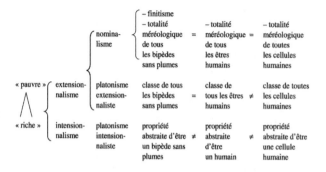

LES SENS DU MOT « PROPOSITION »

Nous avons expliqué ce que nous entendions par « théorie »,
ce que nous entendions par « nominalisme », il nous reste pour
être complet, à définir le sens que nous donnons au mot
« proposition ».

Les définitions qui ont été proposées varient avec les
problèmes philosophiques dans le contexte desquels elles ont été
introduites. Nous en parcourrons l'éventail en nous demandant
chaque fois ce qu'elles impliquent quant au statut ontologique de
la proposition.

Limité à l'essentiel, le tableau des définitions de la
proposition se présente comme suit :

1. LOGIQUE

1.1. La proposition est tout ce qui peut être prémisse ou conclusion d'une inférence ou encore ce qui peut être le terme d'une incompatibilité ou d'une contradiction. C'est aussi la classe de propositions interdéductibles (*Syntaxe*).

1.2. La proposition est le sujet des prédicats « vrai » et « faux » (*sémantique*).

1.3. La proposition est ce qui peut être asserté ou supposé (*pragmatique*).

2. ONTOLOGIE

2.1. La proposition est le contour d'un fait.

2.2. La proposition vraie est identique au fait.

2.3. La proposition est un état de chose possible.

3. PSYCHOLOGIE PHILOSOPHIQUE

3.1. La proposition est l'objet de la relation dyadique désignée par le verbe « croire », c'est-à-dire le *relatum* de celle-ci.

3.2. La proposition est ce qu'on veut dire ou ce qu'on pense.

4. THÉORIE DE LA SIGNIFICATION

4.1. La proposition est le 2e terme de la relation dyadique désignée par le verbe « signifier » dont le 1er terme est une phrase.

4.2. La proposition est la classe des énoncés synonymes à un énoncé donné dans une langue bien faite.

4.3. La proposition est la classe des phrases isomorphes en compréhension (intension).

4.4. La proposition est la classe des phrases isomorphes en extension.

Ce tableau est plus qu'une nomenclature. C'est un cadre rigide qui guidera notre élaboration théorique. En effet, il donne un contenu précis à l'*exigence de systématicité* inhérente à pareille entreprise : le statut que nous conférerons à la proposition *devra* être tel que cette dernière puisse remplir *simultanément* tous les rôles qui lui sont assignés dans le *tableau* en question.

Cet effort délibéré d'unification n'est pas gratuit. Il s'impose pour deux raisons. D'abord parce que les définitions partielles de la proposition doivent être mutuellement compatibles. Ensuite parce que les mêmes concepts apparaissent dans des définitions différentes. Ainsi, par exemple, comme le remarque D. Davidson dans «On Saying that», nous avons de bonnes raisons de soutenir que «la structure qui est conférée à une théorie de la vérité dans le style de Tarski mérite d'être appelée *la forme logique* de la phrase»[1]. Mais d'autre part, dans la théorie de l'inférence «donner *la forme logique* d'une phrase, c'est cataloguer les traits (…) qui déterminent de quelle phrase elle est la conséquence logique et quelles phrases elle a parmi ses conséquences logiques»[2]. Or, continue Davidson, «manifestement les deux approches de *la forme logique* ne peuvent légitimement procurer des résultats complètement indépendants (…)».

L'article de Vendler sur «Les Performatifs en perspective» (1970) pourrait servir de contre-épreuve pour démontrer combien il est dangereux de traiter isolément les problèmes. N'ayant envisagé la proposition que dans la perspective de l'analyse du langage, Vendler écrit :

> Il est clair, et ceci est contraire à l'usage qui prévaut, qu'en elles-mêmes, les propositions ne sont pas vraies ou fausses (…) Seul est vrai l'énoncé fait par quelqu'un (ou l'assertion et le reste) (…)[3].

---

1. D. Davidson, «On Saying that» («Words and Objections»), *Synthese*, 1968, p. 131. C'est nous qui soulignons.

2. *Ibid.*

3. Z. Vendler, «Les Performatifs en perspective», *Langage*, 1970, p. 89-90.

Or, comme Geach l'a montré dans « Assertion » (1965), une pareille conception ruinerait si on la prenait au pied de la lettre, une pièce aussi fondamentale de la logique que le calcul des fonctions de vérités. « S'il était vrai, écrit Geach, (que seuls ces énoncés aient une valeur de vérité), alors l'analyse en termes de fonction de vérité de "*p vel q*" ou de "*p aut q*" serait impossible, car les clauses disjointes représentées par *p* et *q* ne seraient pas utilisées pour faire des énoncés dans un contexte où seule la disjonction est assertée, et dès lors ces propositions coordonnées n'auraient pas une valeur de vérité d'où la proposition complète pût dépendre, pût être fonction »[1]. Les principes méthodologiques, inspirés par Stegmüller, que nous nous sommes assignés nous interdisent d'accréditer la thèse appauvrissante de Vendler.

---

1. P. T. Geach, « Assertion », *Ph. R.*, p. 452-453.

selon laquelle les croyances erronées ne portent sur rien, dit : « Dès qu'il y a énoncé, il doit porter sur quelque chose », et cela, affirme-t-il, vaut pour les énoncés faux aussi bien que pour les vrais.

Les énoncés, vrais ou faux, parlent des objets. En cela, les nominalistes et les réalistes sont généralement d'accord. Le désaccord sur le plan métaphysique porte sur la question de savoir de quels objets il s'agit : qu'est-ce exactement qui est mentionné, directement ou indirectement, par un énoncé ? Le désaccord sur le plan linguistique porte sur la question de savoir quels sont les mots qui mentionnent : quels mots, dans l'énoncé, portent le poids de la référence ? Tous les mots, certains d'entre eux ? Et s'il ne s'agit pas de tous les mots, en quoi consiste le travail des autres ? La dernière question fait écho à la distinction entre les termes catégorématiques (ceux qui réfèrent) et les termes syncatégorématiques (qui ne réfèrent pas).

Historiquement, le débat s'est focalisé sur l'affirmation des réalistes selon laquelle les expressions prédicatives (souvent conçues de manière large pour inclure les noms communs et autres expressions semblables, aussi bien que les verbes) peuvent en forçant un peu être vues comme désignant des objets : les universaux. On compte parmi les universaux les propriétés, les attributs, les relations, ou encore les classes ou les ensembles, moins abstraits, mais abstraits néanmoins. Le réaliste soutient de plus que ces objets sont d'un genre catégoriquement différent, ou du moins d'une espèce différente de celle des particuliers.

Les particuliers sont les individus concrets qui constituent l'ontologie préférée des nominalistes. La relation entre les particuliers et les *designata* supposés des prédicats porte un nom trompeur, puisqu'il semble s'agir d'un terme grammatical, celui de « prédication ». Historiquement, comme nous savons, il y a de considérables variations sur la question de ce qui compte comme des individus concrets. Les nominalistes ont émis des thèses variées, certaines d'entre elles réductionnistes, quant à savoir s'il y a des particuliers de base tels que les événements, les atomes physiques, les données sensibles, les tranches temporelles des objets physiques, à partir desquels les autres particuliers sont construits. Mais sous tous ses avatars, la motivation première du nominalisme dans pratiquement toutes ses manifestations n'a pas été simplement une insistance pour ne conserver que la seule catégorie des objets individuables. Il y a aussi la pression empirique. Les individus du nominaliste sont d'un genre tel qu'ils peuvent être rencontrés, ou du moins entrer dans la composition de tels individus rencontrables. Ils sont capables, si l'on peut dire, de faire une apparition. La rencontrabilité par les yeux de l'esprit n'est pas en général reconnue conforme à l'esprit du nominalisme.

Le penchant empirique du nominalisme l'entraîne au-delà de la négation des universaux. Le nominaliste se donne pour tâche de soutenir que les « entités » abstraites telles que les nombres, les esprits, les propositions, même quand elles sont catégoriquement interprétables comme des individus, sont à tout le moins dépourvues d'utilité, ou alors ne sont pas les objets abstraits que l'on affirme qu'elles sont. Les nombres, par exemple, peuvent être considérés comme constructibles à partir d'inscriptions ; les propositions peuvent être considérées comme un résultat de la confusion des modes formel et matériel, et ainsi de suite. En résumé, le nominalisme s'est traditionnellement développé selon deux axes. Premièrement, il n'y a pas deux sortes de choses, les universaux et les particuliers, qui entretiennent une relation irréductible les uns avec les autres. Deuxièmement, la pression empirique : les individus sont tenus d'une manière ou d'une autre pour des objets rencontrables. Un philosophe qui se meut dans l'une ou l'autre de ces voies se désigne lui-même comme enclin au nominalisme.

Nous avons noté plus haut que le débat entre nominalistes et réalistes se reflétera dans les positions de chacun quant à savoir quelles expressions dans un énoncé portent le poids de la référence. Un philosophe dont l'ontologie inclut les universaux, ainsi que les propositions, les nombres et les autres objets abstraits, doit spécifier quels sont les composants d'un énoncé qui mentionnent de tels objets. Le philosophe qui évite de tels prétendus objets doit expliquer comment ces composants, s'ils ne réfèrent pas, doivent être compris. Comment fonctionnent-ils? Quelle est leur contribution à la signification, au contenu, ou plus modestement, aux conditions de vérité de l'énoncé? Exposer le dispositif référentiel d'un énoncé revient souvent à en fournir une «analyse», à remplacer, par exemple, l'énoncé en question par un autre dont on peut soutenir qu'il en est l'équivalent mais qui manifeste ou marque mieux, soutient-on, le point d'ancrage de la référence. La théorie des descriptions de Russell et la conversion des noms propres en prédicats de Quine en sont deux exemples.

Si ce sont les noms qui sont les véhicules de la référence, alors les désaccords entre nominalistes et réalistes se refléteront dans ce qui doit compter pour un nom. La tendance a été d'appeler toute expression un nom, aussi distante soit-elle de la catégorie grammaticale ordinaire des noms, pourvu qu'elle soit vue comme porteuse de référence. De la même façon, le statut de noms authentiques est refusé aux termes qui sont déchargés du poids de la référence, peu importe la manière dont ils ont été classés au point de vue grammatical. Quine[1], par exemple, tient qu'aucun substantif au sens grammatical n'a besoin d'être considéré comme un nom, propre ou autre.

---

1. W.V.O. Quine, *Philosophy of Logic*, Englewood Cliffs, N.J., Prentice-Hall, 1970, p. 22-30. trad. fr., *Philosophie de la logique*, Paris, Aubier, 2008.

Mettons de côté les questions d'origine; que ce soit les convictions de quelqu'un concernant l'ontologie, parcimonieuse ou généreuse, qui le conduisent à considérer certains mots ou certaines concaténations de mots comme des noms qui réfèrent, ou que ce soit la grammaire de surface qui contraigne l'ontologie, ou l'interaction entre les deux, il est indéniable qu'il existe peu de mots ou de séquences de mots sur lesquels il y a eu accord uniforme quant à savoir s'ils réfèrent ou non, si la « grammaire logique » les révèle ou non comme des noms. Certains ont soutenu qu'une phrase nomme une proposition, ou qu'elle nomme un état de choses possible. Pour Frege une phrase est contextuellement ambiguë, nommant le vrai ou le faux dans le discours direct et une pensée ou une proposition dans le discours indirect. Les quantificateurs tels que « rien » ont été interprétés comme nommant le néant (voir Husserl) ou l'ensemble des objets non-existants. Les expressions syncatégorématiques plus traditionnelles, telles que « ou », « pas » et « et » n'ont pas toujours échappé à l'attribution de référence. « Pas » est vu comme nommant la propriété de la fausseté ou, de manière plus forcée, l'ensemble des propositions fausses. « Ou » nomme l'alternative entre deux propositions ou l'ensemble des paires de propositions dont au moins une a la propriété d'être vraie, etc. L'être lui-même a été vu comme le référent du verbe « être ».

Il y a eu un accord plus général sur le rôle des noms propres, des noms d'individus, comme porteurs de référence, mais ici aussi des objections se sont élevées. Certains ont affirmé que pour être un nom propre authentique, le nom *doit* référer, car autrement il est dépourvu de sens et toute phrase dont il est une partie ne serait pas suffisamment définie pour s'assurer la possession d'une valeur de vérité. Russell, constatant qu'il y a des énoncés sensés avec des noms propres vides, soutient que ce ne sont pas les noms propres ordinaires, mais plutôt les noms propres « logiques » qui réfèrent et que ces derniers résistent

à l'incorporation dans quelque langue commune que ce soit.
Quine, dans l'un de ses moments philosophiques, assimile tout
bonnement les noms propres aux prédicats. Le mot qui réfère à
Socrate dans « Socrate est un philosophe » n'apparaît même pas
dans la structure de surface de cette phrase une fois qu'elle est
paraphrasée. Sa forme est alors rendue explicite grâce à l'usage
de quantificateurs et de variables comme dans « Il y a quelque
chose qui socratise et qui est un philosophe ». Néanmoins,
pour le nominaliste avec une ontologie d'objets empiriquement
distinguables, les noms propres sont considérés comme un
véhicule de base pour la référence. Leurs objets sont d'un genre
tel qu'ils peuvent, au moins théoriquement, être nommés de
manière appropriée par un acte d'ostension.

Supposons que les réalistes que nous opposons aux
nominalistes ne soient pas du genre le plus prodigue. Les deux
camps s'entendent sur le fait qu'il y a des individus concrets qui
ne sont pas prédiqués de quoi que ce soit. Le réaliste admet également-
ment les référents des prédicats, c'est-à-dire les universaux (ou
plus modestement les ensembles), qui appartiennent à une
catégorie différente en ce que la relation entre un individu et un
universel n'est pas éliminable ou réductible à une relation entre
individus. Le réaliste tient généralement la relation de prédication pour irréflexive et asymétrique. Si le réaliste affirme,
comme il le fait ordinairement, que les propriétés et les relations
peuvent elles-mêmes avoir des propriétés et entrer dans des
relations, alors si la relation de prédication est considérée comme
univoque, elle est généralement tenue pour intransitive : un ordre
hiérarchique est institué, avec des individus à la base – les objets
de niveau zéro.

Une tâche majeure des nominalistes, par conséquent, est
d'expliquer comment fonctionnent les prédicats. Ces dernières
années, les tentatives pour fournir une présentation formelle du
nominalisme ont suivi deux directions. La première consiste à

reconstruire la relation de prédication comme une relation entre individus. La seconde consiste à nier complètement la fonction référentielle des prédicats; la prédication cesse d'être comprise comme une relation entre objets.

Le premier genre de reconstruction peut prendre des formes différentes[1]. L'une est de concevoir le prédicat comme ayant une référence divisée. Soit « S » le nom d'un individu quelconque et « P » un prédicat monadique, alors « S est P » est interprété comme signifiant que S est identique à l'un des référents de P. « P » ne nomme pas un ensemble ici. La relation de prédication est une relation d'identité avec l'un des référents du prédicat. Il n'y a pas pour le prédicat de nouvel objet à nommer. Une autre reconstruction, qui réduit la prédication à une relation entre individus de niveau zéro, consiste à la considérer comme une inclusion entre parties et touts qui sont tous des individus, et où le tout est généré par ses parties ultimes. L'analyse partie-tout peut prendre deux formes. Dans « S est P », S peut être considéré comme la partie et P comme le tout, un peu comme dans certaines interprétations de noms de masse dans lesquelles « eau », par exemple, est considéré comme le nom d'un individu composé de parties individuelles dispersées. Une proposition de rechange est de considérer P comme la partie et S comme le tout – par exemple dans le cas où les individus sont considérés comme des faisceaux de qualités et où ce sont les qualités qui sont les parties individuelles ultimes.

Une autre approche réductive est d'interpréter la relation de prédication comme une similarité et « P » comme le nom d'un individu quelconque, sélectionné pour servir de standard. La

---

1. Pour une excellente présentation de programmes nominalistes réductionnistes de ce genre, voir R.A. Eberle, *Nominalistic Systems*, Dordrecht, Reidel, 1970.

prédication est alors la ressemblance eu égard à un certain trait de *S* et un certain trait de *P*.

Dans les approches précédentes, le prédicat « *P* » est censé référer, que ce soit de manière singulière ou multiple. La relation de prédication est une relation entre individus de même type, qu'elle soit de similarité, d'identité ou de partie à tout. À la différence des théories réductives de ce genre, la reconstruction nominaliste peut prendre une autre direction. La prédication n'est pas considérée comme une relation entre objets. Elle est vue comme une construction grammaticale qui génère des phrases ouvertes à partir de prédicats et de variables quand ceux-ci sont arrangés dans un ordre approprié, comme dans « *x* vole » ou « *x* craint *y* ». De telles constructions peuvent être comprises par un locuteur du français sans qu'il y ait quelque chose à nommer par « craint » ou « vole ». Les phrases ouvertes générées par la prédication sont satisfaites ou non satisfaites par des individus ou des séquences d'individus. Elles sont, pour le dire de manière elliptique, vraies des objets qui les satisfont.

Mon objectif n'est pas d'évaluer le succès des diverses entreprises nominalistes. D'ailleurs, je ne considère pas que ces approches entrent nécessairement en compétition les unes avec les autres, étant donné qu'il n'y a aucune raison de supposer que la prédication exige une analyse uniforme. Dans le présent article, je m'intéresserai principalement à la position mentionnée en dernier lieu, ou à des variantes réalistes faibles de celle-ci : j'examinerai, soit la théorie non nominale de la prédication qui considère les prédicats comme semblables aux termes syncatégorématiques, soit des extensions réalistes faibles qui considèrent les prédicats comme des noms d'ensembles d'individus, et la prédication comme une relation d'appartenance.

Les noms d'individus se sont traditionnellement vus confier un rôle référentiel important, par contraste avec le rôle non-référentiel que le nominalisme a traditionnellement tenté d'assigner aux expressions qui ne nomment pas des individus particuliers. Les noms propres ont été considérés comme des « signes » linguistiques pour des objets concrets, particuliers et rencontrables. Hobbes voyait les noms propres comme des conventions linguistiques conçues pour fonctionner à la façon de signes naturels non-linguistiques des objets réels. Avec le développement de la logique formelle et de sa sémantique standard, les noms propres ont reçu un rôle plus secondaire, même chez les philosophes d'inclination nominaliste.

Il est important pour la discussion subséquente sur la relation entre le quantificateur substitutionnel et le nominalisme de considérer les raisons de ce changement dans le rôle assigné aux noms propres. Il y a le fait évident que, parmi les objets nommables des nominalistes, très peu sont effectivement nommés. Les phrases signifiantes, vraies ou fausses, qui portent sur de tels objets, peuvent ne contenir aucun nom du tout ; un exemple en est « quelque chose est vert ». Toutefois, la suggestion est implicite même dans le nominalisme médiéval[1] que l'absence de noms véritables est accidentelle. Les objets du nominaliste médiéval sont en principe nommables, et les phrases telles que « quelque chose est vert » (ou leur signification) sont interprétées comme les abréviations d'une disjonction finie de phrases singulières dans lesquelles les expressions en position de sujet sont des noms propres. (Une autre idée également implicite ici est que les noms, attendu qu'ils sont des signes conventionnels, sont théoriquement toujours disponibles). De la même façon, le quantificateur universel est interprété comme l'abréviation d'une conjonction de phrases singulières. Dans la théorie de la quantification moderne, ce n'est pas l'absence de noms véritables, mais plutôt

---

1. Voir Ernest A. Moody, « Medieval Logic », dans *Encyclopedia of Philosophy*, Vol. 4, sous la direction de P. Edwards, New York, Macmillan, 1967, p. 530-531.

la possibilité d'une infinité d'objets qui a été le catalyseur pour l'introduction des quantificateurs comme opérateurs logiques primitifs. Un langage adéquat pour référer à un nombre infini d'objets semblerait requérir des variables et des quantificateurs en plus des noms.

Mais d'autres sont allés encore plus loin. Avons-nous même besoin des noms propres d'individus ? Les variables et les quantificateurs peuvent-ils être conçus de manière à porter le poids entier de la référence ? La suggestion est déjà manifeste dans la théorie des descriptions de Russell. Ce dernier a remarqué que les descriptions singulières fonctionnent grammaticalement (dans la grammaire de surface) comme des noms propres ordinaires. Mais il y a des descriptions vides, telles que « l'actuel roi de France », et puisque, pour Russell, les noms *authentiques* doivent référer, les descriptions singulières ne sont pas des noms authentiques. Les énoncés dans lesquels les descriptions vides apparaissent ne sont pourtant pas incomplets ; ils ont une valeur de vérité. Par conséquent, il doit y avoir une manière d'analyser les énoncés comprenant des descriptions singulières qui préserve leur « contenu » et où les descriptions singulières se révèlent n'être pas des noms authentiques. La théorie des descriptions fournit le mode de traduction. « L'actuel roi de France est chauve » devient en gros « il y a une chose et une seule, telle que celle-ci est un actuel roi de France et est chauve ». Une fois analysé, l'énoncé contient des quantificateurs et d'autres opérateurs logiques, des variables et des prédicats. Russell, sans abandonner entièrement les noms propres en tant que véhicules pour la référence (il conserve les insaisissables noms « logiquement » propres), va de fait affirmer que ce qui motive l'analyse pour les descriptions singulières semble également la motiver pour les noms propres ordinaires. S'il fait sens, comme cela semble le cas, de demander si Homère existe, alors il y a des noms propres ordinaires vides. Les noms propres ordinaires doivent par conséquent également échouer à être des noms propres authentiques et Russell est d'avis qu'il faut les classer avec les descriptions singulières. Il les appelle des « descriptions tronquées ». Que Russell soutienne ou non que nous soyons en mesure de sélectionner une quelconque caractérisation descriptive particulière dont le nom propre ordinaire est une abréviation n'a pas à nous préoccuper ici. La similarité une fois notée, l'analyse peut être poursuivie. Selon la théorie des descriptions, les expressions descriptives fonctionnent comme des prédicats, et la manière la plus simple de reconnaître ce rôle logique aux noms propres ordinaires est de convertir les noms directement en prédicats. D'où la proposition hardie de Quine que nous transformions les noms propres ordinaires en verbes dans notre langage formel ou « enrégimenté ». « Pégase est un cheval ailé » devient « il y a une entité et une seule, telle qu'elle pégasise, est ailée et est un cheval ». Comme dans le cas des descriptions vides, cette phrase se révèle fausse. Poursuivant cette analyse, Quine[1] appelle les noms propres, même quand ils nomment des individus appartenant à un domaine d'objets authentiques, « de l'ornementation ». Ils constituent selon lui « une simple commodité et sont strictement redondants ».

Il faudrait noter que, tandis que la théorie non nominale des *prédicats* est compatible avec les objectifs nominalistes, la théorie de la redondance des noms propres s'écarte bel et bien, selon moi, du nominalisme traditionnel. Il est vrai que la théorie de la redondance des noms propres ne soutient pas que les noms propres ne réfèrent pas, mais seulement que la tâche peut être mieux remplie par des quantificateurs et des variables. La théorie de la redondance revendique toutefois *la priorité* pour les quantificateurs et les variables en tant que mécanisme de la référence.

---

1. W.V.O. Quine, *Philosophy of Logic, op. cit.*, p. 25.

Il y a là un écart considérable par rapport au nominalisme traditionnel, où le rôle des noms comme signes conventionnels pour les objets était central dans la théorie de la référence. J'entends soutenir que l'un des liens entre la quantification substitutionnelle et le nominalisme est que, dans la théorie substitutionnelle, les noms ne sont pas des ornements. Ils ne sont pas redondants ni éliminables. Le point de jonction où la théorie substitutionnelle et la théorie objectuelle des quantificateurs se recouvrent en partie se situe là où la classe de substitution est composée de noms propres authentiques : là où les noms se relient à des objets.

Considérons un langage du premier ordre standard sans identité. Il comporte un stock dénombrable de variables, de constantes individuelles et de lettres de prédicats pour prédicats n-adiques. Il contient des connecteurs de phrases et des quantificateurs. Les formules sont définies inductivement. Les formules closes sont des phrases. Les constantes individuelles correspondent aux *noms* propres. Une interprétation standard d'un tel langage va en gros comme suit. Un domaine d'individus est spécifié, que les variables et les quantificateurs sont dits « parcourir ». Les constantes individuelles ne parcourent pas de domaine mais nomment des objets spécifiques. Dans la théorie non nominale de la prédication, les prédicats ne nomment rien. Dans les interprétations plus standard, des ensembles d'objets sont assignés aux prédicats : précisément ces ensembles de n-tuplets qui satisfont la formule atomique ouverte contenant le prédicat. La vérité est définie pour les phrases du langage à l'aide de la notion sémantique de satisfaction d'une formule par une séquence d'objets. La procédure est familière et il n'est pas nécessaire de l'expliquer en détail[1]. Étant donné la définition

---

1. Voir par exemple W.V.O. Quine, *Philosophy of Logic*, *op. cit.*, p. 35-46. Voir également Saul Kripke, « Is There a Problem about Substitutional

inductive de la satisfaction d'une formule relativement à une séquence d'objets, la définition de la vérité est dérivée. Elle est une propriété des phrases. Une phrase est vraie seulement dans le cas où elle est satisfaite par une séquence quelconque. Ce qu'il faut noter, c'est que les variables ne fonctionnent pas comme de simples marqueurs de place. Elles prennent des objets comme valeurs relativement à une séquence d'objets. Puisque la satisfaction des formules quantifiées est définie relativement aux objets dans le domaine, elles peuvent être interprétées avec une portée existentielle : « il y a quelque chose tel que... », « tout est tel que... ».

Dans une sémantique substitutionnelle du même langage du premier ordre, le domaine d'objets n'est pas spécifié. Les variables ne prennent pas leurs valeurs parmi des objets. Elles sont des marqueurs de place pour des substituants. La satisfaction relativement à des objets n'est pas définie. Les phrases atomiques se voient assigner des valeurs de vérité. La vérité pour les phrases construites à l'aide de connecteurs de phrases est définie de la manière habituelle. Les clauses pour les quantificateurs dans la définition de la vérité stipulent que

$(x) Ax$ est vrai seulement dans le cas où $A(t)$ est vrai pour tous les noms t.

$(\exists x) Ax$ est vrai seulement dans le cas où $A(t)$ est vrai pour au moins un nom t.

Dans cette caractérisation sommaire d'une sémantique substitutionnelle, la classe de substitution est interprétée comme la classe des noms propres, c'est-à-dire de ces expressions syntaxiques, précisément, qui dans l'interprétation référentielle (ou objectuelle) peuvent être utilisées pour référer univoquement à des objets. Toutefois, étant donné la dissociation du quantifi-

Quantification ? », dans *Truth and Meaning*, G. Evans et J. McDowell (dir.), Oxford, Clarendon Press, 1976, p. 328.

cateur substitutionnel d'avec la référence, et étant donné la définition de la vérité en termes de remplacement des variables par
des expressions, les classes de substitution (et les quantificateurs
correspondants) peuvent être élargis. Les prédicats et les
phrases, entre autres, peuvent également composer des classes
de substitution. Si les phrases sont incluses, des conditions
inductives limitent les substitutions autorisées à celles qui
réduisent la complexité[1]. Ceci vaudrait également si les descriptions individuelles étaient incluses dans la classe de substitution
de noms.

Avant d'aborder la question de la pertinence de la
sémantique substitutionnelle eu égard aux objectifs nominalistes, un mot encore sur d'autres comparaisons entre les interprétations concurrentes. Saul Kripke, dans un article important[2],
a fourni un analyse détaillée du quantificateur substitutionnel.
Il considère le quantificateur substitutionnel comme une annexe
d'un langage de base, dont toutes les phrases sont comprises
comme atomiques relativement à cette extension. La généralisation de Kripke admet, comme langage de base, un langage du
premier ordre avec quantificateurs référentiels. Le langage
substitutionnel du premier ordre présenté dans le présent article
peut être vu comme une extension minimale autorisée par la
caractérisation plus générale de Kripke, avec comme langage de
base un langage ne contenant aucun quantificateur[3]. Ce que
Kripke suggère est que le quantificateur substitutionnel ne rem-
place pas l'interprétation standard, et n'est pas en compétition

1. Voir mon article « Quantification and Ontology », dans R. Barcan Marcus,
Modalities. Philosophical Essays, *op. cit.*, p. 75-87.

2. S. Kripke, « Is There a Problem about Substitutional Quantification ? ».

3. Pour une présentation plus complète d'une sémantique substitutionnelle
minimale, voir J. M. Dunn et N. D. Belnap, « The Substitution Interpretation of the
Quantifiers », *Noûs*, II, 1968, p. 177-185.

avec elle. Si les différences de notation qui distinguent les deux sortes de quantificateurs et de variables sont préservées, les deux peuvent apparaître en même temps et de manière cohérente dans le langage étendu. J'ai sur la question un point de vue différent. Je considère l'analyse substitutionnelle comme la plus générale. Parmi les nombreuses classes de substitution pour lesquelles le quantificateur peut être défini, il y en a une qui contient les expressions qui sont les véhicules de la référence directe : les noms propres grammaticaux. Que des noms puissent avoir un rôle aussi spécial eu égard aux objets rencontrables m'est apparu clair et je m'en suis expliquée ailleurs[1]. La *manière* dont ils en viennent à jouer un tel rôle a été explicitée par la théorie causale des noms élaborée par Keith Donnellan, Kripke[2], et d'autres. Les noms propres, contrairement aux descriptions définies, peuvent être utilisés par des locuteurs pour référer à des objets sans la médiation de « concepts » ou de complexes descriptifs. Ils peuvent être utilisés pour capturer et institutionnaliser un acte d'ostension.

Or il est parfaitement clair que nous n'avons pas un tel stock complet de noms propres réels et que nous ne sommes pas non plus obligés d'en avoir un. Un langage substitutionnel du premier ordre est après tout formel, enrégimenté et théorique. Il suppose initialement un ensemble infini dénombrable de noms, et nous avons les ressources expressives pour les générer. Sup-

---

1. Voir mon article « Modalities and Intensional Languages », dans R. Barcan Marcus, *Modalities. Philosophical Essays*, *op. cit.*, 1993, p. 3-38.

2. Voir S. Kripke, « Identity and Necessity », dans *Identity and Individuation*, M. Munitz (dir.), New York, New York University Press, 1971, et « Naming and Necessity », dans *Semantics of Natural Language*, D. Davidson et G. Harman (dir.), Dordrecht, Reidel, 1972, p. 253-355, trad. fr. par P. Jacob et F. Récanati, *La logique des noms propres*, Paris, Les Éditions de Minuit, 1982. Voir également K. Donnellan, « Proper Names and Identifying Descriptions », dans *Semantics of Natural Languages*, *op. cit.*, p. 356-379.

posons à présent que chaque membre de notre stock infini dénombrable de noms réfère bel et bien à un objet. Disons que ces objets composent notre classe de référence : un domaine. Sous ces conditions, nous pouvons introduire un analogue substitutionnel de la satisfaction d'une formule relativement à ce domaine. Si tous les contextes du langage interprété sont transparents, alors l'analogue substitutionnel de la satisfaction rejoint la définition référentielle de la satisfaction. Sous ces conditions, les quantificateurs peuvent être interprétés avec une portée existentielle. Je considère le quantificateur référentiel comme un cas limite. La quantification substitutionnelle, conjointement avec une classe de substitution de noms définissant une classe de référence d'objets, génère un quantificateur référentiel. Si notre langage substitutionnel admet des classes de substitution plus larges que l'ensemble des noms qui réfèrent, alors il est bien sûr important de distinguer, au moyen d'une notation distincte, les cas de quantification dans lesquels les substituants sont des noms qui réfèrent, car ce sont *ces* cas qui peuvent être réinterprétés en français comme « il y a quelque chose tel que » et « tout est tel que ». Ils ont une portée existentielle[1].

J'aimerais à présent examiner les manières dont une interprétation substitutionnelle du quantificateur se prête aux objectifs nominalistes. Qu'elle s'y prête effectivement est évident mais cet aspect a peut-être été mal interprété. Quine[2], qui

---

1. Si notre classe de substitution de noms est étendue de manière à inclure également les noms (syntaxiques) qui ne réfèrent pas, alors c'est pour le sous-ensemble dénombrable de noms qui réfèrent que les quantificateurs sont interprétés avec un import existentiel.

2. W. V. O. Quine, « Reply to Professor Marcus », dans *Ways of Paradox*, New York, Random House, 1966. Le changement de point de vue de Quine sur la quantification substitutionnelle peut être retracé à travers « Ontological Relativity », *Ontological Relativity and Other Essays, op. cit.* et *Roots of Reference*, La Salle, Ill., Open Court Publishing Co., 1973.

considérait à l'origine l'interprétation substitutionnelle du quantificateur comme incohérente, et voyait se profiler derrière elle la menace de confusions usage-mention, en est venu au cours des années, étant donné ses dispositions nominalistes, à en reconnaître l'intérêt. Dans la théorie spéculative de l'apprentissage du langage de son récent *Roots of Reference*, il la considère comme un reflet de l'acquisition initiale du langage, et tente ensuite une interprétation substitutionnelle des ensembles dont il décrit l'« existence » comme une concession majeure au réalisme. Il est d'avis que cette interprétation échoue dans le cas des ensembles et cela le déçoit. D'autres ont vu la théorie substitutionnelle avec inquiétude, parce qu'étant donné qu'« être, c'est être la valeur d'une variable liée » ou que « l'existence, c'est ce que la quantification existentielle exprime », il semblerait que la traduction dans un langage substitutionnel de phrases du français ordinaire comme « il y a des philosophes » priveraient ces dernières de leur portée existentielle. Mais cela suppose bien sûr que les quantificateurs soient toujours le point d'ancrage principal de la référence. Il y a d'autres analyses possibles pour localiser la référence dans un langage interprété. Les noms et leur relation à des objets *nommables* constituent une telle possibilité. Le poids de la référence est reporté sans équivoque sur la relation de nomination. Comme je l'ai soutenu dans un article antérieur[1], là où la matière est bien définie, « là où nous sommes *déjà* engagés ontologiquement [...] alors d'accord : être, c'est être la valeur d'une variable. Si nous croyons déjà ... en l'existence des objets physiques [...] alors, si dans notre interprétation (dans un langage du premier ordre) les objets physiques se présentent comme des objets parmi lesquels les variables prennent leurs valeurs, cela s'accorde avec le statut [ontologique] qui leur a *déjà*

---

1. « Quantification and Ontology », *op. cit.*, p. 78.

été reconnu ». Mais si la sémantique standard de la logique du premier ordre est considérée comme paradigmatique, cela *gonfle* également l'ontologie, ou cela impose, sinon, des contraintes rigides sur les langages formels disponibles pour la paraphrase. Considérons d'abord les contextes opaques. « Hespérus est Phosphorus » et « Jean croit qu'Hespérus est Hespérus » peuvent être vrais tandis que « Jean croit qu'Hespérus est Phosphorus » peut être faux. Étant donné que la substitutivité de l'identité vaut pour les langages référentiels du premier ordre avec identité, une traduction aussi directe exigerait, comme chez Frege, que dans les contextes opaques les noms réfèrent à quelque chose d'autre que leurs référents ordinaires, tel que par exemple les *sens* des noms. Selon la conception substitutionnelle, de tels échecs de la substitutivité n'ont rien d'incohérent, même là où les noms « Hespérus » et « Phosphorus » réfèrent au même objet physique. Nous n'avons pas besoin de gonfler l'ontologie avec d'insaisissables objets abstraits tels que les sens.

Le nominaliste estime que la sémantique standard l'assujettit aux langages du premier ordre si, en bon nominaliste, il doit se passer des objets abstraits d'ordre supérieur. La sémantique substitutionnelle autorise les quantificateurs avec des prédicats comme substituants sans une présomption *prima facie* de référence à des universaux. Dans de tels cas, bien entendu, les paraphrases de quantificateurs ne peuvent pas être : « il existe… » ou « toutes les choses sont telles que… », et autres locutions de ce genre. Il y a, même dans l'usage ordinaire, des expressions contenant des quantificateurs qui semblent être ontologiquement plus neutres comme dans : « Il arrive parfois que des espèces et des genres s'éteignent au cours de l'évolution ». Il ne me semble pas que la présence dans cette expression d'un quantificateur *force* une ontologie des genres ou des espèces. Si l'on souhaite argumenter en faveur de la référence des termes de genre, il faudra le faire, comme pour les noms propres, de manière indépendante. La traduction dans un langage substitutionnel ne contraint pas l'ontologie. Un tel usage demeure, littéralement, et jusqu'au moment où un argument en faveur de la référence peut être fourni, une façon de parler [1]. C'est ainsi que le nominaliste aimerait la garder [2].

Un cas particulièrement instructif est celui de la quantification d'ordre supérieur où les variables prennent des phrases comme substituants. Dans une théorie référentielle, une quantification de ce type nous engage à admettre des *designata* pour les phrases. Sont-ce des propositions, des pensées, des états de choses, des faits? Les problèmes associés à chacune de ces options ont grandement perturbé la philosophie. Quelles sont les conditions d'identité pour de tels objets, comment sont-ils individués? Si les objets sont des pensées (mais pas au sens frégéen), ne retombons-nous pas dans le psychologisme? Si les objets sont des faits ou des états de choses, il y a le problème tenace des faits négatifs, des états de choses négatifs et ainsi de suite. Il n'en est pas ainsi pour la sémantique substitutionnelle. Selon cette conception, il est très naturel d'avoir des phrases quantifiées avec des phrases comme substituants. « $(p)(p \vee \sim p)$ » n'a pas besoin d'être paraphrasée comme «toute proposition entretient la relation du tiers-exclu avec sa négation».

---

1. En français dans le texte.

2. Kripke a suggéré dans « Naming and Necessity » que les noms d'espèces et les noms de genres constituent des noms propres d'objets abstraits, c'est-à-dire d'essences. C'est là un cas où une réduction nominaliste avec la prédication comprise en termes de similarité eu égard à la structure me semble plus appropriée, avec un échantillon initial quelconque pris comme standard. Non pas parce qu'une telle réduction est un *desideratum* dans tous les cas de prédication, mais parce qu'elle cadre avec l'image que le sens commun se fait des termes d'espèces et de genres. Les traits structuraux des choses sont considérés comme des propriétés essentielles. De telles propriétés peuvent être caractérisées sans requérir en même temps qu'il y ait des essences. Voir mon article «Essential Attribution», dans R. Barcan Marcus, *Modalities. Philosophical Essays, op. cit.*, p. 53-73.

Nous pouvons en effet dans la conception substitutionnelle quantifier de façon naturelle à l'intérieur et à l'extérieur des contextes citationnels. Les expressions, contrairement aux objets non-linguistiques, peuvent être nommées à l'aide d'une simple fonction comme une fonction de citation qui met en même temps en évidence l'objet nommé. Nous pouvons dans la conception substitutionnelle définir la quantification dans laquelle les substituants sont des phrases sans engendrer un paradoxe du menteur. Comme je l'ai montré ailleurs[1], les contraintes inductives générales requises de toute définition, quand elles sont appliquées à la définition des quantificateurs, neutralisent l'antinomie. Tout cela sans introduire, pour les phrases, des propositions ou d'autres référents insaisissables – un grand réconfort pour le nominaliste.

La conception substitutionnelle est également compatible avec les objectifs nominalistes, en ce qu'elle rend explicite une distinction entre vérité et référence, avec le poids de la référence supporté par les seules expressions qui réfèrent effectivement – les noms des individus. Si le nominalisme est lié à l'empirisme, comme il l'est ordinairement, les individus sont en principe rencontrables, étiquetables à l'aide d'un acte d'ostension ou, à tout le moins, sont composés de ou composent ces objets rencontrables. Puisque nous rencontrons si peu d'objets et que nous en nommons encore moins, il semble qu'il y ait un écart à combler. La question de savoir comment un nom quelconque peut jouer un tel rôle d'ostension a été clarifiée, comme nous l'avons noté plus haut, par la théorie causale des noms. Ce que le nominaliste exige en plus est que les individus soient tels qu'ils soient en théorie nommables de manière appropriée. Pour des domaines ainsi

---

1. « Quantification and Ontology ».

délimités, le quantificateur substitutionnel peut être interprété de manière référentielle.

Il est important de remarquer encore que la relation d'identité, s'établissant comme elle le fait entre individus, ne peut pas raisonnablement être introduite dans le langage substitutionnel, sauf quand les expressions flanquant le signe d'identité sont d'authentiques noms propres d'individus. La substitutivité ne s'avérera pas non plus toujours valide dans tous les cas d'identité. Inversement, la substitutivité *salva veritate* ne peut pas définir l'identité, puisque deux expressions peuvent être partout intersubstituables et ne pas référer du tout. L'identité et la substitutivité convergent là où il y a référence et transparence de contexte, y compris dans les contextes modaux [1].

Les critiques de la sémantique substitutionnelle ont fait remarquer que s'il y a une quantité non dénombrable d'objets, il se peut, selon la conception substitutionnelle, qu'il y ait des phrases universellement vraies qui soient falsifiées par un objet non nommé, et qu'il doit toujours s'en trouver, car les noms sont dénombrables. Mais le fait que chaque langage *référentiel* du premier ordre pourvu d'un modèle non dénombrable doive avoir un modèle dénombrable ne constitue pas un grand avantage pour la conception référentielle. Le nominaliste a cependant d'autres raisons de demeurer imperturbable. Il s'est toujours montré réservé sur la question des collections non dénombrables et s'en remet à des analyses de rechange, par exemple pour les nombres réels. Il se méfie même des infinités dénombrables mais les considère comme une extension plus naturelle, sensiblement de la même manière que le quantificateur substitutionnel constitue une extension naturelle de la conjonction et de la disjonction pour une classe de substitution infinie dénombrable.

1. Voir Kripke, « Is There a Problem about Substitutional Quantification ? », sections 3 et 6.

Ce que le nominaliste pourrait rechercher en termes de langage formel idéal est[1] un langage de type théorique, avec un stock dénombrable de noms propres au niveau zéro. Tous ces noms ou certains sous-ensembles infinis dénombrables de ceux-ci peuvent être compris comme référant à des objets acceptables pour le nominalisme. Au niveau le plus bas, là où les substituants sont des noms qui réfèrent, les quantificateurs peuvent être interprétés de manière existentielle. Au-delà du niveau le plus bas, les variables et les quantificateurs sont interprétés de manière substitutionnelle. Il n'est nul besoin de nouveaux objets de référence pour les expressions d'ordre supérieur comme les prédicats, les phrases, les connecteurs de phrases.

Certes, il n'est pas du tout clair qu'un tel programme soit entièrement réalisable, mais il s'agit assurément d'un programme nominaliste.

1. Voir *Ibid.*, p. 368.

LES IDÉES GÉNÉRALES

médiévale avait codifiées et qui balisaient pour elle la discussion théorique : l'intellect humain connaît-il l'universel avant le singulier, ou l'inverse ? Mais puisque l'universel, pour Oresme, n'existe pas hors de l'esprit comme objet possible de connaissance, il propose de cette question statutaire une reformulation. Il ne s'agit pas de savoir ce qui est connu en premier – ce sont évidemment les choses singulières puisqu'il n'existe rien d'autre –, mais de se demander plutôt si elles sont d'abord connues par des représentations singulières ou par des représentations générales. Conformément à la pratique universitaire de l'époque, il aligne là-dessus les arguments des deux parties opposées pour avancer ensuite sa propre réponse. Son originalité, ce faisant, est de supposer entre la perception sensible et les concepts généraux un registre intermédiaire composé de concepts d'un genre particulier qui représentent chacun en principe une multiplicité de choses (en quoi ils sont généraux), mais qui « connotent » en même temps certaines circonstances singulières (en quoi ils sont eux-mêmes singuliers). Quand je vois Socrate au loin, par exemple, je forme au-delà de mon image sensible une représentation intellectuelle qui s'appliquerait tout aussi bien à n'importe quel autre humain, mais qui s'attache en même temps aux circonstances précises de cette rencontre particulière : elle représente alors *cet* homme que je vois *maintenant*. Ces concepts « connotatifs » très spéciaux précèdent pour Oresme toute autre représentation intellectuelle. Ils constituent l'interface de la perception sensible et de la pensée abstraite et appartiennent aux deux ordres à la fois.

Les philosophes des XVIIe et XVIIIe siècles se sont beaucoup interrogés à leur tour sur l'origine de ce qu'ils appelaient les « idées » et sur leur rapport avec la perception d'une part et le langage de l'autre. Le passage de Locke qu'on a retenu pour ce volume est tiré de la troisième partie de l'*Essai sur l'entendement humain*, celle qui traite du langage. L'auteur explique comment les *noms* deviennent généraux en étant associés à des idées préalables qui sont elles-mêmes générales. Comme il récuse la thèse cartésienne des idées innées (à la critique de laquelle il a consacré toute la première partie de l'*Essai*), il doit alors rendre compte de la généralité des idées à partir de l'expérience perceptuelle, qui ne porte jamais que sur les choses individuelles. Le processus à ses yeux consiste à *laisser de côté* certains aspects de nos perceptions singulières pour n'en conserver que certains autres. On obtient de la sorte des représentations mentales qui valent chacune pour toute une « classe » d'objets, ceux qui sont semblables les uns aux autres quand on fait abstraction des particularités ainsi négligées. L'abstraction pour Locke est une *soustraction* : la généralité n'est atteinte ni par l'appréhension d'universaux préexistants ni par la construction de concepts purement intelligibles, mais en épurant tout simplement nos images sensibles singulières de certaines de leurs composantes. C'est ainsi que s'évanouit « tout ce mystère des genres et des espèces, qui font tant de bruit dans les Écoles » (§ 9). Et Locke de s'attaquer sur cette base à certaines des notions centrales de l'épistémologie aristotélicienne, expliquant à nouveaux frais comment il faut comprendre de son point de vue les *définitions* d'une part et les *essences* de l'autre.

Condillac à bien des égards est très proche de Locke. Mais il insiste encore davantage sur l'aspect *naturel* de la formation des idées et sur son rapport pragmatique avec nos *besoins*. Dans le chapitre de sa *Logique* que nous reproduisons ici, il propose de ce processus une description en trois temps :

1) les premières idées à naître en nous sont individuelles et ne sont autres que les sensations mêmes ;

2) une fois qu'une telle idée singulière est associée à un nom, l'enfant tend à appliquer ce nom à tous les individus qui

ressemblent un tant soit peu à l'échantillon original, appelant « arbre », par exemple, toutes les plantes quelles qu'elles soient ;

3) nous subdivisons ensuite cette classe très générale selon les besoins de la vie, distinguant, par exemple, entre les arbres, les arbustes et les fleurs.

On passe ainsi du singulier au très général pour redescendre après coup vers le particulier par l'introduction progressive de distinctions diverses, mais dans la mesure seulement où elles sont requises par le « système de nos besoins ». Quand on a compris ce lien des « idées » avec la sensation, le langage et les besoins, les faux problèmes relatifs aux universaux, aux « natures » et aux « essences » se dissipent d'eux-mêmes.

Hume, de son côté, partage avec Locke et Condillac la thèse nominaliste que « toute chose dans la nature existe individuellement » et la thèse empiriste que toute connaissance part des sens. Mais il conteste la conception que Locke se faisait des idées abstraites. Celui-ci, on l'a vu, concevait ces dernières comme des images singulières au départ dont l'esprit aurait retranché certaines composantes. Mais cela est impossible, remarque Hume à la suite de Berkeley, arguments à l'appui : on ne peut pas se représenter un triangle « dont les côtés et les angles n'auraient pas de proportion précise », ni une ligne qui n'aurait pas une longueur donnée. La clé du problème, selon le *Traité de la nature humaine* (I, 7), est de distinguer la nature intrinsèque des idées et leur fonction représentationnelle. Prises en elles-mêmes, les idées sont toujours particulières : elles ne sont jamais après tout que des copies d'impressions sensibles, dont elles ne diffèrent que par la « force » et la « vivacité ». Mais si particulière soit-elle, une idée quelconque peut se prêter à un *emploi* général lorsqu'elle est associée par l'habitude à un nom commun. Hume inverse de la sorte l'explication lockéenne qui rendait compte de la généralité des noms par celle des idées : « une idée particulière », écrit-il, « devient générale en étant attachée à un terme général ».

Nominaliste affiché, Wilfrid Sellars, quelque deux cents ans plus tard, pense aussi que la sémantique des mots est première par rapport à celle des pensées[1]. Mais contrairement à Hume, il refuse de voir ces dernières comme des « épisodes internes » semblables aux sensations. Une compréhension philosophique adéquate de ce que c'est que penser requiert, pour lui, de se tourner non pas vers l'introspection, mais vers le phénomène *intersubjectif* de l'*attribution* des pensées. L'extrait de lui que nous reprenons ici est tiré de son texte le plus connu, le long article de 1956 « Empiricism and the Philosophy of Mind », dans lequel on reconnaît aujourd'hui l'un des moments clés du tournant pris par l'empirisme et la philosophie analytique dans les années cinquante, au même titre que les *Investigations philosophiques* de Wittgenstein et les « Deux dogmes de l'empirisme » de Quine[2]. Sellars y prend ses distances aussi bien par rapport à la « tradition classique » qui voulait identifier les pensées à des actes internes directement accessibles à l'expérience immédiate, que par rapport à la réinterprétation, trop strictement behavioriste à ses yeux, qu'en avait proposée Gilbert Ryle dans *Le concept d'esprit* [*The Concept of Mind*] en 1949. Mais il cherche en même temps à récupérer ce qui lui paraît correct dans chacune de ces deux approches. Sa stratégie pour ce faire est de construire un « mythe » – ou une « expérience de pensée », si l'on préfère. Imaginant une population primitive

---

1. Sur le nominalisme de W. Sellars, voir J. Seibt, *Properties as Processes.*

2. Voir à ce sujet l'introduction de Fabien Cayla à sa traduction française de ce texte (Combus, Éditions de l'éclat, 1992, p. 7-13), de même que l'introduction de Richard Rorty à l'édition de 1997 (Cambridge, Mass., Harvard University Press, p. 1-12) et le long commentaire de Robert Brandom dans le même ouvrage (p. 119-186).

(« nos ancêtres ryléens ») qui disposerait des ressources linguistiques nécessaires pour décrire, au moins sommairement, les comportements humains et pour assigner des significations aux phrases proférées, il montre que ce qui est requis pour passer de là à l'attribution de pensées est l'élaboration d'une *théorie* rudimentaire qui postule dans les sujets des épisodes de « discours intérieur » [*inner speech*] compris sur le modèle de la parole extérieure. Le processus ainsi évoqué n'est plus comme chez Oresme et les empiristes classiques celui de la formation des concepts ou des idées dans l'esprit individuel, mais la manière dont nous pouvons en venir à voir les autres (et soi-même par extension) comme des sujets pensants. S'il est vrai, comme le soutient Sellars par ailleurs, que la théorie du langage peut elle-même faire l'économie des propriétés générales et des entités abstraites, cette transposition du modèle linguistique à la description de la pensée humaine constitue chez lui, comme chez Guillaume d'Ockham, une pièce majeure de l'entreprise nominaliste.

NICOLE ORESME

L'INTELLECT CONNAÎT-IL L'UNIVERSEL
AVANT LE SINGULIER ? *

Quatorzièmement, on se demande si l'intellect connaît
l'universel avant le singulier ?

Afin de ne pas discuter sur des mots, il faut lever toute
équivoque et savoir pour cela que « universel » et « singulier » se
disent parfois à propos de propositions[1]. Et il arrive alors dans
certains cas que les propositions singulières soient connues en
premier lieu, comme cela se produit dans les principes naturels
qui sont obtenus par l'expérience et l'induction. Ainsi, on sait
d'un feu singulier qu'il réchauffe avant de savoir que tout feu
réchauffe ; on sait que cette laitue-ci guérit avant de savoir que
toute laitue guérit. Dans d'autres cas, comme dans le cas des
principes innés et des principes mathématiques, c'est l'inverse.
Ainsi, on sait que toute dualité est paire avant de le savoir de cette

* Nicole Oresme, *Quaestiones in Aristotelis De Anima*, III, quest. 14
[c. 1345], éd. par B. Patar, Louvain, Peeters, 1995, p. 417-423. Traduction et
annotations de Philippe Girard et Claude Panaccio.

1. Nous avons opté pour l'addition « à propos de propositions » correspondant
à la leçon des manuscrits D et M de l'apparat critique de l'édition Patar (Nicole
Oresme, *Quaestiones in Aristotelis De Anima*, *op. cit.*, p. 417).

dualité-ci, ou que tout triangle a trois angles, etc. avant de le savoir de ce triangle-ci.

En un deuxième sens, on dit que quelque chose est « universel » quant à la causalité, comme c'est le cas pour Dieu et les Intelligences[1]; les inférieurs dans ce cas sont dits être des agents particuliers; et de tels universaux, dont il est dit dans le prologue de la *Métaphysique*[2] qu'ils sont les plus difficiles à connaître et sont très éloignés du sens, sont connus postérieurement à ces particuliers.

D'une troisième façon, certains s'imaginent qu'un universel est une réalité commune, comme l'homme; or d'un tel universel il est dit dans le prologue du *Traité de l'âme* qu'il n'est rien du tout[3], et de même aussi au livre VII de la *Métaphysique*[4]; qu'on l'écarte donc comme n'étant rien du tout.

D'une quatrième façon « universel » et « singulier » sont pris pour des termes mentaux, l'universel signifiant beaucoup de choses, par exemple « homme », et le singulier n'en signifiant qu'une, par exemple « Socrate ». Or, comme on l'a dit, les termes mentaux ne sont connus que par un acte réflexif et non pas par un acte direct, et ce sont des actes grâce auxquels les choses sont connues par un acte direct; c'est pourquoi on ne s'interrogera pas ici à leur sujet.

D'une cinquième façon, « universel » est pris pour la chose intelligée sous un concept commun, « singulier » étant pris pour la chose connue sous un concept singulier; et ainsi l'universel et

1. Les Intelligences, c'est-à-dire les anges, ou, dans le langage d'Aristote, les substances séparées.

2. Aristote, *Métaphysique*, A, 2, 982a24.

3. Aristote, *De l'âme*, I, I, 402b7-8.

4. Aristote, *Métaphysique*, Z, 13, 1038b30-33.

le singulier sont la même chose[1]. Ainsi comprise, la question serait fausse et impropre, parce que rien n'est connu avant soi-même.

C'est pourquoi je dis, d'une sixième façon, que la question doit être envisagée non pas comme les mots le laissent entendre, mais dans le sens suivant : une chose est-elle connue par un concept commun et universel avant de l'être par un concept singulier ?

De ce point de vue, on argumente que la chose est d'abord intelligée singulièrement, car ce qui est senti en premier lieu est intelligé en premier lieu ; or il se fait que la chose est sentie d'abord singulièrement, ici et maintenant. La majeure et la mineure sont suffisamment connues.

Deuxièmement : avant que quelque chose soit intelligé universellement, il faut que l'intellect agent ait abstrait l'intellection universelle, comme le veut le Commentateur dans son livre III[2] ; or il n'abstrait qu'à partir de ce qu'il connaît ; donc il intelligé d'abord singulièrement.

Troisièmement : si Socrate voit un homme au loin, aussitôt il connaît qu'il est tel corps singulier, bien qu'il ne sache pas s'il est animal ou homme.

On argumente au contraire que l'universel est connu avant le singulier de la façon suivante. Premièrement, c'est pour cela et dans cette intention qu'il est dit dans le Prologue de la *Physique*[3] que les universaux sont connus avant les singuliers, que les choses confuses sont plus connues et que le tout universel

---

1. Pour un nominaliste comme Oresme, seules les choses singulières sont conçues, que ce soit sous un concept commun ou sous un concept singulier, puisqu'elles seules existent.

2. Averroès, Commentaire du *Traité de l'âme*, III, comm. 19 ; celui que l'on appelle le « Commentateur » chez les scolastiques des XIIIe et XIVe siècles est toujours Averroès.

3. Aristote, *Physique*, I, 1, 184a15–b22.

est plus connu par l'intellect. Et on explique alors qu'une chose est connue en premier lieu sous un concept universel. Semblablement, au livre II du *Traité de l'âme*, il est rappelé qu'il faut commencer à partir des choses plus communes pour aboutir aux singulières.

Deuxièmement : c'est pour cela qu'Avicenne affirme que l'étant est le premier objet de l'intellect [1], parce que la chose est d'abord connue être de façon confuse et universellement.

Troisièmement : c'est pour cela qu'il est dit au livre I de la *Physique* et au livre I des *Seconds Analytiques* que l'intellect s'occupe des universaux et le sens des singuliers [2].

Quatrièmement : c'est pour cela que le Commentateur, au livre III du *Traité de l'âme*, affirme que l'intellect connaît l'universel par soi et les singuliers par l'intermédiaire du sens [3].

Pour répondre à la question, il faut s'interroger premièrement sur la nature et sur l'universalité de tels concepts ; ensuite, sur leur antériorité.

Quant au premier point, il y a lieu de faire une distinction. Il y a des concepts universels par lesquels aucune circonstance singulière n'est conçue, comme c'est le cas lorsque l'intellect conçoit l'homme absolument, sans imaginer une quantité, une figure, une couleur, un lieu ou un temps, etc. ; un tel concept est dit absolu, quidditatif et non connotatif. Parmi ces concepts, certains sont plus communs que d'autres, comme « substance » par rapport à « animal », ou « animal » par rapport à « homme », etc.

Deuxièmement, il existe d'autres concepts par lesquels quelque chose est conçu avec quelques circonstances

---

1. Avicenne, *De anima*, V, 1.
2. Aristote, *Physique*, I, 5, 189a5-6 ; et *Seconds Analytiques*, I, 18, 81a38 – b10.
3. Averroès, Commentaire du *Traité de l'âme*, III, comm. 9.

singulières, comme l'ici et le maintenant. C'est de cette façon que parfois un corps vu au loin est conçu, en concevant que ceci est ce corps ici présent, sans savoir encore de quelle couleur ou de quelle figure il est, ou si c'est un homme ou un cheval. De ce point de vue, un tel concept est dit singulier, et, en même temps, il est en quelque sorte universel, car, par ce même concept, une autre chose serait conçue si elle était présente, la différence n'étant pas perçue à une telle distance. Parmi ces concepts, certains sont plus communs, quand peu de circonstances sont prises en compte, et d'autres plus spéciaux, quand de nombreuses circonstances sont prises en compte. Ainsi, en s'approchant et en observant quelque chose en mouvement, on conçoit qu'il s'agit d'un animal, ensuite, qu'il s'agit d'un homme, et, finalement, une fois que pratiquement toutes les circonstances sont prises en compte, on perçoit qu'il s'agit de Socrate. Dans ce cas, le troisième concept est dit singulier, car on perçoit désormais que cette chose est blanche et de telle figure, et ainsi de suite.

Deuxième distinction : le fait pour l'intellect d'intelliger par l'intermédiaire des phantasmes, c'est-à-dire par les *species* qui sont dans le sens, peut arriver de deux façons. D'une première façon, parce que l'intellect a acquis par l'intermédiaire des phantasmes le concept qu'il possède, bien que, pour l'instant, il ne se tourne pas vers les phantasmes ; d'une deuxième façon, parce que, à l'instant où il conçoit, il se tourne vers les phantasmes.

Voici dès lors une première conclusion à propos de la première distinction : un concept entendu de la première façon est seulement dans l'intellect. Cela se prouve ainsi : rien n'est dans le sens qui n'y soit corporellement ; et les *species* sont figurées et formées selon des circonstances singulières extérieures ; mais un tel concept ne tient pas compte de telles circonstances, ainsi que cela a été posé ; donc il est seulement dans l'intellect et d'aucune façon dans le sens. C'est ce que le Commentateur a en vue, car l'intellect abstrait cet universel à partir des phantasmes. C'est également ce qu'Aristote a en vue lorsqu'il dit que l'universel est dans l'intellect et non pas dans le sens ; il s'agit là du concept quidditatif.

Deuxième conclusion : un concept entendu de la deuxième façon est dans l'intellect et dans le sens : cela est manifeste, car il est composé en même temps de la *species* qui est dans l'intellect et des *species* qui sont dans le sens. Et ce n'est pas un concept simple, mais un connotatif, comme on l'a dit auparavant. Cela est manifeste dans l'exemple : si quelqu'un voit un corps au loin, il conçoit que cela est un corps ; et, en même temps, que cela est ici et maintenant. Or même si ce concept (connotatif) est d'une certaine façon confus, il est dit cependant singulier par rapport à l'autre ; et c'est cela que le Commentateur a en vue quand il dit que l'intellect intellige l'universel par soi et le singulier au moyen du sens.

Troisième conclusion : les concepts de l'une et l'autre sorte sont obtenus au moyen du sens, mais d'une manière différente, si on tient compte de la seconde distinction. L'intellect, en effet, dans le premier cas, ne se tourne pas en acte vers les phantasmes ni n'agit au moyen de ceux-ci, alors que, dans le deuxième cas, il le fait, même si l'un et l'autre concept a été obtenu au moyen des phantasmes. D'où il ressort que les concepts purement quidditatifs sont seulement dans l'intellect. Et c'est cela seulement qu'Alhazen affirme dans les livres I et II de sa *Perspective*[1].

Quatrième conclusion : tout concept entendu de la seconde façon est d'une certaine façon universel et d'une certaine façon singulier. Il est singulier en ceci que quelque circonstance particulière est conçue ; il est universel en ceci que grâce à un tel

---

1. Rédigée au XIᵉ siècle, la *Perspective* d'Ibn al-Haytham, dit Alhazen, est devenue dans sa version latine le traité de base de l'optique médiévale.

concept une autre chose serait représentée si elle était entièrement semblable dans tous les accidents sensibles, comme c'est le cas pour deux œufs. Et encore, même s'il y avait une petite dissimilitude, le sens ne saurait pas toujours la reconnaître.

À propos du deuxième point, voici une première conclusion portant sur l'antériorité temporelle : un concept universel entendu de la première façon n'est pas antérieur dans le temps. Cela se prouve ainsi : un tel concept n'est acquis que par l'intermédiaire des concepts obtenus au moyen des phantasmes, comme cela est mis en évidence dans la troisième conclusion ; or ceux-ci <les concepts obtenus au moyen de phantasmes> sont dits singuliers par rapport à lui ; donc, etc. Et cela est manifeste dans l'expérience : en effet, personne ne possède un concept absolu de l'homme si ce n'est parce qu'il a vu auparavant des hommes singuliers ou quelque homme ou l'a entendu parler, etc.

Deuxième conclusion : si on parle de concepts entendus de la seconde façon, ceux qui sont plus universels à propos d'une même chose sont antérieurs dans le temps. Cela est tout de suite manifeste dans l'exemple proposé : si quelque chose est vu au loin, cela est d'abord conçu comme étant un corps, ensuite comme étant un animal, etc.

Deuxièmement, cela est manifeste par la raison, car une circonstance est conçue avant deux circonstances, et deux avant trois, et ainsi de suite ; or moins les circonstances sont nombreuses, plus le concept est universel, comme il ressort de ce qui a été dit.

Troisième conclusion : parfois cette antériorité est imperceptible, comme l'affirme Alhazen au livre II de la *Perspective*. En effet, lorsqu'un homme voit quelque chose de près, même s'il a d'abord, dans le temps, le concept que cette chose est un corps, puis un animal, puis un homme, etc., cependant ce processus est à ce point facile et en un temps si bref qu'il ne le perçoit pas. Mais si on objecte que, si quelqu'un

JOHN LOCKE

LES TERMES GÉNÉRAUX *

1. La plupart des mots sont généraux.

Tout ce qui existe est singulier; on pourrait alors estimer raisonnable peut-être que les mots, qui doivent être conformes aux choses, soient également singuliers (par leur signification, j'entends); on constate pourtant exactement le contraire : la grande *majorité des mots* qui constituent toutes les langues *sont des termes généraux*; ce qui n'est pas arrivé par négligence ou par hasard, mais par raison et nécessité.

2. Car il est impossible que chaque chose singulière ait un nom.

Premièrement, il est impossible que chaque chose singulière ait un nom propre distinct.

La signification et l'utilisation des mots dépend en effet du lien que met l'esprit entre ses idées et les sons qu'il utilise comme leurs signes; dans l'application des noms aux choses, il est [sans doute] nécessaire que l'esprit ait des idées distinctes des choses et retienne aussi le nom singulier qui appartient à chacune avec la nuance propre à cette idée. Mais il est au-dessus des capacités

 * John Locke, *Essai sur l'entendement humain* [1690], Livre III, chap. 3, trad. fr. par J.-M. Vienne, 2ᵉ éd., Paris, Vrin, 2006, vol. II, p. 45-65.

humaines de construire et de retenir l'idée distincte de chaque chose singulière rencontrée : chaque oiseau et chaque animal vus, chaque arbre et chaque plante qui ont frappé les sens, ne pourraient trouver place dans le plus vaste entendement. Si l'on considère qu'un général capable de nommer par son nom chaque soldat de son armée, est un cas de mémoire exceptionnelle, on peut facilement trouver la raison pour laquelle les gens n'ont jamais tenté de donner un nom à chaque mouton de leur troupeau, à chaque corbeau qui les survole et moins encore de donner un nom propre à chaque feuille ou à chaque grain de sable qui parsème leur chemin.

3. *C'est en outre inutile.*

Deuxièmement, si c'était possible *ce serait inutile*, parce que cela ne serait d'aucun intérêt pour la fin première du langage : les gens accumuleraient en vain des noms de choses singulières, qui ne leur serviraient pas à communiquer leurs pensées.

Les gens n'apprennent des noms et ne les utilisent dans leurs discussions avec les autres que pour être compris ; et cela ne se produit que lorsque, par usage ou par convention, le son que je produis par mes organes phonatoires provoque dans l'esprit d'un autre homme qui l'entend l'idée que je lui attribue dans le mien quand je le prononce. Et ceci n'est pas possible avec des noms attribués à des choses singulières dont j'ai seul l'idée dans l'esprit et dont le nom ne peut ainsi être signifiant ni intelligible pour un autre qui n'est pas familier d'exactement toutes les choses singulières qui me sont tombées sous les yeux.

4. *Troisièmement*, même si c'était faisable (ce qui n'est pas le cas, je pense), *un nom distinct pour chaque chose singulière ne serait pas de grande utilité pour les progrès de la connaissance.*

Celle-ci est certes fondée sur les choses singulières, mais elle s'accroît par des conceptions générales que permet précisément la réduction des choses en classes sous des termes généraux.

Ces classes, avec le nom qui leur appartient, demeurent dans certaines limites et ne dépassent pas à tout instant ce que peut contenir l'esprit ou ce qu'exige l'usage. C'est pourquoi les hommes s'y sont pour la plupart tenus, mais sans se priver de distinguer les choses singulières par des noms appropriés quand le besoin s'en fait sentir ; ainsi, pour leur propre espèce humaine qui leur importe beaucoup et où il leur faut souvent mentionner des personnes singulières, ils utilisent des noms propres ; les individus distincts y ont des dénominations distinctes.

5. *Quelles sont les choses qui ont des noms propres.*

Outre les personnes, les pays également, et les villes, les rivières, les montagnes et les autres déterminations de lieux ont couramment reçu des noms propres, et pour la même raison : ce sont des choses que les gens doivent souvent désigner singulière-ment, et, « présenter » aux autres dans leurs discussions. Et je suis sûr que si nous avions une raison de mentionner aussi souvent des chevaux singuliers que des hommes singuliers, nous aurions des *noms propres* aussi familiers pour les uns que pour les autres ; *Bucéphale* serait un terme aussi utilisé que *Alexandre*. Ainsi voit-on que chez les éleveurs les chevaux sont connus et distin-gués par leur nom propre aussi couramment que des valets : on a souvent besoin chez eux de mentionner tel ou tel cheval particulier en son absence.

6. *Comment sont faits les noms généraux.*

Il faut ensuite étudier *comment on en vient à faire les noms généraux*. En effet, puisque toutes les choses qui existent ne sont que singulières, comment acquiert-on les termes généraux ou encore où trouve-t-on les natures générales dont ces termes sont censés tenir lieu ?

Les noms deviennent généraux en devenant signes d'idées générales ; et les idées deviennent générales quand on les sépare des circonstances de temps, de lieu et de toute autre idée qui peut les déterminer à telle ou telle existence singulière. Par cette forme d'abstraction, elles sont rendues capables de représenter plus d'un individu ; chacun des individus étant conforme à cette idée abstraite, est (comme on le dit) de cette classe.

7. Mais pour présenter cela de façon un peu plus distincte, il ne sera sans doute pas inutile de remonter jusqu'à nos premières notions et nos premiers noms et d'observer par quels stades nous passons et selon quelles étapes depuis la première enfance nous élargissons nos idées.

Les idées des personnes avec qui parlent les enfants (pour ne prendre que cet exemple) sont, comme les personnes mêmes, singulières seulement, rien n'est plus évident : les idées de la nourrice et de la mère sont bien formées dans leur esprit ; comme leurs images, elles y représentent seulement ces individus ; le nom qu'ils leur donnent initialement est limité à ces individus et les noms de *Nourrice* et de *Maman* qu'utilise l'enfant se rapportent à ces personnes. Par la suite, quand le temps et une plus grande familiarité leur ont permis d'observer qu'il y a bien d'autres choses dans le monde qui ont une parenté de forme et d'autres qualités qui les font ressembler à leur père, à leur mère et aux personnes auxquelles ils sont habitués, ils forment une idée qu'ils trouvent partagée par tous ces êtres singuliers ; et à cette idée ils donnent comme d'autres le nom d'*homme* par exemple. Et *ainsi en viennent-ils à posséder un nom général* et une idée générale. En cela, ils ne construisent rien de neuf, ils ôtent simplement de l'idée complexe qu'ils ont de *Pierre*, de *Jacques*, de *Marie*, de *Jeanne*, ce qui est spécifique à chacune et ne retiennent que ce qui est commun à toutes.

8. Comme ils ont acquis le nom général et l'idée générale d'*homme*, de la même manière ils *progressent* aisément *vers des noms* et des notions *plus généraux*. Car, observant que diverses choses qui diffèrent de leur idée d'*homme* et qui ne peuvent donc

pas être comprises sous ce nom, ont pourtant certaines qualités qui les font concorder avec *homme*, ils retiennent seulement ces qualités, ils les unissent en une idée et obtiennent ainsi une autre idée, plus générale; ils lui donnent un nom et en font un terme d'une extension plus englobante. Cette nouvelle idée est produite, non par une nouvelle addition, mais seulement comme auparavant par abandon de la forme extérieure et de quelques unes des autres propriétés signifiées par le nom *homme*: ils conservent seulement un corps, doté de vie, de sensibilité et de mouvement spontané, et le comprennent sous le nom d'*être animé*.

9. *Les natures générales ne sont rien d'autre que des idées abstraites.*

Que telle soit la *façon dont les hommes ont initialement formé des idées générales et des noms généraux pour elles* est si évident, je pense, qu'il n'est pas nécessaire d'en donner d'autre preuve que de se considérer soi-même ou de considérer les autres et la façon habituelle dont leur esprit procède dans la connaissance. Et celui qui pense que les natures générales ou les notions générales sont autre chose que des idées abstraites et partielles d'idées plus complexes initialement tirées d'existences singulières, aura du mal je le crains à savoir où en trouver.

Réfléchissez en effet, et dites moi en quoi l'idée d'*homme* diffère de celle de *Pierre* et de *Paul*, ou l'idée de *cheval* de celle de *Bucéphale*, si ce n'est par l'abandon de quelque chose de particulier à chacun de ces individus et par le maintien de tout ce que, dans les idées complexes des diverses existences singulières, on trouve concordant. Dans les idées complexes signifiées par le nom *homme* ou par le nom *cheval*, on n'abandonne que les détails qui font leur différence et on ne retient que ceux qui font leur accord, puis on forme à partir de là une nouvelle idée complexe distincte, à laquelle on donne le nom *être animé*; on a alors un terme plus général qui outre l'homme inclut plusieurs autres créatures. Ôtez de l'idée d'*être animé* le sens et le mouvement spontané, et l'idée complexe restante, constituée des idées simples restantes *corps, vie, alimentation*, devient une idée plus générale sous le terme plus englobant *vivant*. Et pour ne pas s'attarder plus longuement sur ce sujet si évident en lui-même, [on dira que] l'esprit progresse de la même manière jusqu'à *corps, substance*, et enfin *être, chose* et jusqu'à ces termes universaux qui tiennent lieu de n'importe laquelle de nos idées.

Pour conclure, tout ce *mystère* des *genres* et des *espèces*[1], qui font tant de bruit dans les Écoles et qui sont à bon droit si peu considérés en dehors, n'est rien d'autre que des idées abstraites plus ou moins englobantes, associées à des noms. En tout cela, il est constant et invariable que chaque terme plus général signifie une idée qui n'est qu'une partie de n'importe quelle idée contenue en elle.

10. *Pourquoi on se sert couramment du genre dans les définitions.*

On peut voir ainsi *pourquoi, dans la définition d'un nom*, qui n'est rien de plus que l'énonciation de sa signification, *on utilise le genre* (ou mot général le plus proche qui l'englobe). Ce n'est pas par nécessité, mais seulement pour s'épargner la peine d'énumérer les multiples idées simples dont le mot général le plus proche, ou *genre*, tient lieu, ou parfois peut-être pour s'épargner la honte de ne pas être capable de le faire. Pourtant, même si définir par le *genre* et la *différence* (je demande le droit d'utiliser les termes de l'art, bien qu'ils soient originellement en latin, puisque ce sont ceux qui conviennent le mieux aux notions auxquelles on les applique), définir par le *genre*, disais-je, est la voie la plus courte, on peut se demander je crois si c'est la voie la

---

1. Ici et par la suite, Locke utilise les termes de la logique en latin : *genus, species, differentia.*

meilleure ; je suis certain au moins que ce n'est pas la seule et qu'elle n'est donc pas absolument nécessaire. Car définir n'est rien d'autre que faire comprendre par des mots à autrui de quelle idée le terme défini tient lieu ; donc une définition est meilleure si elle énumère les idées simples associées dans la signification du terme défini ; et si les gens se sont habitués à utiliser, au lieu de cette énumération, le terme général le plus proche, ce n'était pas par nécessité ou pour une plus grande clarté, mais par souci de rapidité.

Si quelqu'un en effet désirait connaître quelle idée correspond au mot *homme* et qu'on lui répondait que *homme* est une substance solide étendue, dotée de vie, de sensibilité, de mouvement spontané et de la faculté de raisonner, il ne fait pas de doute que le sens du terme *homme* serait aussi bien compris et qu'on ferait au moins aussi bien connaître l'idée dont il tient lieu, que quand *homme* est défini comme *animal raisonnable*, ce qui par le biais des définitions successives d'*animal*, de *vivant* et de *corps* se ramène aux idées énumérées plus haut.

En expliquant le terme *homme*, j'ai ici suivi la définition courante des Écoles ; ce n'est peut-être pas la plus exacte, mais c'est celle qui sert le mieux à mon dessein actuel : on peut voir dans cet exemple ce qui a provoqué la règle selon laquelle une définition doit être composée de *genre* et de *différence*, et elle suffit à montrer le peu de nécessité de cette règle ou l'intérêt limité de son application stricte.

Car les définitions, comme on l'a dit, ne sont que l'explication d'un mot par plusieurs autres pour faire connaître avec certitude le sens ou l'idée dont il tient lieu ; mais les langues ne sont pas toujours faites selon les règles de la logique, de sorte que chaque terme puisse avoir sa signification exprimée avec exactitude et clarté par deux autres termes. L'expérience convainc suffisamment du contraire ; ou au moins ceux qui ont bâti cette règle ont eu tort de ne pas avoir donné plus de définitions qui y soient conformes. Mais sur les définitions, [on trouvera] plus de choses dans le chapitre suivant.

11. *Le général et l'universel sont des créations de l'entendement.*

Pour en revenir aux mots généraux, il est évident par ce qu'on a dit que le *général et l'universel* n'appartiennent pas à l'existence réelle des choses, mais sont *les intentions et les créations de l'entendement*, élaborées par lui pour son propre usage *et qui portent uniquement sur les signes*, que ce soient les mots ou les idées.

Les mots sont généraux, comme on l'a dit, quand on les utilise comme signes d'idées générales ; ils sont alors applicables indifféremment à de nombreuses choses singulières ; et les idées sont générales quand elles sont instituées comme représentants de nombreuses choses singulières. Mais l'universalité n'appartient pas aux choses mêmes qui, en leur existence, sont toutes singulières, y compris ces mots et ces idées qui, en leur signification, sont généraux. Quand donc nous quittons le singulier, le général qui reste n'est que créature de notre fabrication, et sa nature générale n'est que la capacité conférée par l'entendement de signifier ou de représenter de nombreux singuliers. Car sa signification n'est qu'une relation qui lui est ajoutée par l'esprit humain [1].

12. *Les idées abstraites sont les essences des genres et des espèces.*

Il faut donc considérer ensuite *quel type de signification ont les mots généraux.*

En effet, de même qu'il est évident qu'ils ne signifient pas simplement une chose singulière (ce ne seraient pas alors des

---

1. La cinquième édition de l'*Essai* ajoute ici une longue note citant la *Première lettre à l'évêque de Worcester*.

termes généraux, mais des noms propres), de même, d'un autre côté, il est aussi évident qu'ils ne signifient pas une pluralité : autrement *homme* et *hommes* signifieraient la même chose et la distinction de nombre (comme la nomment les grammairiens) serait superflue et inutile. Ce que signifient donc les mots généraux c'est une classe de choses, et chacun le fait en étant le signe d'une idée abstraite dans l'esprit ; et les choses dont on constate la concordance à cette idée sont classées sous ce nom ou, ce qui revient au même, sont de cette classe.

D'où il est évident que les *essences des classes ou* (si l'on préfère le mot latin) *des espèces* de choses, ne sont rien d'autre que ces idées abstraites. Car, avoir l'essence d'une espèce, c'est ce qui rend la chose membre de cette espèce ; et la conformité à l'idée auquel le nom est annexé est ce qui donne le droit à ce nom ; donc « avoir cette essence » et « avoir cette conformité » sont nécessairement la même chose, puisque « être d'une espèce » et « avoir droit au nom de cette espèce » sont tout un.

Par exemple, « être *homme* » ou « être de l'espèce *homme* », et « avoir droit au nom *homme* » sont la même chose ; ou encore, « être *homme* » ou « être de l'espèce *homme* », et « avoir l'essence d'un *homme* » sont la même chose. Or, puisque rien ne peut être *homme* ou avoir droit au nom d'*homme* s'il n'a pas la conformité à l'idée abstraite dont tient lieu le nom *homme* – ou encore puisque rien ne peut être homme ou avoir droit à être de l'espèce *homme* s'il n'a l'essence de cette espèce – il s'ensuit que l'idée abstraite, dont le nom tient lieu, et l'essence de l'espèce sont une seule et même chose. À partir de là, il est facile de constater que l'essence des classes de choses, et en conséquence le classement des choses, sont œuvre de l'entendement, puisque c'est l'entendement qui abstrait et fabrique ces idées générales.

13. *Elles sont l'œuvre de l'entendement mais ont leur fondement dans la similitude des choses.*

Je ne voudrais pas qu'on pense que j'oublie, et moins encore que je nie, qu'en produisant les choses la Nature en fait plusieurs semblables; rien n'est plus évident, particulièrement pour les races d'êtres animés et toutes les choses perpétuées par semence. Pourtant on peut dire, je pense, que le fait de les *classer* sous des noms *est l'œuvre de l'entendement qui prend occasion de la similitude* qu'il y observe pour fabriquer des idées générales et pour les fixer dans l'esprit avec des noms qui leur sont attachés, comme des modèles ou des formes (en ce sens, le mot *forme* est en effet pris exactement au sens propre), et quand on constate que des choses singulières existantes s'accordent à cette forme, elles deviennent membres de cette espèce, reçoivent ce nom ou sont rangées dans cette *classe*[1].

Ainsi, quand nous disons «ceci est un *homme*, cela un *cheval*; ceci est *juste*, cela est *cruel*; ceci une *montre*, cela un *outil*», que faisons-nous d'autre que ranger des choses sous divers noms d'espèce, parce qu'elles s'accordent à ces idées abstraites, dont on a fait de ces noms les signes? Et qu'est donc l'essence de ces espèces dégagées et désignées par des noms, si ce n'est cette idée abstraite dans l'esprit? Elle est pour ainsi dire la frontière entre chaque chose singulière qui existe et entre les noms sous lesquels il faut les ranger. Et quand les noms généraux ont une liaison avec des êtres singuliers, ces idées abstraites sont le *moyen terme* qui les unit. Ainsi l'essence des espèces, en tant que distinguée et nommée par nous n'est pas et ne peut pas être autre chose que cette idée abstraite précise que nous avons dans l'esprit.

---

1. Terme donné en latin : *classis*.

Et donc, les prétendues essences réelles des substances, si elles sont différentes de nos idées abstraites, ne peuvent être les essences des espèces dans lesquelles nous rangeons les choses. Car deux espèces peuvent être une seule espèce, aussi rationnellement que deux essences différentes peuvent être l'essence d'une seule espèce. Et je souhaiterais qu'on me dise : quelles sont les transformations que l'on peut ou que l'on ne peut pas faire subir à un *cheval* ou à du *plomb* sans changer chacun d'espèce ? En déterminant les espèces des choses à partir de nos idées abstraites, la question est facile à résoudre ; mais si l'on cherche ici à se décider d'après les prétendues essences réelles, on sera vite perdu, je crois, et on ne sera jamais capable de connaître précisément quand une chose cesse d'être de l'espèce *cheval* ou *plomb*.

14. *Chaque idée abstraite distincte est une essence distincte.*
On ne s'étonnera pas non plus si je dis que ces *essences*, ou idées abstraites (critères des noms et limites des espèces), sont *l'œuvre de l'entendement* quand on observera que les essences complexes au moins sont souvent pour des hommes différents des collections d'idées simples différentes ; ainsi ce qui est *avarice* pour l'un, ne l'est pas pour un autre. Bien plus, même pour les substances, où les idées abstraites semblent tirées des choses mêmes, elles ne sont pas toujours les mêmes ; y compris dans cette espèce qui nous est la plus familière et dont nous avons l'expérience la plus intime : on a plus d'une fois mis en doute l'*humanité* d'un *fœtus* né d'une femme, jusqu'à débattre de la question de savoir s'il fallait ou non le nourrir et le baptiser ; ce qui ne pourrait se produire si l'idée abstraite, ou essence, à laquelle appartient le nom *homme* était de fabrication naturelle, et si elle n'était pas une collection incertaine et changeante d'idées simples que l'entendement assemble, abstrait et attache à un nom. Ainsi, en vérité, *chaque idée abstraite distincte est une essence distincte* et les noms qui tiennent lieu de ces idées

distinctes sont les noms de choses essentiellement différentes. Ainsi, un cercle est essentiellement différent d'un ovale, autant qu'un mouton d'une chèvre, et la pluie est essentiellement différente de la neige, autant que l'eau de la terre : l'idée abstraite qui est l'essence de l'un ne peut être communiquée à l'autre. Et ainsi n'importe quelle paire d'idées abstraites qui se différencient l'une de l'autre en quoi que ce soit, associées à deux noms distincts, constituent deux classes distinctes, ou si vous voulez deux *espèces*, aussi différentes essentiellement que n'importe quelle paire de choses les plus éloignées ou opposées qui soient.

15. *Essence réelle et essence nominale.*

Mais, puisque certains estiment (non sans raison) que l'*essence* des choses est totalement inconnue, il peut être utile d'*examiner les diverses significations du terme essence.*

1) *Essence* peut être pris pour l'être même de quelque chose, par laquelle il est ce qu'il est. Ainsi la constitution interne réelle des choses, généralement inconnue dans le cas des substances, dont dépendent leurs qualités que l'on peut découvrir, peut être nommée leur *essence*. Telle est la signification originaire et propre du mot, comme il est évident par son étymologie : *essentia* signifie proprement dans son premier sens *être*, et on l'utilise encore en ce sens quand on parle de l'*essence de choses singulières*, sans leur donner de nom.

2) L'érudition et les débats de la Scolastique se sont beaucoup affairés autour du *genre* et de l'*espèce*, et de ce fait le mot *essence* a presque totalement perdu sa signification première ; au lieu de l'appliquer à la constitution réelle des choses, on l'a appliqué presque uniquement à la constitution artificielle des *genres* et des *espèces*. Il est vrai qu'on présuppose communément une constitution réelle pour les classes de choses ; et il est indubitable qu'il doit y avoir une constitution réelle dont toute collection d'idées simples coexistantes doit dépendre. Mais il est évident que les choses sont rangées en classes ou *espèces* sous

des noms dans la seule mesure où elles s'accordent à certaines idées abstraites auxquelles nous avons attaché ces noms. Et donc l'*essence* de chaque *genre* ou classe en vient à n'être rien d'autre que cette idée abstraite dont tient lieu le nom général, ou "*classal*" (si j'ai la permission de forger ce nom à partir de *classe* comme je forme *général* à partir de *genre*). Voilà ce que l'on constate concernant ce qu'implique le mot *essence* dans son usage le plus commun. On peut nommer, sans difficulté à mon avis, ces deux sortes d'*essence*, l'une *réelle* et l'autre *nominale*.

16. *Lien constant entre le nom et l'essence nominale.*

Entre l'essence nominale et le nom, existe un *lien si étroit* que le nom d'une classe de choses ne peut être attribué à un être singulier que s'il a cette *essence* par laquelle il correspond à cette idée abstraite dont le nom est le signe.

17. *L'hypothèse selon laquelle les espèces sont distinguées par leur essence réelle est inutile.*

En ce qui concerne l'essence réelle des substances corporelles (pour ne parler que d'elles) il existe, si je ne me trompe, deux opinions. La première est celle des gens qui, utilisant le mot *essence* pour ils-ne-savent-pas-quoi, supposent qu'existe un certain nombre de ces essences selon lesquelles toutes les choses naturelles sont fabriquées, et qu'elles partagent toutes exactement, devenant ainsi membres de telle ou telle *espèce*. L'autre opinion, plus rationnelle, est celle des gens qui considèrent les choses naturelles comme dotées d'une constitution de leurs éléments insensibles, réelle mais inconnue, et dont découlent ces qualités sensibles qui servent à les distinguer les unes des autres, selon l'occasion que nous avons de les ranger en classes sous des dénominations communes.

La première de ces opinions qui fait l'hypothèse de ces *essences* comme un certain nombre de formes ou de moules dans lesquels sont coulées les choses naturelles et qu'elles partagent donc également, a beaucoup perturbé, j'imagine, la connaissance des choses naturelles. La production fréquente de monstres dans toutes les espèces d'êtres animés, d'imbéciles[1] et d'autres procréations étranges d'origine humaine constituent des difficultés impossibles à concilier avec cette hypothèse : il est en effet impossible que deux choses, partageant exactement la même *essence* réelle aient des propriétés différentes, comme si deux figures partageant la même essence réelle de cercle pouvaient avoir des propriétés différentes. Mais même s'il n'y avait aucune autre raison militant contre elle, *l'hypothèse des essences qui ne peuvent être connues* dont on fait néanmoins ce qui distingue les espèces de choses, *est totalement inutile* et improductive pour tous les champs de connaissance, au point que ce seul fait serait suffisant pour nous la faire abandonner et nous satisfaire des *essences* de classes et d'espèces qui sont à portée de connaissance ; et quand on les aura sérieusement considérées, on verra, comme je l'ai dit, qu'elles ne sont rien d'autre que ces idées abstraites complexes auxquelles on a attaché des noms généraux distincts.

18. *Essence réelle et essence nominale sont identiques dans les idées simples et les modes, et différentes dans les substances.*

Après avoir ainsi distingué les *essences* en essences *nominales* et essences *réelles*, on peut encore noter que *dans* les espèces d'*idées simples et de modes*, elles *sont toujours les mêmes*, mais *que dans les substances elles sont toujours totale-ment différentes*. Ainsi, une figure incluant un espace entre trois lignes est l'*essence* réelle aussi bien que nominale du triangle, car elle n'est pas seulement l'idée abstraite à laquelle on attache le nom général, mais la véritable *essence*,[2] ou être, de la chose

---

1. *Changellings.*
2. En latin dans le texte : *Essentia.*

même, le fondement dont découlent toutes ses propriétés, et auquel elles sont toutes attachées sans séparation possible. Mais il en va tout autrement en ce qui concerne ce morceau de matière qui constitue l'anneau à mon doigt, où ces deux *essences* sont manifestement différentes. C'est en effet la constitution réelle de ses parties insensibles dont dépendent toutes ces propriétés (couleur, poids, fusibilité, fixité, etc.) que l'on y trouve ; cette constitution, on ne la connaît pas, et parce qu'on n'en a pas d'idée singulière, on n'a pas de nom qui en soit le signe. Et pourtant, c'est sa couleur, son poids, sa fusibilité, sa fixité, etc. qui en font de l'*or* ou qui lui donnent droit à ce nom, qui donc constituent son *essence* nominale (en effet rien ne peut être appelé *or* sans avoir les qualités conformes à cette idée complexe abstraite auquel est attaché le nom). Mais, cette distinction entre les *essences* appartenant particulièrement aux substances, nous aurons l'occasion d'en traiter plus complètement quand nous arriverons à l'étude de leurs noms.

19. *Les essences ne peuvent être engendrées ni corrompues.*

Il apparaîtra encore que ces *idées abstraites liées à des noms* dont nous avons parlé *sont des essences* dans ce qu'on nous dit sur les *essences* : « Elles ne peuvent être engendrées ni corrompues » ; or ce ne peut être vrai de la constitution réelle des choses qui commence et périt avec les choses. Toutes les choses qui existent, sauf leur Auteur, sont soumises au changement, spécialement les choses qui nous sont familières et que nous avons embrigadées sous des noms ou des enseignes différents. Ainsi, ce qui est aujourd'hui herbe sera demain viande d'un mouton et sous peu de jours, partie d'un homme. Ici comme en des changements semblables, il est évident que leur *essence* réelle, c'est-à-dire cette constitution dont dépendaient les propriétés de ces choses diverses, est détruite et périt en même temps qu'elle.

Mais si l'on prend *essences* pour des *idées* établies dans l'esprit, liées à des noms, elles sont censées demeurer constamment identiques, quelques mutations que subissent les substances singulières. Car quoiqu'il advienne d'*Alexandre* et de *Bucéphale*, les idées auxquelles sont liés les termes *homme et cheval* sont néanmoins supposées demeurer identiques; ainsi l'*essence* de ces espèces est conservée entière et sans destruction, quel que soit le changement subi par un élément ou tous les individus de cette espèce. De la sorte, l'*essence* d'une *espèce* demeure pleine et entière, sans même l'existence d'un seul individu de cette espèce. S'il n'y avait en effet aucun cercle où que ce soit dans le monde en ce moment (comme, en son exactitude, cette figure n'existe peut être nulle part), l'idée attachée à ce nom ne cesserait pas d'être ce qu'elle est, et ne cesserait pas d'être un modèle qui déterminerait quelle figure singulière rencontrée a ou n'a pas le droit au nom de *cercle*; et elle montrerait ainsi quelle est celle qui a cette essence et donc est de cette *espèce*. Il n'y a certes jamais, et il n'y a jamais eu dans la nature, une bête comme l'*unicorne*, ni un poisson tel que la *sirène*, et pourtant, en présupposant que ces noms tiennent lieu d'idées complexes abstraites qui n'incluent aucune incohérence, l'*essence* de *sirène* est aussi intelligible que celle d'*homme*, et l'idée d'*unicorne* est aussi certaine, fixe et permanente que celle de *cheval*.

À partir de ce qui a été dit, il est évident que la doctrine de l'immutabilité des *essences* prouve qu'elles ne sont que des idées abstraites, que cette doctrine est fondée sur la relation établie entre elles et certains sons qui leur servent de signes, et qu'elle demeurera toujours vraie tant que le même nom pourra conserver la même signification.

20. *Récapitulation.*

Pour conclure, voici en bref ce que je dirais; toute cette grande affaire de *genre*, d'*espèces* et de leur *essence* se réduit à rien de plus que ceci : les gens fabriquent des idées abstraites et les fixent en leur esprit avec le nom qui leur est attaché ; ils se rendent ainsi capables de considérer les choses et d'en traiter comme s'il s'agissait de lots, afin de rendre plus facile et plus rapide la communication de leur connaissance, qui ne progresserait que lentement si les mots et les pensées se limitaient aux choses singulières.

ÉTIENNE BONNOT DE CONDILLAC

COMMENT LA NATURE NOUS FAIT OBSERVER LES OBJETS SENSIBLES POUR NOUS DONNER DES IDÉES DE DIFFÉRENTES ESPÈCES [*]

ON NE PEUT INSTRUIRE QU'EN CONDUISANT DU CONNU À L'INCONNU

Nous ne pouvons aller que du connu à l'inconnu, est un principe trivial dans la théorie, et presque ignoré dans la pratique. Il semble qu'il ne soit senti que par les hommes qui n'ont point étudié. Quand ils veulent vous faire comprendre une chose que vous ne connaissez pas, ils prennent une comparaison dans une autre que vous connaissez; et, s'ils ne sont pas toujours heureux dans le choix des comparaisons, ils font voir au moins qu'ils sentent ce qu'il faut faire pour être entendus.

Il n'en est pas de même des savants. Quoiqu'ils veuillent instruire, ils oublient volontiers d'aller du connu à l'inconnu. Cependant, si vous voulez me faire concevoir des idées que je n'ai pas, il faut me prendre aux idées que j'ai. C'est à ce que je sais que commence tout ce que j'ignore, tout ce qu'il est possible

---

[*] Condillac, *Logique*, I, chap. 4 (1792), dans *Œuvres philosophiques de Condillac*, texte établi et présenté par G. Le Roy, vol. 2, Paris, P.U.F., 1948, p. 378-382.

d'apprendre; et s'il y a une méthode pour me donner de nouvelles connaissances, elle ne peut être que la méthode même qui m'en a déjà donné.

En effet, toutes nos connaissances viennent des sens, celles que je n'ai pas comme celles que j'ai; et ceux qui sont plus savants que moi ont été aussi ignorants que je le suis aujourd'hui. Or, s'ils se sont instruits en allant de connu à l'inconnu, pourquoi ne m'instruirais-je pas en allant comme eux du connu à l'inconnu ? Et si chaque connaissance que j'acquiers me prépare à une connaissance nouvelle, pourquoi ne pourrais-je pas aller, par une suite d'analyses, de connaissance en connaissance ? En un mot, pourquoi ne trouverais-je pas ce que j'ignore dans des sensations où ils l'ont trouvé, et qui nous sont communes ?

Sans doute ils me feraient facilement découvrir tout ce qu'ils ont découvert, s'ils savaient toujours eux-mêmes comment ils se sont instruits. Mais ils l'ignorent, parce que c'est une chose qu'ils ont mal observée, ou à laquelle la plupart n'ont pas même pensé. Certainement ils ne se sont instruits qu'autant qu'ils ont fait des analyses, et qu'ils les ont bien faites. Mais ils ne le remarquaient pas : la nature les faisait en quelque sorte en eux sans eux ; et ils aimaient à croire que l'avantage d'acquérir des connaissances est un don, un talent qui ne se communique pas facilement. Il ne faut donc pas s'étonner si nous avons de la peine à les entendre : dès qu'on se pique de talents privilégiés, on n'est pas fait pour se mettre à la portée des autres.

Quoi qu'il en soit, tout le monde est forcé de reconnaître que nous ne pouvons aller que du connu à l'inconnu. Voyons l'usage que nous pouvons faire de cette vérité.

Quiconque a acquis des connaissances, peut en acquérir encore

Encore enfants, nous avons acquis des connaissances par une suite d'observations et d'analyses. C'est donc à ces connaissances que nous devons recommencer pour continuer nos études. Il faut les observer, les analyser, et découvrir, s'il est possible, tout ce qu'elles renferment.

Ces connaissances sont une collection d'idées ; et cette collection est un système bien ordonné, c'est-à-dire, une suite d'idées exactes, où l'analyse a mis l'ordre qui est entre les choses mêmes. Si les idées étaient peu exactes et sans ordre, nous n'aurions que des connaissances imparfaites, qui même ne seraient pas proprement des connaissances. Mais il n'y a personne qui n'ait quelque système d'idées exactes bien ordonnées ; si ce n'est pas sur des matières de spéculation, ce sera du moins sur des choses d'usage, relatives à nos besoins. Il n'en faut pas davantage. C'est à ces idées qu'il faut prendre ceux qu'on veut instruire ; et il est évident qu'il faut leur en faire remarquer l'origine et la génération, si de ces idées on veut les conduire à d'autres.

Les idées naissent successivement les unes des autres

Or, si nous observons l'origine et la génération des idées, nous les verrons naître successivement les unes des autres ; et si cette succession est conforme à la manière dont nous les acquérons, nous en aurons bien fait l'analyse. L'ordre de l'analyse est donc ici l'ordre même de la génération des idées.

Nos premières idées sont des idées individuelles

Nous avons dit que les idées des objets sensibles ne sont, dans leur origine, que les sensations qui représentent ces objets. Mais il n'existe dans la nature que des individus : donc nos premières idées ne sont que des idées individuelles, des idées de tel ou tel objet.

En classant les idées, on forme des genres et des espèces

Nous n'avons pas imaginé des noms pour chaque individu ; nous avons seulement distribué les individus dans différentes classes, que nous distinguons par des noms particuliers ; et ces classes sont ce qu'on nomme *genres* et *espèces*. Nous avons, par exemple, mis dans la classe d'*arbre*, les plantes dont la tige s'élève à une certaine hauteur, pour se diviser en une multitude de branches, et former de tous ses rameaux une touffe plus ou moins grande. Voilà une classe générale qu'on nomme *genre*. Lorsqu'ensuite on a observé que les arbres diffèrent par la grandeur, par la structure, par les fruits, etc., on a distingué d'autres classes subordonnées à la première qui les comprend toutes ; et ces classes subordonnées sont ce qu'on nomme *espèces*.

C'est ainsi que nous distribuons dans différentes classes toutes les choses qui peuvent venir à notre connaissance : par ce moyen, nous leur donnons à chacune une place marquée, et nous savons toujours où les reprendre. Oublions ces classes pour un moment, et imaginons qu'on eût donné à chaque individu un nom différent : nous sentons aussitôt que la multitude des noms eût fatigué notre mémoire pour tout confondre, et qu'il nous eût été impossible d'étudier les objets qui se multiplient sous nos yeux, et de nous en faire des idées distinctes.

Rien n'est donc plus raisonnable que cette distribution ; et quand on considère combien elle nous est utile, ou même nécessaire, on serait porté à croire que nous l'avons faite à dessein. Mais on se tromperait : ce dessein appartient uniquement à la nature ; c'est elle qui a commencé à notre insu.

Les idées individuelles deviennent tout à coup générales

Un enfant nommera *arbre*, d'après nous, le premier arbre que nous lui montrerons, et ce nom sera pour lui le nom d'un individu. Cependant, si on lui montre un autre arbre, il n'imaginera pas d'en demander le nom : il le nommera *arbre*, et il rendra ce nom commun à deux individus. Il le rendra de même commun à trois, à quatre, et enfin à toutes les plantes qui lui paraîtront avoir quelque ressemblance avec les premiers arbres qu'il a vus. Ce nom deviendra même si général, qu'il nommera *arbre* tout ce que nous nommons *plante*. Il est naturellement porté à généraliser, parce qu'il lui est plus commode de se servir d'un nom qu'il sait, que d'en apprendre un nouveau. Il généralise donc sans avoir formé le dessein de généraliser, et sans même remarquer qu'il généralise. C'est ainsi qu'une idée individuelle devient tout-à-coup générale : souvent même elle le devient trop ; et cela arrive toutes les fois que nous confondons des choses qu'il eût été utile de distinguer.

Les idées générales se sous-divisent en différentes espèces

Cet enfant le sentira bientôt lui-même. Il ne dira pas : *J'ai trop généralisé, il faut que je distingue différentes espèces d'arbres* : il formera, sans dessein et sans le remarquer, des classes subordonnées, comme il a formé, sans dessein et sans le remarquer, une classe générale. Il ne fera qu'obéir à ses besoins. C'est pourquoi je dis qu'il fera ces distributions naturellement et à son insu. En effet, si on le mène dans un jardin, et qu'on lui fasse cueillir et manger différentes sortes de fruits, nous verrons qu'il apprendra bientôt les noms de cerisier, pêcher, poirier, pommier, et qu'il distinguera différentes espèces d'arbres.

Nos idées commencent donc par être individuelles, pour devenir tout à coup aussi générales qu'il est possible ; et nous ne les distribuons ensuite dans différentes classes qu'autant que nous sentons le besoin de les distinguer. Voilà l'ordre de leur génération.

Nos idées forment un système
conforme au système de nos besoins

Puisque nos besoins sont le motif de cette distribution, c'est pour eux qu'elle se fait. Les classes, qui se multiplient plus ou moins, forment donc un système dont toutes les parties se lient naturellement, parce que tous nos besoins tiennent les uns aux autres; et ce système, plus ou moins étendu, est conforme à l'usage que nous voulons faire des choses. Le besoin, qui nous éclaire, nous donne peu à peu le discernement qui nous fait voir dans un temps des différences où peu auparavant nous n'en apercevions pas; et si nous étendons et perfectionnons ce système, c'est parce que nous continuons comme la nature nous a fait commencer.

Les philosophes ne l'ont donc pas imaginé : ils l'ont trouvé en observant la nature, et s'ils avaient mieux observé, ils l'auraient expliqué beaucoup mieux qu'ils n'ont fait. Mais ils ont cru qu'il était à eux, et ils l'ont traité comme s'il était à eux en effet. Ils y ont mis de l'arbitraire, de l'absurde, et ils ont fait un étrange abus des idées générales.

Malheureusement nous avons cru apprendre d'eux ce système, que nous avions appris d'un meilleur maître. Mais, parce que la nature ne nous faisait pas remarquer qu'elle nous l'enseignait, nous avons cru en devoir la connaissance à ceux qui ne manquaient pas de nous faire remarquer qu'ils étaient nos maîtres. Nous avons donc confondu les leçons des philosophes avec les leçons de la nature, et nous avons mal raisonné.

Avec quel artifice se forme ce système

D'après tout ce que nous avons dit, former une classe de certains objets, ce n'est autre chose que donner un même nom à tous ceux que nous jugeons semblables; et quand de cette classe nous en formons deux ou davantage, nous ne faisons encore autre chose que choisir de nouveaux noms, pour distinguer des objets que nous jugeons différents. C'est uniquement par cet artifice que nous mettons de l'ordre dans nos idées : mais cet artifice ne fait que cela ; et il faut bien remarquer qu'il ne peut rien faire de plus. En effet, nous nous tromperions grossièrement, si nous imaginions qu'il y a dans la nature des espèces et des genres, parce qu'il y a des espèces et des genres dans notre manière de concevoir. Les noms généraux ne sont proprement les noms d'aucune chose existante ; ils n'expriment que les vues de l'esprit, lorsque nous considérons les choses sous les rapports de ressemblance ou de différence. Il n'y a point d'arbre en général, de pommier en général, de poirier en général ; il n'y a que des individus. Donc il n'y a dans la nature ni genres, ni espèces. Cela est si simple, qu'on croirait inutile de le remarquer : mais souvent les choses les plus simples échappent, précisément parce qu'elles sont simples : nous dédaignons de les observer ; et c'est là une des principales causes de nos mauvais raisonnements et de nos erreurs.

Il ne se fait pas d'après la nature des choses

Ce n'est pas d'après la nature des choses que nous distinguons des classes, c'est d'après notre manière de concevoir. Dans les commencements nous sommes frappés des ressemblances et nous sommes comme un enfant qui prend toutes les plantes pour des arbres. Dans la suite, le besoin d'observer développe notre discernement ; et, parce qu'alors nous remarquons des différences, nous faisons de nouvelles classes.

Plus notre discernement se perfectionne, plus les classes peuvent se multiplier ; et, parce qu'il n'y a pas deux individus qui ne diffèrent par quelque endroit, il est évident qu'il y aurait autant de classes que d'individus, si à chaque différence on voulait faire une classe nouvelle. Alors il n'y aurait plus d'ordre dans nos idées, et la confusion succéderait à la lumière qui se répandait sur elles lorsque nous généralisions avec méthode.

Jusqu'à quel point
nous devons diviser et sous-diviser nos idées

Il y a donc un terme après lequel il faut s'arrêter : car s'il importe de faire des distinctions, il importe plus encore de n'en pas trop faire. Quand on n'en fait pas assez, s'il y a des choses qu'on ne distingue pas, et qu'on devrait distinguer, il en reste au moins qu'on distingue. Quand on en fait trop, on brouille tout, parce que l'esprit s'égare dans un grand nombre de distinctions dont il ne sent pas la nécessité. Demandera-t-on jusqu'à quel point les genres et les espèces peuvent se multiplier ? Je réponds, ou plutôt la nature répond elle-même, jusqu'à ce que nous ayons assez de classes pour nous régler dans l'usage des choses relatives à nos besoins : et la justesse de cette réponse est sensible, puisque ce sont nos besoins seuls qui nous déterminent à distinguer des classes, puisque nous n'imaginons pas de donner des noms à des choses dont nous ne voulons rien faire. Au moins est-ce ainsi que les hommes se conduisent naturellement. Il est vrai que lorsqu'ils s'écartent de la nature pour devenir mauvais philosophes, ils croient qu'à force de distinctions, aussi subtiles qu'inutiles, ils expliqueront tout, et ils brouillent tout.

Pourquoi les espèces doivent se confondre

Tout est distinct dans la nature ; mais notre esprit est trop borné pour la voir en détail d'une manière distincte. En vain nous analysons ; il reste toujours des choses que nous ne pouvons analyser, et que, par cette raison, nous ne voyons que confusément. L'art de classer, si nécessaire pour se faire des idées exactes, n'éclaire que les points principaux : les intervalles restent dans l'obscurité, et dans ces intervalles les classes mitoyennes se confondent. Un arbre, par exemple, et un arbrisseau, sont deux espèces bien distinctes. Mais un arbre peut être plus petit, un arbrisseau peut être plus grand ; et l'on arrive à une plante qui n'est ni arbre, ni arbrisseau, ou qui est tout à la fois l'un et l'autre ; c'est-à-dire, qu'on ne sait plus à quelle espèce la rapporter.

Pourquoi elles se confondent sans inconvénient

Ce n'est pas là un inconvénient : car demander si cette plante est un arbre ou un arbrisseau, ce n'est pas, dans le vrai, demander ce qu'elle est ; c'est seulement demander si nous devons lui donner le nom d'arbre ou celui d'arbrisseau. Or il importe peu qu'on lui donne l'un plutôt que l'autre : si elle est utile, nous nous en servirons, et nous la nommerons *plante*. On n'agiterait jamais de pareilles questions, si l'on ne supposait pas qu'il y a, dans la nature comme dans notre esprit, des genres et des espèces. Voilà l'abus qu'on fait des classes : il le fallait connaître. Il nous reste à observer jusqu'où s'étendent nos connaissances, lorsque nous classons les choses que nous étudions.

Nous ignorons l'essence des corps

Dès que nos sensations sont les seules idées que nous ayons des objets sensibles, nous ne voyons en eux que ce qu'elles représentent : au-delà nous n'apercevons rien, et par conséquent nous ne pouvons rien connaître.

Il n'y a donc point de réponse à faire à ceux qui demandent : *Quel est le sujet des qualités du corps ? Quelle est sa nature ? Quelle est son essence ?* Nous ne voyons pas ces sujets, ces natures, ces essences : en vain même on voudrait nous les montrer ; ce serait entreprendre de faire voir des couleurs à des aveugles. Ce sont là des mots dont nous n'avons point d'idées ; ils signifient seulement qu'il y a sous les qualités quelque chose que nous ne connaissons pas.

Nous n'avons des idées exactes qu'autant que nous n'assurons que ce que nous avons observé

L'analyse ne nous donne des idées exactes qu'autant qu'elle ne nous fait voir dans les choses que ce qu'on y voit; et il faut nous accoutumer à ne voir que ce que nous voyons. Cela n'est pas facile au commun des hommes, ni même au commun des philosophes. Plus on est ignorant, plus on est impatient de juger : on croit tout savoir avant d'avoir rien observé; et l'on dirait que la connaissance de la nature est une espèce de divination qui se fait avec des mots.

Les idées, pour être exactes, ne sont pas complètes

Les idées exactes que l'on acquiert par l'analyse ne sont pas toujours des idées complètes : elles ne peuvent même jamais l'être, lorsque nous nous occupons des objets sensibles. Alors nous ne découvrons que quelques qualités, et nous ne pouvons connaître qu'en partie.

Toutes nos études se font avec la même méthode, et cette méthode est l'analyse

Nous ferons l'étude de chaque objet de la même manière que nous faisions celle de cette campagne qu'on voyait des fenêtres de notre château : car il y a, dans chaque objet comme dans cette campagne, des choses principales auxquelles toutes les autres doivent se rapporter. C'est dans cet ordre qu'il les faut saisir, si l'on veut se faire des idées distinctes et bien ordonnées. Par exemple, tous les phénomènes de la nature supposent l'étendue et le mouvement : toutes les fois donc que nous voudrons en étudier quelques-uns, nous regarderons l'étendue et le mouvement comme les principales qualités du corps.

Nous avons vu comment l'analyse nous fait connaître les objets sensibles, et comment les idées qu'elle nous en donne sont distinctes, et conformes à l'ordre des choses. Il faut se souvenir que cette méthode est l'unique, et qu'elle doit être absolument la même dans toutes nos études : car, étudier des sciences différentes, ce n'est pas changer de méthode, c'est seulement appliquer la même méthode à des objets différents, c'est refaire ce qu'on a déjà fait ; et le grand point est de le bien faire une fois pour le savoir faire toujours. Voilà, dans le vrai, où nous en étions lorsque nous avons commencé. Dès notre enfance nous avons tous acquis des connaissances : nous avions donc suivi à notre insu une bonne méthode. Il ne nous restait qu'à le remarquer : c'est ce que nous avons fait, et nous pouvons désormais appliquer cette méthode à de nouveaux objets.

DAVID HUME

LES IDÉES ABSTRAITES *

Une question très importante a été soulevée concernant les idées *abstraites* ou *générales : sont-elles générales ou particulières dans la conception qu'en a l'esprit ?* Un grand philosophe[1] a contesté l'opinion généralement reçue à ce sujet et a affirmé que toutes les idées générales ne sont rien que des idées particulières jointes à un certain terme qui leur donne une signification plus étendue et qui fait qu'elles rappellent quand il est besoin d'autres individus qui leur sont semblables. Comme je considère que c'est là une des plus grandes et des plus appréciables découvertes qui aient été faites ces dernières années dans la République des Lettres, j'essaierai de la confirmer par quelques arguments qui, je l'espère, la mettront complètement hors de doute et de discussion.

Il est évident que, quand nous formons la plupart de nos idées générales, sinon toutes, nous faisons abstraction de tout degré particulier de quantité et de qualité ; il est aussi évident qu'un objet ne cesse pas d'être d'une espèce particulière quand survient

* David Hume, *Traité de la nature humaine*, livre I, section 7 (1739-1740). Traduction de Michel Malherbe.

1. Voir Berkeley, *Les principes de la connaissance humaine*, introduction (N.d. T.).

la moindre altération de son étendue, de sa durée et de ses autres propriétés. Nous voici donc, semble-t-il, devant un dilemme manifeste, un dilemme propre à décider de la nature de ces idées abstraites qui ont tant prêté aux spéculations des philosophes. L'idée abstraite d'*homme* représente des hommes de toute taille et de toute qualité; de quoi l'on conclut soit qu'elle ne peut le faire qu'en représentant d'emblée toutes les tailles possibles et toutes les qualités possibles, soit qu'elle ne peut le faire qu'en n'en représentant aucune particulièrement. Or, comme il paraît absurde de défendre la première proposition, puisqu'elle implique une capacité infinie de l'esprit, on s'est communément déterminé en faveur de la seconde et on a supposé que les idées abstraites ne représentent aucun degré de quantité ou de qualité. Que cette inférence soit erronée, je vais essayer maintenant de le montrer, d'abord en prouvant qu'il est totalement impossible de percevoir une quantité ou une qualité sans se former une notion précise de ses degrés; ensuite, en montrant que, bien que la capacité de l'esprit ne soit pas infinie, nous pouvons cependant nous former d'emblée une notion de tous les degrés possibles de quantité et de qualité, d'une manière qui, toute imparfaite qu'elle soit, peut servir toutes les fins de la réflexion et de la conversation.

Commençons par la première proposition, *que l'esprit ne peut se former une notion de quantité ou de qualité sans se former une notion précise de leurs degrés*. Nous pouvons la prouver par les trois arguments suivants. Premièrement, nous avons déjà noté que tous les objets qui sont différents peuvent être distingués, et que tous les objets qui peuvent être distingués peuvent être séparés par la pensée et l'imagination. Et nous pouvons ajouter ici que ces propositions sont également vraies dans l'ordre inverse, et que tous les objets qui peuvent être séparés peuvent aussi être distingués, et que tous les objets qui peuvent être distingués sont aussi différents. Car comment pourrions-nous séparer ce qui ne peut être distingué ou distinguer ce qui n'est pas différent ? Afin donc de savoir si l'abstraction implique la séparation, il suffit de la considérer sous ce jour et d'examiner si toutes les circonstances dont nous faisons abstraction dans nos idées générales sont telles que nous puissions les distinguer et qu'elles soient effectivement différentes de celles que nous retenons comme parties essentielles de ces idées. Mais il est d'emblée évident que la longueur précise d'une ligne n'est pas différente ni ne peut être distinguée de la ligne elle-même ; ni non plus le degré précis de telle qualité de cette qualité elle-même. Ces idées n'admettent donc pas plus de séparation qu'elles n'admettent de distinction ni de différence. Elles sont donc intimement conjointes dans la conception ; et, en dépit de toutes nos abstractions et de toutes nos subtilités, l'idée générale de ligne a, quand elle apparaît dans l'esprit, un degré précis de quantité et de qualité ; quoiqu'on puisse lui faire représenter d'autres idées qui ont des degrés différents de qualité et de quantité.

Deuxièmement, il faut avouer qu'aucun objet ne peut apparaître aux sens ou, en d'autres mots, qu'aucune impression ne peut devenir présente à l'esprit sans être déterminée dans ses degrés de quantité et de qualité. La confusion qui enveloppe parfois nos impressions ne vient que de ce qu'elles sont alors faibles et instables, et non d'une capacité de l'esprit de recevoir une impression qui n'aurait dans son existence réelle ni de degré ni de proportion particulière. Ce serait une contradiction dans les termes – et la plus formelle de toutes – à savoir qu'il est possible pour la même chose d'être et de ne pas être à la fois.

Or, puisque toutes nos idées sont dérivées des impressions et n'en sont que la copie et la représentation, tout ce qui est vrai des unes doit être admis des autres. Les impressions et les idées ne diffèrent que par leur force et leur vivacité. La conclusion précédente ne se fonde sur aucun degré particulier de vivacité.

Elle ne peut donc être affectée par aucune variation de cet ordre. Une idée est une impression plus faible; et comme une forte impression doit nécessairement avoir une quantité et une qualité déterminées, il faut qu'il en aille de même pour sa copie ou son représentant.

Troisièmement, c'est un principe généralement reçu en philosophie que toute chose dans la nature existe individuellement et qu'il est totalement absurde de supposer un triangle réellement existant dont les côtés et les angles n'auraient pas de proportion précise. Si donc c'est absurde *en fait et en réalité*, ce doit être aussi absurde *en idée*, puisque rien de quoi nous pouvons former une idée claire et distincte n'est absurde et impossible. Mais former l'idée d'un objet et former une idée simplement, c'est la même chose, la référence de l'idée à un objet étant une dénomination extrinsèque dont elle ne porte en elle-même ni la marque ni le caractère. Or, comme il est impossible de former l'idée d'un objet qui possède quantité et qualité sans en posséder tel degré précis, il s'ensuit qu'il est tout aussi impossible de former une idée qui ne soit pas limitée ni bornée sous ce double aspect. Les idées abstraites sont donc en elles-mêmes individuelles quoiqu'elles puissent devenir générales en tant que représentations. L'image dans l'esprit est seulement celle d'un objet particulier, quoique nous l'employions dans nos raisonnements comme si elle était universelle.

Cet emploi des idées qui outrepasse leur nature vient de ce que nous rassemblons tous leurs degrés possibles de quantité et de qualité d'une manière qui, toute imparfaite qu'elle soit, peut servir les desseins de la vie; et c'est la seconde proposition que je me suis proposé d'expliquer. Quand nous avons trouvé une ressemblance entre plusieurs objets qui se présentent souvent à nous, nous leur attribuons à tous le même nom, quelque différence que nous observions dans les degrés de leur quantité et de leur qualité, ou en un quelque autre registre. Une fois que nous

avons acquis une habitude de cette sorte, le seul fait d'entendre
ce nom fait revivre l'idée de l'un de ces objets et pousse l'imagination à la concevoir dans toutes ses circonstances et ses proportions particulières. Mais comme par hypothèse le même nom
a été souvent attribué à d'autres individus qui sont différents sous
plusieurs aspects de cette idée qui est immédiatement présente à
l'esprit, le nom, qui n'est pas capable de faire revivre l'idée de
tous ces individus, ne fait que toucher l'âme, si je puis dire, et fait
revivre l'habitude que nous avons acquise en les examinant. Ils
ne sont pas de fait réellement présents à l'esprit, mais seulement
en puissance ; et nous ne les formons pas tous dans notre imagination, quoique nous soyons en état de porter notre examen sur
tel ou tel d'entre eux selon que nous y sommes poussés par notre
dessein du moment ou par la nécessité. Le mot éveille une idée
individuelle à laquelle se joint une certaine habitude et cette
habitude fait surgir telle ou telle autre idée individuelle quand
il est besoin. Mais comme l'émergence de toutes ces idées
auxquelles le nom est attribué est dans la plupart des cas impossible, nous abrégeons le travail en restreignant le champ de notre
observation, sans que cet abrègement nous cause beaucoup
d'inconvénient dans nos raisonnements.

C'est en effet l'une des circonstances les plus extraordinaires
en cette affaire, qu'une fois que l'esprit a fait surgir l'idée
individuelle sur laquelle on raisonne, l'habitude conjointe, étant
ranimée par le terme général ou abstrait, suggère promptement
quelque autre individu, s'il se trouve que le raisonnement où l'on
est entré ne s'accorde pas avec elle. Ainsi, si nous disons le mot
triangle et formons l'idée d'un triangle équilatéral particulier qui
y corresponde et qu'ensuite nous affirmions *que les trois angles
d'un triangle sont égaux entre eux*, les autres individus que sont
les triangles scalènes et isocèles et que nous avions d'abord
négligés surgissent en nombre et nous font percevoir la fausseté
de la proposition, bien qu'elle soit vraie lorsqu'elle se rapporte à

l'idée que nous avions formée. Si l'esprit ne suggère pas toujours ces idées quand il est besoin, cela tient à quelque imperfection dans ses facultés : une imperfection qui engendre souvent de faux raisonnements et des sophismes. Mais ceci se produit surtout avec les idées qui sont abstruses et composées. Dans les autres cas, l'habitude fait sentir plus pleinement son effet et c'est rarement que nous tombons dans de pareilles erreurs.

Bien plus ! Si entière est l'habitude que la même idée peut-être jointe à plusieurs mots différents et employée dans différents raisonnements sans risque d'erreur. Ainsi l'idée d'un triangle équilatéral haut d'un pouce peut nous servir à parler d'une figure, d'une figure rectiligne, d'une figure régulière, d'un triangle et d'un triangle équilatéral. Tous ces termes sont donc accompagnés, dans ce cas, de la même idée ; mais comme on a l'habitude de les employer d'une manière plus ou moins large, ils éveillent les habitudes particulières qui les accompagnent et font ainsi que l'esprit veille à ce qu'aucune conclusion ne soit formée qui soit contraire aux idées ordinairement comprises sous eux.

Avant que ces habitudes ne soient devenues entièrement parfaites, il se peut que l'esprit ne se satisfasse pas de former l'idée d'un seul individu, mais souhaite en considérer plusieurs afin de s'assurer du sens qu'il donne et de mesurer l'étendue de la collection qu'il veut exprimer par le terme général. Pour fixer le sens du mot *figure*, nous pouvons agiter dans notre esprit les idées de cercles, de carrés, de parallélogrammes, de triangles de différentes tailles et proportions, et ne point rester sur une seule image ou idée. Quoi qu'il en soit, il est certain que nous formons l'idée d'individus toutes les fois que nous employons un terme général ; que rarement ou jamais nous n'en épuisons la suite et que ceux qui restent ne sont représentés que par cette habitude qui nous permet de les rappeler quand il est besoin. Telle est donc la nature de nos idées abstraites et de nos termes généraux ; et c'est de cette manière que nous expliquons le paradoxe précédent, *que certaines idées sont particulières par leur nature et générales par leur représentation.* Une idée particulière devient générale en étant attachée à un terme général ; c'est-à-dire, à un terme qui par une conjonction coutumière se rapporte à beaucoup d'autres idées particulières et les rappelle promptement dans l'imagination.

La seule difficulté qui demeure sur ce sujet, doit se trouver dans cette habitude qui rappelle si promptement toute idée particulière quand il est besoin, et qui est excitée par le mot ou le son auquel nous l'attachons communément. Je crois que la meilleure façon de donner une explication satisfaisante de cet acte de l'esprit, est de présenter d'autres exemples analogues et d'autres principes qui facilitent son exercice. Expliquer les causes dernières de nos actions mentales est impossible ; c'est assez si nous pouvons en donner une explication tirée de l'expérience et de l'analogie.

Premièrement, j'observe que quand nous mentionnons un grand nombre, tel que mille, l'esprit n'en a généralement pas d'idée adéquate, mais se contente du pouvoir de produire une telle idée par l'idée adéquate qu'il a des décimales sous lesquelles le nombre est compris. Cette imperfection dans nos idées n'est cependant jamais sentie dans nos raisonnements ; c'est là, semble-t-il, un cas parallèle au cas présent des idées universelles.

Deuxièmement, nous avons plusieurs exemples d'habitudes qu'un seul mot peut faire revivre. Ainsi, une personne qui a appris par cœur les périodes d'un discours ou une suite de vers, sera amenée à se rappeler le tout qu'elle peine à se remémorer, par le seul mot ou la seule expression du début.

Troisièmement, je crois que quiconque examine l'état de son esprit quand il raisonne, m'accordera que nous ne joignons pas d'idées complètes et distinctes à chaque terme dont nous faisons usage et que, quand nous parlons de *gouvernement*, d'*église*, de *négociation*, de *conquête*, nous explicitons rarement dans notre esprit toutes les idées simples dont ces idées complexes sont composées. Notons pourtant que, malgré cette imperfection, nous pouvons éviter de dire des absurdités sur de tels sujets et percevoir toute espèce de contrariété entre les idées, aussi bien que si nous en avions une pleine compréhension. Ainsi, si au lieu de dire *que dans la guerre les plus faibles ont toujours recours à la négociation*, nous disons *qu'ils ont toujours recours à la conquête*, l'habitude que nous avons acquise d'accorder aux idées certaines relations, ne laisse pas d'accompagner les mots et nous fait percevoir immédiatement l'absurdité de cette proposition; de la même manière qu'une idée particulière peut nous servir à raisonner sur d'autres idées qui en diffèrent pourtant par plusieurs circonstances.

Quatrièmement, comme les individus sont réunis ensemble et placés sous un terme général au vu de la ressemblance qu'ils ont entre eux, cette relation doit faciliter leur entrée dans l'imagination et faire qu'ils soient plus promptement suggérés quand il est besoin. Et, à la vérité, si nous considérons le cours ordinaire de la pensée, dans la réflexion ou dans la conversation, nous aurons tout lieu d'être satisfaits en cette affaire. Rien n'est plus admirable que la promptitude avec laquelle l'imagination suggère ses idées et les présente à l'instant même où elles deviennent nécessaires ou utiles. La fantaisie court d'un bout à l'autre de l'univers pour rassembler les idées qui relèvent du sujet dont traité. C'est comme si tout le monde intellectuel des idées s'ordonnait sur le champ à notre vue et que nous ne fassions rien d'autre que de choisir celles qui étaient les plus propres à notre dessein. Il n'y a pourtant pas d'autres idées présentes que celles qui sont ainsi rassemblées par une sorte de faculté magique de l'âme qui, quoiqu'elle soit toujours très parfaite chez les plus grands génies et constitue proprement ce que nous appelons *le génie*, reste entièrement inexplicable en dépit de tous les efforts de l'entendement humain.

Peut-être ces quatre réflexions permettront-elles d'écarter toutes les difficultés attachées à l'hypothèse que je viens de proposer sur les idées abstraites et qui est si contraire à celle qui a jusqu'à présent prévalu en philosophie. Mais, à parler vrai, je me repose surtout sur ce que j'ai déjà prouvé concernant l'impossibilité des idées générales d'après la méthode ordinaire de les expliquer. Nous devons certainement chercher quelque nouveau système sur ce chapitre et il n'y en a manifestement aucun, sinon celui que j'ai proposé. Si les idées sont particulières par leur nature et si elles sont en même temps en nombre fini, c'est seulement par l'habitude qu'elles peuvent devenir générales dans leur représentation et contenir sous elles un nombre infini d'autres idées.

Avant de quitter ce sujet, je voudrais employer les mêmes principes pour expliquer cette *distinction de raison* dont on a tant parlé et qui est si mal comprise dans les écoles. De cette sorte est la distinction entre la figure et le corps figuré, le mouvement et le corps mu. La difficulté d'expliquer cette distinction naît du principe qui a été expliqué ci-dessus *que toutes les idées qui sont différentes sont séparables*. Car il s'ensuit que si la figure est différente du corps, leurs idées doivent pouvoir être séparées aussi bien que distinguées ; et que si elles ne sont pas différentes, leurs idées ne peuvent être séparées ni distinguées. Et donc, qu'entend-on par *distinction de raison*, puisqu'un tel acte n'implique ni différence ni séparation ?

Pour écarter cette difficulté, nous devons avoir recours à l'explication que nous avons donnée des idées abstraites. Il est certain que l'esprit n'aurait jamais rêvé de distinguer la figure du corps figuré, alors que, en réalité, on ne peut les distinguer, les prendre pour différents et les séparer, s'il n'avait observé que cette simplicité même peut renfermer un grand nombre de ressemblances et de relations différentes. Ainsi, quand un bloc de marbre blanc se présente, nous recevons seulement l'impression d'une couleur blanche disposée selon une certaine forme, et nous ne sommes pas capables de séparer ni de distinguer la couleur de la forme. Mais observant ensuite un globe de marbre noir et un cube de marbre blanc et les comparant à notre premier objet, nous découvrons deux ressemblances séparées dans ce qui paraissait précédemment et ce qui est réellement parfaitement inséparable. Avec un peu plus de pratique, nous commençons à distinguer la figure de la couleur par *une distinction de raison*; c'est-à-dire, nous considérons la figure et la couleur ensemble puisque, de fait, elles sont la même chose et ne peuvent être distinguées, mais nous les voyons aussi sous différents aspects, selon les ressemblances dont elles sont susceptibles. Quand nous voulons considérer seulement la figure du globe de marbre blanc, nous formons en réalité une idée à la fois de la figure et de la couleur, mais tacitement nous portons notre regard sur sa ressemblance avec le globe de marbre noir. Et, de la même manière, quand nous voulons considérer sa seule couleur, nous tournons notre regard vers sa ressemblance avec le cube de marbre blanc. De cette façon nous accompagnons nos idées d'une sorte de réflexion que l'habitude nous rend en grande partie insensible. Quiconque demande que nous considérions la figure d'un globe de marbre blanc sans penser à sa couleur, demande quelque chose d'impossible ; mais son intention est que nous considérions la couleur et la figure ensemble tout en ayant en vue la ressemblance avec le globe de marbre noir ou à tout autre globe de la couleur et de la substance qu'on voudra.

sont en réalité pas du tout des épisodes, mais plutôt des faits hypothétiques et des faits hybrides catégoriques-hypothétiques à propos de ces comportements ainsi que d'autres. Ce point de vue rencontre la difficulté suivante : à chaque fois que l'on tente d'expliquer ce qu'on veut dire lorsqu'on nomme intelligent un type de comportement *non habituel*, il paraît nécessaire de le faire en termes de l'activité de penser. On ne dissipera pas le sentiment désagréable que la théorie dispositionnelle des pensées en termes de comportement intelligent est secrètement circulaire.

La tradition classique admettait qu'il existe une famille d'épisodes, qui ne sont pas du type du comportement verbal manifeste ni de celui de l'imagerie verbale, mais qui sont des *pensées*, et que le comportement verbal manifeste comme l'imagerie verbale ne possèdent un sens que parce qu'ils soutiennent avec ces *pensées* la relation unique consistant à les « exprimer ». De tels épisodes sont accessibles à l'introspection, et, de fait, l'on croyait habituellement qu'ils ne pouvaient pas se produire sans que l'on sache qu'ils se produisent. Cette opinion provenait d'un certain nombre de confusions, dont la plus importante était l'idée selon laquelle les *pensées* appartiendraient à la même catégorie générale que les sensations, images, chatouillements, démangeaisons, etc. [...] cette assimilation erronée des pensées aux sensations et sentiments avait pour contrepartie une assimilation erronée des sensations et sentiments aux pensées, ce qui falsifiait tant les uns que les autres. Aussi bien ceux qui soutenaient la conception classique que ceux que la rejetaient, en affirmant qu'ils ne « trouvaient aucune expérience de cette sorte », partageaient le présupposé selon lequel, s'il existait des épisodes de pensée, alors ce devaient être des expériences immédiates. Si l'on purge la tradition classique de ces confusions, il demeure l'idée selon laquelle chacun possède un courant d'épisodes, qui ne sont pas eux-mêmes des expériences immédiates, et auquel nous avons un accès privilégié, bien qu'en aucune façon invariable ou infaillible. Ces épisodes peuvent se produire sans être « exprimés » par le comportement verbal manifeste, bien que celui-ci soit – en un sens important – leur aboutissement naturel. De même, nous pouvons nous « entendre nous-mêmes penser », mais l'imagerie verbale qui rend possible cette aptitude n'est pas plus l'acte de penser lui-même que ne l'est le comportement verbal manifeste par lequel celui-ci est exprimé et communiqué à autrui. Il est erroné de supposer que nous devions avoir une imagerie verbale – ainsi d'ailleurs qu'une imagerie quelconque – lorsque nous « savons ce que nous pensons », et que l'« accès privilégié » doive être interprété sur un modèle perceptuel ou quasi-perceptuel.

Mon intention est de défendre une telle analyse classique révisée de notre conception ordinaire des pensées, et, au cours de cette entreprise, je proposerai des distinctions qui contribueront plus tard, en principe, à résoudre le problème de l'*expérience immédiate*. Avant de poursuivre, je m'empresse d'ajouter que la conception que je propose pourrait en fin de compte, d'une façon également appropriée, être considérée comme une forme modifiée de la conception selon laquelle les pensées sont des épisodes *linguistiques*.

NOS ANCÊTRES RYLÉENS

Le lecteur pourrait se demander en quel sens ces épisodes peuvent être « internes », s'ils ne sont pas des expériences immédiates, et en quel sens ils peuvent bien être « linguistiques » s'ils ne sont ni des productions verbales manifestes ni une imagerie verbale *in foro interno*. Pour répondre à ces questions ainsi qu'à celles précédemment soulevées, je forgerai un mythe, ou plutôt, je le réactualiserai sous la forme d'un morceau de science-fiction – de science-fiction anthropologique. Imaginons une étape de la préhistoire où les humains aient été limités à ce que je nommerai un langage ryléen, langage dont le vocabulaire descriptif fondamental traite des propriétés publiques d'objets publics situés dans l'espace et durant dans le temps. Je m'empresse d'ajouter que ce langage est également ryléen en ce que son pouvoir expressif est très grand eu égard au caractère limité de ses ressources de base (je discuterai plus bas de l'étendue de ces limites). Car il fait un usage subtil, non seulement des opérations logiques élémentaires de conjonction, disjonction, négation et quantification, mais surtout du conditionnel contrefactuel [*subjunctive conditional*]. Je le supposerai de plus caractérisé par la présence de ces relations logiques plus faibles, typiques du discours ordinaire, et que les philosophes désignent sous le nom de « vague » et de « texture ouverte ».

Mon mythe débute *in medias res* avec des humains ayant déjà acquis un langage ryléen, (dans la mesure où la situation philosophique qu'il entend clarifier ne considère pas comme problématique la manière dont les gens acquièrent un langage pour désigner des propriétés publiques d'objets publics, mais bien celle dont nous apprenons à parler d'épisodes internes et d'expériences immédiates).

Je suppose que certains philosophes seront enclins à penser qu'en autorisant ces mythiques ancêtres de nos propres ancêtres à faire usage *ad libitum* de conditionnels contrefactuels on les rend en fait aptes à dire tout ce que *nous* pouvons dire lorsque nous parlons de *pensées*, d'*expériences* (voir, entendre, etc.) et d'*expériences immédiates*. Je doute cependant qu'il y en ait beaucoup. En tous les cas, l'histoire que je vais raconter a pour but de montrer en quoi l'idée selon laquelle un langage intersubjectif *doit* être ryléen repose sur une image bien trop simple de la relation du discours intersubjectif aux objets publics.

Les questions que j'entends soulever sont en effet les suivantes : « Quelles sont les ressources qu'il faut ajouter au langage ryléen de ces animaux parlants pour qu'ils puissent en arriver à se reconnaître les uns les autres, ainsi qu'eux-mêmes, en tant qu'animaux qui *pensent*, *observent*, ont des *sentiments* et des *sensations*, au sens où nous employons ces termes?», et «De quelle façon peut-on raisonnablement interpréter l'addition de ces ressources?». En premier lieu, le langage devrait être enrichi des ressources fondamentales du discours sémantique – c'est-à-dire des ressources nécessaires à la formulation d'énoncés typiquement sémantiques comme «"*Rot*" signifie rouge» et «"*Der Mond ist rund*" est vrai si et seulement si la lune est ronde». On a parfois soutenu, par exemple Carnap[1], qu'il est possible de construire ces ressources à partir du vocabulaire de la logique formelle, et qu'elles seraient donc déjà contenues, en principe, dans notre langage ryléen. J'ai critiqué cette idée en une autre occasion[2] et je n'en discuterai pas ici. De toute façon, une décision sur ce point n'est pas essentielle au présent argument.

Supposons donc que ces mythiques ancêtres de nos propres ancêtres soient capables de caractériser mutuellement leur comportement verbal en termes sémantiques; ainsi, ils pourraient non seulement traiter les prédictions des uns et des autres comme des causes et effets, et comme des indicateurs (plus ou moins fiables) d'autres états de choses verbaux comme non verbaux, mais de plus ils pourraient dire de ces productions verbales qu'elles *signifient* ceci ou cela, qu'elles disent *que* ceci ou cela, qu'elles sont vraies, fausses, etc. Je souligne à nouveau[3] qu'on ne doit pas considérer le fait de formuler un énoncé sémantique à propos d'un événement verbal comme une façon abrégée de parler de ses causes et effets, bien qu'il y ait un sens de

1. R. Carnap, *Introduction to Semantics*, Chicago, University of Chicago Press, 1942.

2. Voir le chapitre 6 de *Science, Perception and Reality*, ainsi que «Empiricism and Abstract Entities», dans Paul A. Schilpp (éd.) *The Philosophy of Rudolf Carnap*, Wilmette (Ill.), 1963.

3. Voir «Empirisme et philosophie de l'esprit», chap. 7, *op. cit.*, p. 70-72.

« implique » [*imply*] tel que l'on peut dire d'énoncés sémantiques à propos de productions verbales qu'ils *impliquent* une
information sur les causes et effets de ces productions. Ainsi,
lorsque je dis « "*Es regnet*" signifie il pleut », mon énoncé
« implique » que les causes et effets d'énonciations de « *Es
regnet* » au-delà du Rhin sont parallèles aux causes et effets
d'énonciations de « il pleut » émanant de moi-même et de mes
compatriotes parlant français ; et s'il n'impliquait pas cela, il ne
pourrait pas jouer son rôle. Mais ceci ne revient pas à dire que les
énoncés sémantiques sont des abréviations définitionnelles
d'énoncés sur les causes et effets de productions verbales.

Une fois muni des ressources du discours sémantique, le
langage de nos ancêtres fictifs acquit une dimension qui confère
une plausibilité considérable à la thèse selon laquelle ils sont
capables de parler des *pensées* tout comme nous. La caractéristique des pensées est en effet leur *intentionnalité*, leur *référence* ou
renvoi [*aboutness*], et il est clair que le discours sémantique sur
la signification ou la référence des expressions verbales possède
la même structure que le discours mentaliste concernant le mode
de renvoi des pensées. On est alors d'autant plus tenté de supposer que l'intentionnalité des *pensées* peut être rapportée à l'application des catégories sémantiques aux productions verbales
manifestes, et de suggérer une conception ryléenne modifiée
selon laquelle le discours sur les « pensées » est une abréviation
d'énoncés hypothétiques et d'énoncés hybrides catégoriques-
hypothétiques concernant le comportement manifeste verbal
et non verbal, *et* le discours sur l'*intentionnalité* de ces « épisodes » également réductible au discours sémantique sur les
composantes verbales.

L'autre branche de l'alternative est l'idée classique selon
laquelle il existe, outre les épisodes verbaux manifestes susceptibles d'être caractérisés en termes sémantiques, certains épisodes
internes caractérisés en propre par le vocabulaire traditionnel de

l'*intentionnalité*. Naturellement, le schème classique inclut également l'idée selon laquelle le discours sémantique sur les productions verbales manifestes doit être analysé en termes du discours sur l'intentionnalité des épisodes mentaux qui sont « exprimés » par ces productions manifestes. Le problème le plus urgent est de savoir comment réconcilier l'idée classique des pensées comme épisodes internes qu'on ne saurait identifier au comportement manifeste ou à l'imagerie verbale et que l'on désigne en propre en termes du vocabulaire de l'intentionnalité, avec l'idée selon laquelle les catégories de l'intentionnalité sont, en réalité, des catégories sémantiques appartenant aux productions verbales manifestes [1].

THÉORIES ET MODÈLES

Que pourraient donc être ces épisodes, et – pour reprendre les termes de notre science-fiction – comment nos ancêtres en seraient-ils arrivés à reconnaître leur existence ? La réponse à cette question est étonnamment simple, si l'on consent à étendre l'espace logique de notre discussion de façon à y inclure une distinction, centrale dans la philosophie des sciences, entre le langage de la *théorie* et celui de l'*observation*. Bien que cette distinction soit familière, je consacrerai quelques paragraphes à la mise en évidence des aspects de cette distinction spécialement pertinents pour notre problème.

De façon informelle, construire une théorie consiste, dans ses formes les plus développées et les plus évoluées, à postuler un domaine d'entités se comportant conformément aux principes

---

1. On trouvera une première tentative dans cette direction dans « Mind, Meaning and Behaviour », *Philosophical Studies*, 3, p. 83-94 (1952), ainsi que dans « A Semantical Solution of the Mind-Body Problem », *Methodos*, 5, p. 45-84 (1953).

fondamentaux établis par la théorie en question, et à mettre en corrélation – et peut-être, en un certain sens, à identifier – des ensembles de ces entités théoriques et certains objets et situations non théoriques, c'est-à-dire des objets et des situations renvoyant à des faits observables, ou, du moins, susceptibles d'être décrits en termes observationnels. Une semblable « corrélation » ou « identification » demeure provisoire « jusqu'à plus ample information », et revient, pour ainsi dire, à ériger des passerelles temporaires permettant le passage des énoncés du discours observationnel aux énoncés de la théorie, et *vice-versa*. Dans la théorie cinétique des gaz, par exemple, des énoncés empiriques de la forme « le gaz g, à telle place et à tel instant, a tels volume, pression et température » sont mis en corrélation avec des énoncés théoriques spécifiant certaines mesures statistiques de populations de molécules.

Ces passerelles temporaires sont établies de telle sorte que les lois inductivement validées relativement aux gaz, et formulées dans le langage des faits observables, soient mises en corrélation avec des propositions dérivées ou des théorèmes dans le langage de la théorie, et qu'aucune proposition appartenant à la théorie ne soit mise en corrélation avec une généralisation empirique falsifiée. De la sorte, une bonne théorie (du moins celle du type que nous considérons) « explique » des lois empiriques établies en dérivant des contreparties théoriques de celles-ci à partir d'un ensemble restreint de postulats se rapportant à des entités non observées.

Naturellement, ces remarques ne font qu'effleurer la surface du problème du statut des théories dans le discours scientifique. À peine les ai-je formulées que je dois m'empresser de les corriger – presque au-delà de toute attente. En effet, bien que cette conception maintenant classique de la nature des théories (dont l'une des premières formulations est due à Norman Campbell[1], et qui est apparue plus récemment dans les écrits de Carnap[2], Reichenbach[3], Hempel[4] et Braithwaite[5]) mette en lumière le statut logique des théories, elle souligne certains traits au détriment des autres.

En concevant la construction d'une théorie comme l'élaboration d'un système postulé que l'on tente de mettre en corrélation avec le discours observationnel, on présente une image hautement artificielle et irréaliste de ce que font les scientifiques au cours du processus de construction des théories. Je ne souhaite pas contester que des scientifiques experts en logique *pourraient* aujourd'hui (et, à l'occasion, le font peut-être) procéder en vrai style logistique, mais je soulignerai deux points.

1) Les suppositions fondamentales d'une théorie sont ordinairement révélées non par la construction de calculs non interprétés qui pourraient être mis en corrélation de la façon souhaitée avec le discours observationnel, mais plutôt par la tentative de trouver un *modèle*, c'est-à-dire de décrire un domaine d'objets familiers se comportant de manière également familière qui puisse nous montrer comment les phénomènes à expliquer se produiraient s'ils consistaient en ce genre de choses. Il est essentiel à un modèle qu'il soit, pour ainsi dire, accompagné d'un commentaire qui modifie ou limite – mais non

---

1. N. Campbell, *Physics : The Elements*, Cambridge, Cambridge U.P., 1920.

2. R. Carnap, « The Interpretation of Physics » dans H. Feigl, M. Brodbeck (éd.) *Readings in the Philosophy of Science*, New York, Appleton-Century-Crofts, p. 309-318, 1953. Il s'agit d'une sélection de ses *Foundations of Logic and Mathematics*, Chicago, Chicago U.P., 1938.

3. H. Reichenbach, *Philosophie der Raum-Zeit-Lehre*, Berlin, De Gruyter, 1928, et *Experience and Prediction*, Chicago, Chicago U.P., 1938.

4. C. G. Hempel, *Fundamentals of Concept Formation in Empirical Science*, Chicago, Chicago U.P., 1952.

5. R. B. Braithwaite, *Scientific Explanation*, Cambridge, Cambridge U.P., 1920.

précisément ni à tout point de vue – l'analogie entre les objets familiers et les entités introduites par la théorie. Ce sont alors les descriptions des modes fondamentaux de comportements des objets ainsi modifiés appartenant au domaine du modèle qui, transférés aux entités théoriques, correspondent aux postulats de l'image logistique de la construction des théories.

2) Plus important encore pour notre propos est le fait que l'image logistique de la construction des théories cache le plus important, c'est-à-dire que le processus d'invention d'explications « théoriques » des phénomènes observables ne surgit pas tout armé du cerveau de la science moderne. Elle passe en particulier sous silence le fait que toutes les inférences inductives du sens commun ne sont pas de la forme : tous les A observés ont été B, par conséquent tous les A sont (probablement) B, ni non plus de ses contreparties statistiques, et elle conduit donc à supposer par erreur que l'explication dite « hypothético-déductive » est limitée aux étapes les plus évoluées de la science. Mais la vérité, comme je vais l'illustrer sous peu, est que la science est en continuité avec le sens commun, et que les méthodes par lesquelles le scientifique tente d'expliquer les phénomènes empiriques sont des raffinements de celles qu'emploie l'homme ordinaire, même de façon grossière et schématique, lorsqu'il essaie de comprendre son environnement et ses semblables depuis l'aube de l'intelligence.

Tel est le point que je voudrais souligner pour le moment, car je vais soutenir que la distinction entre discours théorique et observationnel est impliquée dans la logique des concepts relatifs aux épisodes internes – je dis « impliquée dans » car il serait paradoxal, et en fait incorrect, d'affirmer que ces concepts *sont* des concepts théoriques.

Je pense qu'il est maintenant juste de dire que nous avons jeté quelque lumière sur l'expression « épisodes internes », car s'il est vrai que nous aurions un cas d'erreur de catégorie si, par exemple, nous supposions que l'inflammabilité d'un morceau de bois était un embrasement caché devenant manifeste ou patent lorsque le bois est placé sur le feu, tous les épisodes non observables que nous supposons se dérouler dans le monde ne sont cependant pas les produits d'erreurs de catégorie. Il n'y a ainsi aucun emploi illégitime de « dans » – encore qu'il s'agisse d'un emploi qui possède sa propre grammaire logique – lorsque nous disons, par exemple, qu'il y a une quantité innombrable de molécules « dans » l'air autour de nous, et que, en dépit de l'apparente pesanteur de celui-ci, elles sont emportées dans un véritable tumulte d'épisodes. Il est clair que l'on doit expliquer le sens dans lequel ces épisodes sont « dans » l'air en termes du sens dans lequel l'air « est » une population de molécules, et ceci, à son tour, en termes de la logique de la relation entre discours théorique et observationnel.

Je reviendrai plus tard sur cette question, car il est temps de revenir à nos mythiques ancêtres. Les lecteurs ne seront pas surpris d'apprendre que la seconde étape de l'enrichissement de leur langage ryléen consiste dans l'addition du discours théorique. Nous pouvons ainsi supposer que ces animaux doués de langage élaborent, sans raffinement méthodologique, des théories grossières, rudimentaires et vagues afin d'expliquer pourquoi des choses similaires du point de vue de leurs propriétés observables diffèrent dans leurs propriétés causales, et pourquoi d'autres qui sont similaires du point de vue de celles-ci diffèrent dans celles-là.

BEHAVIORISME MÉTHODOLOGIQUE OU BEHAVIORISME PHILOSOPHIQUE

Nous pouvons maintenant en venir à l'épisode central de notre mythe. Supposez qu'au sein de cette culture néoryléenne apparaisse alors un génie – appelons-le Jones – précurseur méconnu de ce mouvement en psychologie, jadis révolutionnaire mais aujourd'hui banal, connu sous le nom de behaviorisme. Je souligne qu'il s'agit, dans mon esprit, du behaviorisme comme thèse méthodologique, que je vais tenter de formuler. Le thème central et le fil conducteur dans le complexe historique connu sous ce terme est en effet une certaine conception, ou famille de conceptions, sur la manière de bâtir une science de la psychologie.

Les philosophes ont parfois supposé que les behavioristes en tant que tels souscrivaient à la thèse selon laquelle nos concepts mentalistes ordinaires sont *analysables* en termes de comportement manifeste. Mais bien que l'on ait souvent caractérisé le behaviorisme par une certaine disposition métaphysique, il ne consiste pas en une thèse relative à l'*analyse* des concepts psychologiques *existants*, mais bien plutôt en une thèse relative à la construction de nouveaux concepts. En tant que thèse méthodologique, elle n'implique aucun engagement particulier relativement à l'analyse logique du discours mentaliste du sens commun, et elle n'est pas tenue de nier que chacun d'entre nous possédions un accès privilégié à nos propres états mentaux, ni que ces états mentaux puissent être décrits de façon appropriée en termes de concepts du sens commun comme ceux de croire, se demander, douter, avoir l'intention, souhaiter, inférer, etc. Si nous pouvons nous permettre le terme d'« introspection » pour qualifier cet accès privilégié à nos propres états mentaux, en évitant l'implication selon laquelle il existerait un « moyen » par lequel nous « verrions » ce qui se passe « à l'intérieur », de même que nous voyons les circonstances extérieures par nos yeux, nous pouvons dire alors que le behaviorisme, au sens où j'emploie ce terme, ne nie pas qu'il y ait quelque chose comme l'introspection, ni qu'elle soit, du moins sur certains points, tout à fait fiable. Du point de vue du behaviorisme, la question essentielle relativement à l'« introspection » tient au fait que *nous pratiquions l'introspection en termes des concepts mentalistes du sens commun*. Et si le behaviorisme admet, comme chacun le doit, que le discours mentaliste du sens commun incorpore une bonne part de savoir, et que l'on peut en attendre encore beaucoup plus dans l'avenir, en formulant et en testant nos hypothèses dans ses termes, s'il admet également qu'il est tout à fait légitime de nommer une telle psychologie « scientifique », il se contraint cependant, pour sa part, à ne faire qu'un usage heuristique du discours mentaliste, et « à construire ses concepts en commençant à zéro » au cours de l'évolution de sa propre théorie scientifique du comportement observable des organismes humains.

Bien qu'il soit tout à fait clair que le behaviorisme scientifique *ne* souscrit *pas* à la thèse selon laquelle les concepts psychologiques du sens commun sont *analysables* en concepts relatifs au comportement manifeste – thèse soutenue par certains philosophes et qui pourrait être nommée behaviorisme « analytique » ou « philosophique » –, on considère pourtant souvent qu'il souscrit à l'idée selon laquelle les concepts d'une psychologie behavioriste doivent être analysables de cette manière, ou, plus exactement, que les concepts behavioristes, s'ils sont correctement introduits, doivent être constitués par une définition explicite – au sens le plus large du terme – sur la base d'un vocabulaire relatif au comportement manifeste. Le behavioriste s'exprimerait donc de la manière suivante : « Que les concepts mentalistes de la vie quotidienne soient ou non définissables en termes du comportement manifeste, quant à moi, je m'assurerai qu'il en va bien ainsi concernant les concepts dont je ferai usage ». Je dois confesser que de nombreux psychologues qui inclinent au behaviorisme se sont crus engagés dans ce programme austère de la formation des concepts.

Je pense qu'il est raisonnable de dire que, ainsi conçu, le programme behavioriste est indûment restrictif. Il n'y a certainement rien dans la nature d'une procédure scientifique correcte qui puisse exiger une telle abnégation. La physique, dont le

raffinement méthodologique a produit une si forte impression
– et, à vrai dire, excessive – sur les autres sciences, n'impose
aucune restriction comparable à ses concepts, pas plus que la
chimie ne s'est édifiée sur des concepts explicitement définissables en termes des propriétés et du comportement observables
des substances chimiques. Ce que j'entends montrer doit maintenant apparaître clairement : l'exigence behavioriste selon
laquelle tous les concepts doivent être *introduits* en termes d'un
vocabulaire de base relatif au comportement manifeste est tout
à fait compatible avec l'idée suivant laquelle certains concepts
behavioristes peuvent être introduits en tant que concepts
théoriques.

Il est essentiel de remarquer que les termes théoriques d'une
psychologie behavioriste, qui *ne* sont *pas* définis en termes du
comportement observable, *ne* sont *pas* non plus définis en termes
de nerfs, synapses, impulsions neurales, etc. Une théorie behavioriste du comportement n'est pas, en tant que telle, une explication physiologique du comportement. La capacité d'un cadre
de propositions et de concepts théoriques à expliquer adéquatement les phénomènes comportementaux est logiquement
indépendante de l'identification de ces concepts théoriques aux
concepts de la neurophysiologie. Il n'en est pas moins vrai
– logiquement vrai – que chaque science particulière traitant de
certains aspects de l'organisme humain opère dans le cadre d'un
certain idéal régulateur, l'idéal d'un système cohérent au sein
duquel chacune puisse trouver, en ses réussites propres, une
place intelligible. Une part de la tâche du behavioriste consiste
donc à demeurer attentif à l'image totale de l'organisme humain
qui commence à émerger. Et, à la condition de contenir la
tendance à l'identification prématurée, il peut y avoir une valeur
heuristique considérable dans les tentatives spéculatives d'intégration ; encore que, jusqu'à présent tout au moins, les spéculations neurophysiologiques en théorie du comportement n'aient

pas été particulièrement fécondes. Et encore que, je suppose, il n'y ait guère matière à controverse à affirmer que lorsque l'image scientifique totale de l'homme et de son comportement sera en place, elle impliquera *certaines* identifications conceptuelles entre la théorie du comportement et le fonctionnement des structures anatomiques, on ne doit pas pour autant supposer que la théorie du comportement soit vouée *ab initio* à une identification physiologique de *tous* ses concepts – que ses concepts soient, pour ainsi dire, physiologiques dès le départ.

Nous avons en effet établi une distinction entre deux dimensions de la logique (ou «méthodologique») des termes théoriques : a) leur rôle dans l'explication des phénomènes que la théorie a sélectionnés comme relevant de son domaine, b) leur rôle au titre de candidats à l'intégration dans ce que nous avons nommé l'«image totale». Ces rôles font également partie de la logique, et donc de la «signification» des termes théoriques. Les termes d'une théorie vont donc incorporer à chaque moment, en tant qu'aspect de leur valeur logique, ce que l'on peut raisonnablement envisager – schématiquement ou bien plus précisément – du point de vue des modalités de leur intégration. Cependant, pour ce qui concerne mon argument, il sera utile de se référer à ces deux rôles comme s'il s'agissait d'une distinction entre ce que je nommerai les concepts théoriques purs et les hypothèses relatives au rapport de ces concepts avec les concepts des autres disciplines. Il est alors permis de dire que moins un scientifique est à même de proposer des conjectures relatives à la manière dont une certaine théorie pourrait être intégrée aux autres disciplines, et plus les concepts de sa théorie approchent du statut des concepts théoriques purs. À titre d'illustration, nous pouvons imaginer que la chimie soit parvenue à formuler une théorie raffinée et empiriquement exacte des phénomènes chimiques avant que les phénomènes électriques ou magnétiques n'aient été remarqués, et que les chimistes élaborèrent au titre de concepts théoriques purs certains concepts dont il s'avérera plus tard qu'ils étaient raisonnablement identifiables à des concepts relatifs au cadre de l'électromagnétisme.

LA LOGIQUE DES ÉPISODES PRIVÉS : LES PENSÉES

En gardant à l'esprit ces remarques bien trop schématiques concernant le behaviorisme méthodologique, rejoignons encore une fois nos ancêtres fictifs. Nous sommes à même de caractériser, à présent, le langage ryléen original dans lequel ils se décrivaient eux-mêmes et leurs semblables comme un langage non seulement *behavioriste*, mais encore un langage behavioriste se cantonnant au vocabulaire *non théorique* d'une psychologie behavioriste. Supposons maintenant qu'afin d'expliquer le fait que ses semblables humains se comportent intelligemment non seulement lorsque leur conduite est enchaînée au fil d'épisodes verbaux manifestes – c'est-à-dire, comme *nous* le dirions, lorsqu'ils « pensent tout haut » – mais encore lorsqu'on ne peut détecter aucune émission verbale, Jones forge une *théorie* selon laquelle les énonciations manifestes sont l'acmé d'un processus qui débute avec certains épisodes internes. Et *supposons qu'il prenne pour modèle de ces épisodes* à l'origine des événements qui vont culminer avec le comportement verbal manifeste *celui du comportement verbal manifeste lui-même*. En d'autres termes, et *en employant le langage du modèle, la théorie a pour conséquence que le comportement verbal manifeste est l'acmé d'un processus qui débute avec le « discours intérieur »*.

Il est essentiel de garder à l'esprit le fait que ce que Jones signifie par « discours intérieur » ne saurait se confondre avec l'*imagerie verbale*. En effet, au point où nous en sommes, Jones ainsi que ses semblables ne possèdent pas encore le concept d'une image.

On peut facilement apercevoir quelle sera, dans ses grandes lignes, la théorie de Jones. Selon celle-ci, la cause réelle du

comportement intelligent non habituel est le «discours intérieur». Ainsi même lorsqu'une personne affamée énonce ouver-
tement «voici un objet comestible» et s'apprête à le manger, la
cause véritable – théorique – de son comportement, à partir de
son désir de manger, n'est pas l'énonciation manifeste, mais
plutôt l'«énonciation intérieure de cette phrase».

La première remarque à faire concernant la théorie de Jones
est que, dans la mesure où elle est construite sur le modèle des
épisodes de discours, *elle transmet à ces épisodes internes
l'applicabilité des catégories sémantiques*. Ainsi, de même que
Jones, comme ses semblables, parlait des énonciations manifestes comme *signifiant* ceci ou cela, ou comme étant à propos de
[*being about*] ceci ou cela, de même maintenant parle-t-il de ces
épisodes internes comme *signifiant* ceci ou cela, ou comme étant
à propos de ceci ou cela.

Le second point à noter concerne le fait que la théorie de
Jones, bien qu'impliquant un *modèle*, ne saurait être identifiée à
ce dernier. Comme toute théorie formulée en termes d'un
modèle, elle inclut également un *commentaire* sur le modèle qui
impose des restrictions plus ou moins sévères concernant la
portée de l'analogie entre entités théoriques et entités du modèle.
Ainsi, alors que la théorie parle de «discours intérieur», le
commentaire s'empresse d'ajouter que les épisodes en question
ne sont évidemment pas produits par une langue secrète, de
même qu'il n'y a aucun son émis par ce «discours intérieur».

Le but de mon histoire devrait maintenant être clair, aussi en
indiquerai-je les points essentiels assez brièvement.

1) Nous devons reconnaître que ce que Jones vient d'élaborer
est le germe d'une théorie susceptible de nombreux développements différents. Nous ne devons pas nous en tenir aux formes
plus raffinées qu'elle a pu prendre entre les mains des philosophes classiques. Il n'y a donc pas lieu de lui donner une forme
socratique ou cartésienne, selon laquelle ce «discours intérieur»

est relatif à une substance séparée, et ce, malgré le fait que les peuples primitifs aient pu avoir de bonnes raisons d'admettre que les humains sont constitués de deux natures séparées.

2) Supposons que Jones ait nommé *pensées* ces entités discursives. On doit admettre que le cadre des pensées qu'il vient d'introduire consiste en des épisodes « non observés », « non empiriques » et « internes ». À cet égard, ces derniers ne sont aucunement inférieurs aux particules et épisodes de la théorie physique, puisqu'ils sont « dans » les animaux capables de langage tout comme les impacts moléculaires sont « dans » les gaz, et non pas au sens où les « fantômes » sont dits être dans les « machines ». Ils sont simplement non empiriques au sens où ils sont théoriques – et non définissables en termes observationnels. De plus, le fait qu'il s'agisse d'entités non observées, *telles qu'elles ont été introduites*, n'implique aucunement que Jones ne puisse avoir de bonnes raisons d'assumer leur existence. Leur « pureté » n'est pas une pureté *métaphysique*, mais, si l'on peut dire, *méthodologique*. Comme nous l'avons vu, le fait que leur introduction ne leur ait pas conféré le statut d'entités physiologiques n'interdit nullement qu'ils puissent finalement, à une étape méthodologique ultérieure, s'avérer être de semblables entités. Ainsi, beaucoup soutiendraient qu'il est d'ores et déjà raisonnable de supposer que ces *pensées* doivent être « identifiées » à des événements complexes du cortex cérébral, fonctionnant sur le modèle d'un ordinateur. Mais Jones, naturellement, ne saurait avoir une semblable idée.

3) Bien que la théorie postule que le discours manifeste est l'acmé d'un processus commençant avec le « discours intérieur », cela ne signifie pas que le discours manifeste soit avec le « discours intérieur » dans le même rapport *que les mouvements volontaires avec les intentions et motifs*. Il est certain que l'on *peut* produire des événements linguistiques manifestes au titre de moyen en vue d'une fin, mais de sérieuses menaces guettent

l'interprétation tant du langage que de la pensée si l'on conçoit sur le modèle instrumental l'idée selon laquelle les épisodes linguistiques manifestes expriment les pensées.

On peut ainsi remarquer que la théorie de Jones, telle que je l'ai esquissée, est tout à fait compatible avec l'idée selon laquelle l'aptitude à avoir des pensées est acquise durant le processus d'acquisition du discours manifeste, et que c'est seulement une fois ce dernier bien établi que le « discours intérieur » peut se produire sans son acmé manifeste.

4) Bien que l'explication de l'occurrence d'épisodes de discours manifeste caractérisé en termes sémantiques soit effectuée par le biais d'une théorie des *pensées* qui sont elles-mêmes *également* caractérisées en termes sémantiques, cela ne signifie pas que l'idée selon laquelle le discours manifeste « ait un sens » doive être *analysée* en termes de l'intentionnalité des pensées. On ne doit pas oublier *que le premier emploi des termes sémantiques consiste à caractériser sémantiquement les épisodes verbaux manifestes, et que la caractérisation sémantique de ces derniers fournit le modèle pour les épisodes internes introduits par la théorie.*

5) Nous en arrivons au point qui précède le dénouement du premier épisode de la saga de Jones. On ne soulignera jamais assez le fait que bien que ces épisodes discursifs théoriques ou *pensées* soient introduits en tant qu'épisodes internes – ce qui revient à dire qu'ils sont introduits au titre d'épisodes *théoriques* –, ils ne sont cependant pas introduits en tant qu'*expériences immédiates*. Le lecteur doit en effet se souvenir que Jones, comme ses contemporains néo-ryléens, ne possède pas encore ce concept. Et même lorsqu'ils l'acquerront, au cours d'un processus qui fera l'objet d'un second épisode de mon mythe, seuls ceux d'entre eux qui sont philosophes supposeront que les épisodes internes introduits à des fins théoriques – les

pensées – doivent être un sous-ensemble des expériences immédiates, épisodes internes introduits à d'autres fins théoriques.

Nous en arrivons ainsi au dénouement. J'ai suggéré bon nombre de fois que bien qu'il soit tout à fait trompeur de dire que les concepts relatifs à l'activité de penser sont des concepts théoriques, leur statut pourrait bien cependant être éclairci grâce à la distinction entre discours théorique et non théorique. Nous pouvons maintenant voir pourquoi il en va ainsi. Dès lors, en effet, que notre ancêtre fictif, Jones, a conçu la théorie selon laquelle le comportement verbal manifeste est l'expression de pensées, et qu'il a appris à ses compagnons à utiliser celle-ci dans l'interprétation du comportement d'autrui, il n'y a plus qu'un pas minime pour que ce langage soit utilisé dans la description de soi-même. Ainsi, lorsque Tom, en voyant Dick, a le témoignage comportemental [*behavioral*] qui l'autorise à employer la phrase (dans le langage de la théorie) « Dick pense "*p*" » (ou bien « Dick pense que *p* »), Dick, en utilisant le même témoignage comportemental, peut alors dire, dans le langage de la théorie, « Je pense "*p*" » (ou bien « je pense que *p* »). Et il s'avère alors – était-ce exigé ? – que Dick peut être entraîné à donner des descriptions de lui-même raisonnablement fiables, en utilisant le langage de la théorie, sans avoir à observer son comportement manifeste. Jones y arrive, *grosso modo*, en approuvant les énonciations faites par Dick de « Je pense que *p* » lorsque le témoignage comportemental soutient fortement l'énoncé théorique « Dick pense que *p* », et en désapprouvant les énonciations de « Je pense que *p* », lorsque le témoignage ne confirme pas cet énoncé théorique. Nos ancêtres commencèrent alors à parler de l'accès privilégié que chacun a sur ses propres pensées. *Ce qui commença comme un langage d'usage purement théorique finit par acquérir un rôle de compte rendu.*

Selon moi, cette histoire peut nous aider à comprendre que les concepts relatifs à des épisodes internes comme les pensées sont fondamentalement et essentiellement *intersubjectifs*, aussi intersubjectifs que le concept de positron, et que le rôle de compte rendu de ces concepts – le fait que chacun de nous avons un accès privilégié à nos propres pensées – constitue une dimension de l'emploi de ces concepts qui *repose* sur ce statut intersubjectif, et qui le *présuppose*. Ma fiction a donc montré que le fait que le langage soit essentiellement une réalisation intersubjective et soit appris dans des contextes intersubjectifs – fait justement souligné dans les psychologies modernes du langage, par exemple par Skinner[1] et par certains philosophes comme Carnap[2] ou Wittgenstein[3] – est compatible avec l'« intériorité » [*privacy*] des épisodes internes. Elle a également montré que cette intériorité n'est pas une « intériorité absolue ». Bien qu'elle reconnaisse en effet que ces concepts possèdent un emploi de compte rendu qui ne requiert aucune inférence à partir d'indices comportementaux, elle montre cependant que le fait que le comportement manifeste *soit* un indice de l'existence de ces épisodes *est lui-même intégré dans la logique de ces concepts*, tout comme le fait que le comportement observable des gaz soit un indice de l'existence des épisodes moléculaires est lui-même intégré dans la logique du discours physique.

1. B. F. Skinner, « The Operational Analysis of Psychological Terms » in *Psychological Review*, vol.. LII, p. 270-277 (1945). Reproduit dans H. Feigl et M. Brodbeck (éd.), *Readings in the Philosophy of Science*, New York, Appleton-Century-Crofts, 1953, p. 585-594.

2. R. Carnap, « Psychologie in physicalischer Sprache », *Erkentniss*, 3, p. 107-142 (1933).

3. L. Wittgenstein, *Philosophical Investigations*, Oxford, Blackwell, 1953.

BIBLIOGRAPHIE

Ne sont mentionnés ici que des travaux originaux ou des études historiques postérieurs à 1900. Le lecteur saura facilement retrouver par lui-même les éditions ou les traductions des textes plus anciens.

ADAMS, M. M., *William Ockham*, Notre Dame, Ind., Notre Dame University Press, 1987, 2 vol.

ARMSTRONG, D. M., *Universals and Scientific Realism*, Cambridge, Cambridge University Press, 1978, 2 vol.

– *Universals : An Opinionated Introduction*, Boulder, Westview Press, 1989.

– *A World of States of Affairs*, Cambridge, Cambridge University Press, 1997.

– *Truth and Truthmakers*, Cambridge, Cambridge University Press, 2004.

AUROUX, S., *La sémiotique des Encyclopédistes. Essai d'épistémologie historique des sciences du langage*, Paris, Payot, 1979.

BACON, J., *Universals and Property Instances : the Alphabet of Being*, Oxford, Blackwell, 1995.

BARDOUT, J.-C., « Le déclin des universaux dans l'école cartésienne », dans V. Carraud et S. Chauvier (dir.), *Le réalisme des universaux*, p. 275-300.

BERETTA, B., *Ad aliquid : la relation chez Guillaume d'Occam*, Fribourg, Éditions universitaires, 1999.

BIARD, J., *Guillaume d'Ockham. Logique et philosophie*, Paris, P.U.F., 1997.

– *Logique et théorie du signe au XIVᵉ siècle*, Paris, Vrin, 2006, 2ᵉ éd. (1ʳᵉ éd., 1989).

BLACK, M., « The Elusiveness of Sets », *The Review of Metaphysics*, 24, 1971, p. 614-636.

BOLER, J., *Charles Peirce and Scholastic Realism. A Study of Peirce's Relation to John Duns Scotus*, Seattle, University of Washington Press, 1963.

BRAMPTON, C. K., « Nominalism and the Law of Parsimony », *The Modern Schoolman*, 41, 1964, p. 273-281.

BROADIE, A., *The Circle of John Mair*, Oxford, Clarendon Press, 1985.

BRYKMAN, G., *Berkeley ou le voile des mots*, Paris, Vrin, 1993.

– *Locke. Idées, langage et connaissance*, Paris, Ellipses, 2001.

CAMPBELL, K., *Abstract Particulars*, Oxford, Blackwell, 1990.

CARNAP, R., « Empiricism, Semantics, and Ontology », *Revue internationale de Philosophie*, 4, 1950, p. 20-40; repris dans R. Carnap, *Meaning and Necessity*, Chicago, University of Chicago Press, 1956; trad. fr. dans R. Carnap, *Signification et nécessité*, F. Rivenc et P. de Rouilhan (trad.), Paris, Gallimard, 1997, p. 313-335.

CARRAUD, V. et S. CHAUVIER (dir.), *Le réalisme des universaux*, *Cahiers de philosophie de l'Université de Caen*, n° 38-39, 2002.

COURTENAY, W., « Peter of Capua as a Nominalist », *Vivarium*, XXX, 1992, p. 157-172.

– (dir.), *The Origin and Meaning of Medieval Nominalism*, numéro spécial de *Vivarium*, XXX, 1992.

DAVIDSON, D., « The Individuation of Events », dans N. Rescher (dir.), *Essays in Honor of Carl G. Hempel*, Dordrecht, Reidel 1969; repris dans D. Davidson, *Essays on Actions and Events*, Oxford, Clarendon Press, 2001, 2ᵉ éd., p. 163-181; trad. fr. par P. Engel dans D. Davidson, *Actions et événements*, Paris, P.U.F., 1993, p. 219-243.

– « Events as Particulars », *Noûs*, 4, p. 25-32, 1970; repris dans D. Davidson, *Essays on Actions and Events*, Oxford, Clarendon Press, 2001, 2ᵉ éd., p. 181-189; trad. fr. dans Davidson, 1993, p. 245-253.

DE VRIES, W. A., *Wilfrid Sellars*, Montréal, McGill-Queen's University Press, 2005.

EBBESEN, S., « What Must One Have an Opinion About », *Vivarium*, XXX, 1992, p. 62-79.

EBERLE, R. A., *Nominalistic Systems*, Dordrecht, Reidel, 1970.

EHRLE, F., *Der Sentenzenkommentar Peters von Candia*, Münster, Aschendorffsche, 1925.

ELGIN, C. Z. (dir.), *Nominalism, Constructivism and Relativism in the Work of Nelson Goodman (Philosophy of Nelson Goodman: Selected Essays, vol. 1)*, New York, Garland, 1997.

FIELD, H., *Science Without Numbers: A Defence of Nominalism*, Oxford, Blackwell, 1980.

FLAGE, D. E., *David Hume's Theory of Mind*, Londres, Routledge, 1990.

GARCIA, E. et F. NEF (dir.), *Métaphysique contemporaine. Propriétés, mondes possibles et personnes*, Paris, Vrin, 2007.

GOCHET, P., *Esquisse d'une théorie nominaliste de la proposition*, Paris, Armand Colin, 1972.

GOODMAN, N. et W. V. O. QUINE, « Steps Toward a Constructive Nominalism », *The Journal of Symbolic Logic*, 12, 1947, p. 105–122; repris dans Goodman, 1972, p. 173-198.

GOODMAN, N., « A World of Individuals », dans I. M. Bochenski, A. Church et N. Goodman (dir.), *The Problem of Universals. A Symposium*, Notre Dame, Notre Dame University Press, 1956; repris dans Goodman, 1972, p. 155–172.

– *Problems and Projects*, Indianapolis, Bobbs-Merrill, 1972.

– *The Structure of Appearance*, Boston, Reidel, 1977, 3e éd. (1re éd., 1951); trad. fr coordonnée par J.-B. Rauzy, *La structure de l'apparence*, Paris, Vrin, 2005.

– *Ways of Worldmaking*, Indianapolis, Hackett Publ. Co., 1978; trad. fr. par M.-D. Popelard, *Manières de faire des mondes*, Paris, Gallimard, 2006.

– *Fact, Fiction, and Forecast*, Cambridge, Harvard University Press, 1983, 4ᵉ éd. (1ʳᵉ éd., 1954); trad. fr. par M. Abran, *Faits, fictions et prédictions*, Paris, Minuit, 1985.

HOCHBERG, H., «Facts and Relations: The Matter of Ontology and Truth-Making», dans *Truth and Truth-Making*, E. J. Lowe et A. Rami (dir.), Stocksfield, Acumen, 2009, p. 158-184.

IWAKUMA, Y. et S. EBBESEN, «Logico-Theological Schools from the Second Half of the 12ᵗʰ Century: A List of Sources», *Vivarium*, XXX, 1992, p. 173-210.

JOLIVET, J., *Arts du langage et théologie chez Abélard*, Paris, Vrin, 1969.

– «Non-réalisme et platonisme chez Abélard. Essai d'interprétation», dans *Abélard et son temps*, Actes du colloque international de Nantes, Paris, Les Belles Lettres, 1981, p. 175-195.

– *Abélard ou la philosophie dans le langage*, Paris, Le Cerf, 1994.

KALUZA, Z., *Les querelles doctrinales à Paris: nominalistes et réalistes aux confins du XIVᵉ et du XVᵉ siècles*, Bergame, P. Lubrina, 1988.

– «La crise des années 1474-1482: l'interdiction du nominalisme par Louis XI», dans M. J. F. M. Hoenen *et al.* (dir.), *Philosophy and Learning. Universities in the Middle Ages*, Leyde, Brill, 1995, p. 293-327.

KLIMA, G., «Ockham's Semantics and Ontology of the Categories», dans Spade (dir.), 1999, p. 118-142.

– *John Buridan*, Oxford, Oxford University Press, 2009.

KLUGE, E.-H. W., «Roscelin and the Medieval Problem of Universals», *Journal of the History of Philosophy*, 14, 1976, p. 405-414.

LARGEAULT, J., *Enquête sur le nominalisme*, Paris, B. Nauwelaerts, 1971.

LEFTOW, B., «Aquinas on Attributes», *Medieval Philosophy and Theology*, 11, 2003, p. 1–41.

LEWIS, D., «New Work for a Theory of Universals», *Australasian Journal of Philosophy*, 61, 1983, p. 343-377; repris dans D. Lewis, *Papers in Metaphysics and Epistemology*, Cambridge, Cambridge University Press, 1999, p. 8-55.

– *On the Plurality of Worlds*, Oxford, Blackwell, 1986; trad. fr. par M. Caveribère et J.-P. Cometti, *De la pluralité des mondes*, Paris, Éditons de l'Éclat, 2007.

– « Against Structural Universals », *Australasian Journal of Philosophy*, 64, 1986, p. 25-46; repris dans D. Lewis, *Papers in Metaphysics and Epistemology*, Cambridge, Cambridge University Press, 1999, p. 78-107; trad. fr. dans E. Garcia et F. Nef (dir.), *Textes clés de métaphysique contemporaine*, p. 185-222.

LIBERA, A. de, *La Querelle des universaux, de Platon à la fin du Moyen Age*, Paris, Seuil, 1996.

– *L'art des généralités. Théories de l'abstraction*, Paris, Aubier, 1999.

LOUX, M. J. (dir.), *Universals and Particulars : Readings in Ontology*, Garden City, N.Y., Anchor Books, 1970.

– « Nominalism », dans E. Craig (dir.), *Routledge Encyclopedia of Philosophy*, Londres, Routledge, 1998, 2004.

– (dir.), *Metaphysics : Contemporary Readings*, Londres, Routledge, 2001.

– *Metaphysics : A Contemporary Introduction*, Londres, Routledge, 2006, 3e édition.

MARCUS, R. B., *Modalities : Philosophical Essays*, Oxford, Oxford University Press, 1993.

MARENBON, J., *The Philosophy of Peter Abelard,* Cambridge, Cambridge University Press, 1999 (1re éd., 1997).

MARTIN, R. M., *Truth and Denotation*, Chicago, University of Chicago Press, 1958.

– (dir.), *Nominalism : Past and Present, The Monist*, 61, 1978.

MAURER, A., « Method in Ockham's Nominalism », *The Monist*, 61, 1978, p. 426-443; repris dans A. Maurer, *Being and Knowing. Studies in Thomas Aquinas and Later Medieval Philosophers*, Toronto, Pontifical Institute of Mediaeval Studies, 1990, p. 403-421.

MELLOR, D. H. et A. OLIVER (dir.), *Properties*, Oxford et New York, Oxford University Press, 1997.

MEWS, C. J., « Nominalism and Theology before Abaelard : New Light on Roscelin of Compiègne », *Vivarium*, XXX, 1992, p. 4-33.

MICHON, C., *Nominalisme : la théorie de la signification d'Occam*, Paris, Vrin, 1994.

MILTON, J. R., « John Locke and the Nominalist Tradition », dans R. Brandt (dir.), *John Locke : Symposium Wolfenbüttel 1979*, Berlin, W. de Gruyter, 1981, p. 128-145 ; repris dans V. Chappell (dir.), *John Locke, Theory of Knowledge*, New York, Garland, 1992, p. 458-475.

NEF, F., *Les propriétés des choses. Logique et expérience*, Paris, Vrin, 2006.

NEWMAN, L. (dir.), *The Cambridge Companion to Locke's* Essay Concerning Human Understanding, Cambridge, Cambridge University Press, 2007.

NOONE, T. B., « Universals and Individuation », dans T. Williams (dir.), *The Cambridge Companion to Duns Scotus*, Cambridge, Cambridge University Press, 2003, p. 100-128.

NORMORE, C., « The Tradition of Mediaeval Nominalism », dans J. Wippel (dir.), *Studies in Medieval Philosophy,* Washington, Catholic University of America Press, 1987, p. 201-217.

PANACCIO, C., « La question du nominalisme », dans *Encyclopédie philosophique universelle*, vol. I, Paris, P.U.F., 1989, p. 566-573.

– *Les mots, les concepts et les choses : la sémantique de Guillaume d'Occam et le nominalisme d'aujourd'hui*, Montréal, Bellarmin et Paris, Vrin, 1992.

– « Stratégies nominalistes », *Revue internationale de philosophie*, 46, 1993, p. 161-170 ; repris dans Elgin (dir.), 1997, p. 163-172.

– *Ockham on Concepts*, Aldershot, Ashgate, 2004.

– « Nominalism and the Theory of Concepts », dans H. Cohen et C. Lefebvre (dir.), *Handbook of Categorization in Cognitive Science*, Amsterdam, Elsevier, 2005, p. 993–1008.

– « L'ontologie d'Ockham et la théorie des tropes », dans C. Erismann et A. Schniewind (dir.), *Compléments de substance. Études sur les propriétés accidentelles offertes à Alain de Libera*, Paris, Vrin, 2008, p. 167-181.

PANACCIO, C. et I. BENDWELL, « Le nominalisme d'Oresme et la sémantique de la connotation dans les *Quaestiones in Aristotelis De Anima* », dans S. Caroti *et al.* (dir.), *Ad Ingenii Acuitionem. Studies in Honour of Alfonso Maierù*, Louvain-La-Neuve, Fédération Internationale des Instituts d'Études Médiévales, 2006, p. 281-302.

PICHÉ, D., *Le problème des universaux à la Faculté des arts de Paris entre 1230 et 1260*, Paris, Vrin, 2005.

– *Guillaume d'Ockham. Intuition et abstraction*, Paris, Vrin, 2005.

PRICE, H. H., *Thinking and Experience*, Londres, Hutchinson, 1953.

QUINE, W. V. O., « On What There Is », *The Review of Metaphysics*, 2, 1948, p. 21-38 ; repris dans Quine, 1996 ; trad. fr. dans Quine, 2003, p. 25-48.

– « Logic and The Reification of Universals », 1953 ; repris dans Quine, 1996 ; trad. fr. dans Quine, 2003, p. 149-184.

– *From a Logical Point of View,* Cambridge, Harvard University Press, 1996, 2ᵉ édition révisée (1ʳᵉ éd., 1953) ; trad. fr. sous la dir. de S. Laugier, *Du point de vue logique*, Paris, Vrin, 2003.

– *Word and Object*, New York, John Wiley and Sons et Cambridge, Mass., MIT Press, 1960 ; trad. fr. par J. Dopp et P. Gochet, *Le mot et la chose*, Paris, Flammarion, 2010 (1ʳᵉ éd., 1977).

– *The Ways of Paradox and Other Essays*, Cambridge, Harvard University Press, 1976, 2ᵉ édition révisée (1ʳᵉ éd., 1966) ; trad. fr. sous la dir. de S. Bozon et S. Plaud, *Les voies du paradoxe*, Paris, Vrin, 2011.

– *The Roots of Reference*, La Salle, Ill., Open Court, 1974.

RAMSEY, F. P., « Universals », *Mind*, 34, 1925, p. 401-417 ; trad. fr. dans F. P. Ramsey, *Logique, philosophie et probabilités*.

– *Logique, philosophie et probabilités*, trad. fr. sous la dir. de P. Engel et M. Marion, Paris, Vrin, 2003.

RODRIGUEZ-PEREYRA, G., *Resemblance Nominalism. A Solution to the Problem of Universals*, Oxford, Oxford University Press, 2002.

– « Nominalism in Metaphysics », dans *Stanford Encyclopedia of Philosophy*, 2008, en ligne :

http ://plato.standford.edu/entries/nominalism-metaphysics.

RUSSELL, B., « On Denoting », *Mind*, 15, 1905, p. 479-493 ; repris dans B. Russell, *Essays in Analysis*, Londres, Allen and Unwin, 1973, 103-119 ; trad. fr. par J.-M. Roy dans B. Russell, *Écrits de logique philosophique*, Paris, P.U.F., 1989, p. 203-218.

– *The Problems of Philosophy*, Londres, Williams and Norgate et New York, Henry Holt and Company, 1912 ; trad. fr. par F. Rivenc, *Problèmes de philosophie*, Paris, Payot, 1989.

SEIBT, J., *Properties as Processes : A Synoptic Study of W. Sellars' Nominalism*, Reseda, CA., Ridgeview, 1990.

SELLARS, W., « Grammar and Existence : A Preface to Ontology », *Mind*, 69, 1960, p. 499-533 ; repris dans W. Sellars, *Science, Perception and Reality*, Atascadero, CA, Ridgeview, 1991 (1ʳᵉ éd., 1963).

– « Abstract Entities », *The Review of Metaphysics*, 16, 1963, p. 627-671 ; repris dans Sellars, 1977, p. 229–269.

– *Philosophical Perspectives*, Atascadero, CA, Ridgeview, 1977, 2ᵉ éd. en deux volumes (1ʳᵉ éd., 1967).

– *Naturalism and Ontology*, Atascadero, CA, Ridgeview, 1979.

– « *Empiricism and the Philosophy of Mind* », dans H. Feigl and M. Scriven (dir.), The Foundations of Science and the Concepts of Psychoanalysis, Minnesota Studies in the Philosophy of Science, vol. I, Minneapolis, University of Minnesota Press, 1956 ; repris dans W. Sellars, *Science, Perception and Reality*, Atascadero, CA, Ridgeview, 1991, 2ᵉ édition (1ʳᵉ éd., 1963) ; trad. fr. par F. Cayla, *Empirisme et philosophie de l'esprit*, Paris, Éditions de l'Éclat, 1992.

SHOTTENKIRK, D., *Nominalism and its Aftermath : the Philosophy of Nelson Goodman*, Dordrecht, Springer, 2009.

SIMONS, P., « Particulars in Particular Clothing : Three Trope Theories of Substance », *Philosophy and Phenomenological Research*, 54,

1994, p. 553–575; trad. fr. (partielle) dans E. Garcia et F. Nef (dir.), *Textes clés de métaphysique contemporaine*, p. 55-84.

SKYRMS, B., « Tractarian Nominalism », *Philosophical Studies*, 40, 1981, p. 199-206.

SPADE, P. V., *Five Texts on the Mediaeval Problem of Universals*, Indianapolis, Hackett, 1994.

– (dir.), *The Cambridge Companion to Ockham*, Cambridge, Cambridge University Press, 1999.

STOUT, G. F., « The Nature of Universals and Propositions », *Proceedings of the British Academy*, 10, 1921, p. 157-172; repris dans M. Tooley (dir.), *The Nature of Properties: Nominalism, Realism, and Trope Theory*, New York, Garland, 1999, p. 185-200; trad. fr. dans E. Garcia et F. Nef (dir.), *Textes clés de métaphysique contemporaine*, p. 121-142.

– « Are the Characteristics of Particular Things Universal or Particular? », *Proceedings of the Aristotelian Society, Supplementary Volumes*, 3, 1923, p. 114-122; repris dans M. Tooley (dir.), *The Nature of Properties: Nominalism, Realism, and Trope Theory*, New York, Garland, 1999, p. 202-211.

STRAWSON, P.F. et A. CHAKRABARTI (dir.), *Universals, Concepts and Qualities: New Essays on the Meaning of Predicates*, Aldershot, R.-U., et Burlington, VT, Ashgate, 2006.

TACHAU, K. H., *Vision and Certitude in the Age of Ockham*, Leyde, Brill, 1988.

THORNDIKE, L., *University Records and Life in the Middle Ages*, New York, W.W. Norton, 1975 (1 re éd., 1944).

TWEEDALE. M., *Abailard on Universals*, Amsterdam, North-Holland, 1976.

VAN FRAASSEN, B. C., *The Scientific Image*, Oxford, Oxford University Press, 1980.

WILLIAMS, D. C., « On the Elements of Being », *The Review of Metaphysics, VII*, 1953, p. 3-18 et 171-192; repris dans

D. C. Williams, *Principles of Empirical Realism*, Springfield, Ill., Thomas, 1966.

ZARKA, Y.-C., « Empirisme, nominalisme et matérialisme chez Hobbes », *Archives de philosophie*, 48, 1985, p. 177-233.

ZUPKO, J., *John Buridan : Portrait of a Fourteenth-Century Arts Master*, Notre Dame, Ind., Notre Dame University Press, 2003.

INDEX DES NOMS

INDEX DES NOTIONS

TABLE DES MATIÈRES

DANS LA MÊME COLLECTION

Imprimerie de la manutention à Mayenne - Août 2012 - N° 928828G

Dépot légal : Août 2012

Imprimé en France